Die Buchmalerei

Franz Unterkircher

Die Buchmalerei

Entwicklung
Technik
Eigenart

Verlag Anton Schroll & Co
Wien und München

PAULAE UXORI
AUXILIATRICI

Abbildungsnachweis

Aschaffenburg, Schloßbibliothek: 57. – Berlin, Kupferstichkabin.: 74. – Darmstadt, Hessische Landes- und Hochschulbibliothek: XII. – Firenze, Biblioteca Laurenziana: 45. – Leiden, Univ. Bibliothek: 25. – New York, Pierpont Morgan Library: X. – München, Bayer. Staatsbibliothek: 44, 69, 90. – Nürnberg, Germ. Nat. Museum: 30. – Oxford, Bodleian Library: 96. – Paris, Bibliothèque Nationale: 11, 22, 34, 35, 48, 65, 67, 70, 72, 91, 95; Ib, IV, VII, XIII. – Stockholm, Kun. Bibliothek: 40. – Vatikanische Bibliothek: 9, 10, 12, 13, 87, 88. – Wien, Österr. Nat. Bibliothek (Photo-Atelier und Bildarchiv): 1, 2, 5, 6, 8, 14, 15, 41, 42, 47, 49, 53, 54, 55, 56, 58, 59, 60, 61, 62, 63, 64, 68, 71, 73, 75, 76, 77, 78, 79, 80, 82, 83, 84, 85, 89, 92, 93, 94, 97, 98, 99; Ia, VIII, IX, XV, XVI. – Schroll-Archiv: 3, 7, 16, 17, 18, 19, 20, 23, 27, 28, 29, 32, 33, 36, 37, 38, 43, 46, 50, 81, 86; XI, XIV. – Faksimile-Ausgaben von Handschriften: 4, 21, 24, 26, 31, 39, 51, 52, 100, 101; II, III, V, VI

Mit 16 Farbtafeln und 101 einfarbigen Abbildungen

Einband und Schutzumschlag: Willi Bahner, Wien
Reproduktion und Druck: Christoph Reisser's Söhne AG, Wien

ISBN 3-7031-0383-3

Einleitung

Als vor mehr als fünfhundert Jahren das gedruckte Buch an die Stelle des mit der Hand geschriebenen Buches trat, wurde die Tätigkeit der berufsmäßigen Schreiber überflüssig. Die gedruckten Bücher wurden schon bald mit Holzschnitten und Kupferstichen illustriert, und damit war auch die Kunst der Buchmalerei zu Ende. Die mit der Hand geschriebenen und kunstvoll ausgestatteten Bücher blieben zwar in großer Zahl erhalten, wurden aber in den Bibliotheken sorgfältig aufbewahrt und waren der Öffentlichkeit nicht zugänglich. Obwohl die Werke der Buchmalerei weit zahlreicher sind als die der mittelalterlichen Wand- und Tafelmalerei, mußten sie doch ihrer spezifischen Eigenart wegen weithin unbekannt bleiben.

Die Buchmalerei war im Gegensatz zu anderen Zweigen der Bildenden Kunst nie eine Kunst für das große Publikum. Die Tempel der Antike mit ihren Götterbildern, die mittelalterlichen Burgen, die Kathedralen mit ihrer Ausstattung an Glasgemälden, Bildern und Mosaiken konnten von allen gesehen werden. In den Museen sind die Werke aller Meister frei zugänglich. Die Buchmalerei aber blieb in alter und in neuer Zeit an das einzelne Buch gebunden, das seinem Wesen nach nur einen eng begrenzten Benützerkreis zuläßt, wenn es nicht zerstört werden soll. Millionen von Blicken können einem Bauwerk oder einem Gemälde nicht den geringsten Schaden zufügen; wenn aber Hunderte oder Tausende in einem Buch blättern, ist ihm keine lange Lebenszeit beschieden.

Schon seit langer Zeit ist es üblich, in Bibliotheken und Museen Handschriften in Vitrinen aufzuschlagen, um auf diese Weise zwei Seiten mit Buchmalereien zu zeigen. Es ist dies ein Notbehelf, der aber den Zugang zu den Originalen ermöglicht. Dem gleichen Zweck dienen große Ausstellungen zu bestimmten Anlässen, wie es etwa die Ausstellung „Karl der Große“ im Jahre 1965 in Aachen war, oder die beiden Miniaturenausstellungen der Bibliothèque Nationale in Paris in den Jahren 1954 und 1955. Aber es bleibt immer nur eine Teilvorstellung der Originale, die viel mehr enthalten als die beiden aufgeschlagenen Seiten. Was gezeigt werden kann, sind Bilder und Ornamente in meisterhafter Ausführung, nicht aber ihre Funktion in der lebendigen Einheit mit dem Gesamtorganismus, den das Buch darstellt.

Derselbe Vorbehalt gilt auch für das vorliegende Buch. Die Abbildungen zeigen stilistische Eigenheiten und Darstellungen verschiedensten Inhaltes, aber sie müssen trotzdem nur herausgerissene Seiten aus Büchern bleiben – wie die Stimme eines einzelnen Instrumentes aus der Partitur eines vielstimmigen Orchesterwerkes.

So wie der künstlerische Schmuck eines Buches nur ein Teil des Buchganzen ist, so ist auch das

Buch selbst kaum jemals Selbstzweck, sondern Teilstück eines größeren Ganzen. Ein Evangeliar oder Antiphonar war eines der zahlreichen Ausstattungsstücke für den feierlichen Gottesdienst in einer Kathedrale, gleichwertig mit dem Ornat der Priester, den Mosaiken an den Wänden, den Kerzen auf dem Kronleuchter. Eine französische Bilderchronik hatte ihren Platz unter den Kostbarkeiten einer fürstlichen Schatzkammer, die der Besitzer voll Stolz von seinen Besuchern bestaunen ließ. Die Bilder in Bibeln und allegorischen Werken dienten zur Erbauung und Belehrung der Mönche und ihrer Novizen.

Der Zugang zur Buchmalerei ist für unsere moderne Zeit nicht nur deswegen so schwer, weil die Originale nicht frei zur Verfügung stehen. Auch die Umwelt, in der sie entstanden sind, hat sich grundlegend geändert. Nicht nur die Sprache, in der die Bücher geschrieben sind, ist eine Fremdsprache, sondern auch die Sprache, die die Bilder sprechen.

Eine verborgene Kunst war die Buchmalerei schon ihrer Natur nach, und sie ist es aus mancherlei Gründen bis heute geblieben. Sie verlangt für ihre Werke auch mehr Aufmerksamkeit als etwa die Architektur oder die Wandmalerei. Nur wer sie sorgfältig aus der Nähe betrachtet, kann sie verstehen und ihre Schönheit genießen, ähnlich wie die Handzeichnung, eine Schwester der Buchmalerei, und wie den Holzschnitt und Kupferstich, ihre natürlichen Kinder. Denn die Buchmalerei selbst ist keine lebendige Kunst mehr – ihr Erbe haben die Werke der reproduzierenden Graphik übernommen. Aber in den vierzehn Jahrhunderten, vom 3. bis zum 16. Jahrhundert, die ihre Lebensdauer umfaßt, war sie ein Spiegel der Welt- und Geistesgeschichte, der die schriftlichen Geschichtsquellen dieser Zeit in wesentlichen Zügen ergänzte.

Der Erhaltungszustand der Buchmalereien ist weit besser, als es für die mittelalterliche Wandmalerei zutrifft. Denn in den geschlossenen Büchern blieben die Bilder vom verderblichen Einfluß von Luft und Wetter verschont, so daß ihre ursprüngliche Frische über ein halbes und ganzes Jahrtausend hin erhalten blieb.

Wenn der unerschöpfliche Reichtum der Buchmalerei für das Studium und für die allgemeine Bildung erschlossen werden soll, so genügen dafür die begrenzten Möglichkeiten musealer Ausstellungen nicht, die jeweils nur einen geringen Bruchteil des Originals zeigen können. In weitaus größerem Ausmaß als für die Wand- und Tafelmalerei müssen Reproduktionen herangezogen werden. Es gehört jedoch zur Eigenart der Buchmalerei, daß sie sich gegen die mechanische Vervielfältigung zur Wehr setzt. Die originaltreue Reproduktion von Miniaturen ist auch für die moderne Reproduktionstechnik noch so schwierig, und daher so teuer, daß sie auf einen kleinen Kreis von Benützern beschränkt bleibt. Es gibt gute Reproduktionen von Einzelblättern aus Bilderhandschriften. Aber das Ideal einer Handschriftenreproduktion ist die „Faksimile-Ausgabe“, das ist die Wiedergabe des ganzen Buches in einer Form, die dem Original in jeder Hinsicht gleicht. Solche Ausgaben können das Original nur dann ersetzen, wenn sie nicht nur in der Drucktechnik vollkommen sind, sondern auch in den vielen anderen Eigenheiten des mittelalterlichen Buches. Wie schwierig die Herstellung einer Faksimile-Ausgabe ist, beweist die Tatsache, daß es bisher noch kaum 100 Ausgaben von Werken der Buchmalerei gibt, die den Namen „Faksimile“ in jeder Hinsicht verdienen. Das Literaturverzeichnis nennt einige davon.

In der Praxis muß sich das Studium der Buchmalerei mit den Abbildungen der einzelnen Miniaturen begnügen. Nur darf der Beschauer nie vergessen, daß diese Bilder lediglich Teile des ganzen Werkes sind. Die technischen Schwierigkeiten und die hohen Kosten guter Farbreproduktionen bringen es mit sich, daß meist auf die Farbe verzichtet werden muß. Aber der Ideengehalt und die Ikonographie können auch durch gute Schwarzweißreproduktionen vermittelt werden.

Es gibt neben den streng wissenschaftlichen Untersuchungen über Buchmalerei auch eine Reihe von ausgezeichneten Abbildungswerken (vgl. Literaturverzeichnis). Die unübersehbare Menge der Originale macht es jedoch unmöglich, jemals eine Gesamtdarstellung bieten zu können. Denn Buchmalerei gab es nicht nur im Bereich der „abendländischen“ Kultur, sondern überall dort, wo Bücher geschrieben wurden. Was auf den folgenden Seiten dieses Buches versucht werden soll, ist daher nicht das vermessene Unternehmen einer Geschichte der Buchmalerei, sondern eine skizzenhafte Einführung in den Geist dieser wunderbaren Kunst. Für ihr Verständnis ist auch die Kenntnis der sozialen und geschichtlichen Umwelt erfordert, die sich in den Ornamenten und figuralen Szenen widerspiegelt. Die Bildbeigaben können nur wenige ausgesuchte Beispiele bringen, die aber zusammen mit dem Text die Liebe zu einer Kunst wecken sollen, deren Reichtum immer in stiller Verborgenheit blühte.

Bis zum 8. Jahrhundert gibt es zwar nur wenige erhaltene Werke, aber auch diese können nur in Auswahl genannt und im Bilde vorgeführt werden. Was sich aus diesen Anfängen „entwickelt“ hat, ist von einer so vielgestaltigen Fülle, daß davon auf hundert Buchseiten nur ein winziger Bruchteil festgehalten werden kann. Dabei ist es sehr problematisch, von einer „Entwicklung“ zu sprechen. Denn es handelt sich weder um eine mechanisch gesteuerte Abfolge und allmähliche Steigerung einer Produktion noch um rein biologisches Wachstum aus einem Saatkorn. Verschiedene Arten der Kunsttechnik konnten schulmäßig weitergegeben und weiter ausgebildet werden. Aber es mußte der menschliche Geist dazukommen, um mit Hilfe der technischen Mittel neue Gedanken zu finden und zu formen. Dieser Geist ist nicht unabänderlich den Gesetzen einer notwendigen Evolution unterworfen. Unerwartet wie ein Blitz flammt er da und dort auf, kann sich oft nicht durchsetzen, kann aber auch mit seinem Feuer einen weiten Umkreis erleuchten. Von der Macht des menschlichen Geistes ist auch die „Entwicklung“ der Buchmalerei abhängig, soweit es in ihr ein kausales Nacheinander gibt. Wo es aber, wie in sehr vielen Fällen, ein zeitliches und örtliches Nebeneinander gibt, kann von einer Entwicklung kaum die Rede sein.

Für den Bereich der „abendländischen“ Buchmalerei kann in einprägsamen Beispielen die zeitliche und örtliche Abfolge der Werke gezeigt werden. Für die Buchmalerei in den außereuropäischen Ländern muß ein kurzer Blick genügen, der jeweils nur eine Idee jener fremden Welt vermitteln kann, in der mit Hilfe ähnlicher Techniken der menschliche Geist sich in anderen Sprachen geoffenbart hat.

Eigenart und Technik

Grundbegriffe

In der künstlerischen Ausschmückung der geschriebenen Bücher gibt es unzählige Abstufungen, vom verzierten Buchstaben bis zum ganzseitigen Gemälde. Der Gesamtbegriff „Buchmalerei" umfaßt alle diese Arten, sowohl Werke der Malkunst als auch solche der Schreib- und Zeichenkunst.

Wenn Werke der Buchmalerei als „Miniaturen" bezeichnet werden, so geht das auf den Namen der Farbe zurück, die für Federzeichnungen verwendet wurde, das „minium", das ist Zinnoberrot. In der Folge wurden aber auch die anderen Arten des Buchschmuckes „Miniaturmalerei" genannt. Erst in nachmittelalterlicher Zeit erhielt der Ausdruck „Miniaturmalerei" eine andere Bedeutung: Kleinmalerei, vom lateinischen Wortstamm „min-" (=verkleinern).

Eine andere Fachbezeichnung für den Buchschmuck ist „illuminieren", das heißt erleuchten. Dante begegnet im Purgatorio dem berühmten Buchmaler Oderisi da Gubbio und begrüßt ihn als den Meister der Kunst, die man in Paris „illuminieren" nennt. Ein „Illuminator" ist nach einem mittelalterlichen Kunstbuch ein Künstler, der es versteht, die Bücher mit Farben zu verzieren, auf den Blättern Gold und Silber haltbar anzubringen, so daß es glänzt, Bilder und Malereien an die richtigen Stellen zu setzen.

Weniger anspruchsvoll als der Beruf eines Miniators oder Illuminators war die Aufgabe des „Rubrikators". Dieser mußte in das mit schwarzer Tinte geschriebene Buch die roten Initialen (Anfangsbuchstaben der Absätze) eintragen, wohl auch andere Zierstriche im Text oder an den Seitenrändern anbringen. Wenn es sich bei der Rotschrift nur um schmucklose Buchstaben handelte, so konnte das dem Schreiber selbst überlassen bleiben. Dem Rubrikator standen für seine Arbeiten verschiedene Musteralphabete zur Verfügung, und es blieb seiner ornamentalen Geschicklichkeit überlassen, diese Vorlagen weiter zu variieren.

Die Initialen sind zwar das einfachste Element der Buchmalerei, zunächst nur mit dem Zweck, das Schriftbild gefällig zu gestalten. Wenn aber an die Stelle eines bescheidenen Rubrikators ein phantasiebegabter Illuminator tritt, so werden aus ihnen ornamentale oder figurale Kunstwerke besonderer Art. Die Buchstaben selbst mit ihren Schäften, Bogen und Schlingen bilden das Rohmaterial, aus dem der Künstler seine Gebilde formt: ein geometrisches Spiel von Linien, das nach Belieben in Pflanzen- und Tierformen ausläuft. Andere Initialen bilden mit ihren Bogen den Rahmen zu Bildern, oft zu mehrteiligen Szenen, die durch die Querstriche der Buchstaben voneinander getrennt sind. Das Gold liegt entweder als Hintergrund auf dem Blatt, oder die Buchstaben heben sich in Gold vom farbigen Grund ab. Die Größe der Initialen nimmt zu; sie nehmen nicht selten halbe oder ganze Seiten ein. Besonders am Anfang gottesdienstlicher Bücher füllt oft der erste Buchstabe eine ganze Seite, auf deren verzierter Fläche dann die folgenden Buchstaben in kleinerer Form das begonnene Wort vollenden.

Diese Initialkunst steht in keinerlei notwendigem Zusammenhang mit dem textlichen Inhalt eines Buches. Sie verfolgt nur den Zweck, das Buch schön zu machen, ihm über den Text hinaus einen erhöhten Wert zu verleihen. Bei Evangelienbüchern sind die Initialseiten – ebenso wie die übrige kostbare Ausstattung – eine besondere Art des mittelalterlichen Gottesdienstes. Die Ehrfurcht des Menschen vor dem in der Bibel niedergelegten Wort Gottes äußert sich dadurch, daß er dieser schriftgewordenen göttlichen Offenbarung das kostbarste Kleid gibt, das Menschengeist ersinnen und Menschenhand formen kann.

Andere Arten der Buchmalerei stehen in notwendiger Verbindung mit dem Text des Buches, den sie erst ergänzen und verständlich machen. Es handelt sich dabei um Lehrbücher, vornehmlich naturgeschichtlicher, medizinischer oder technischer Art. Zu den ältesten Vertretern dieser Art gehören die Herbarien.

Pflanzenbücher mit der Beschreibung und Abbildung von Heilpflanzen sind aus allen Jahrhunderten seit der ausgehenden Antike erhalten. Die ältesten davon gehen auf Vorlagen zurück, die noch in die vorchristliche Zeit zurückreichen. Ähnliches gilt von den astronomischen Handschriften mit den Abbildungen der Sternbilder. Auch medizinische Bilderbücher mit der Abbildung von verschiedenen Kuren, manchmal auch von ärztlichen Instrumenten, haben antike Vorbilder, die oft auf dem Umweg über die arabische Welt wieder in Südeuropa kopiert wurden. Abbildungen technischer Art befanden sich in Büchern über Architektur und über Kriegskunst.

Während die Bilder solcher Lehrbücher unmittelbar aus der Erfahrung geschöpft waren, hielten sich die Tierbücher, „Bestiarien", sowohl im Text als auch in den Abbildungen nicht immer an die Realität der Dinge. Es gab darin nicht wenige Fabelwesen, und auch die Natur und Gestalt der wirklichen Tiere wurde mehr nach allegorischen Gesichtspunkten dargestellt als nach Naturbeobachtung.

Die illuminierten Bücher, deren Text eine Ergänzung durch Abbildungen verlangt, bilden aber nur einen kleinen Bruchteil im Gesamtbestand der Buchmalerei. In den meisten Fällen ist der Buchschmuck eine bewußt hinzugefügte Veredelung des Buches, besonders wenn es sich um „gegenstandlose", ornamentale Kunstwerke handelt, wie in der Initialkunst und im Rankenwerk der Blattränder, oder in der Verwendung von farbiger und goldener Tinte. Viele dieser Prachtwerke sind als Ausdruck fürstlicher Repräsentation entstanden. Sie wurde zuerst am Hofe Karls d. Gr. und seiner Nachfolger gepflegt, dann wieder unter den ottonischen, salischen und staufischen Kaisern. Die Höfe von Paris, Prag und Wien haben diese Tradition später fortgeführt, und in der letzten Zeit der Buchmalerei war es der burgundische Herzogshof, in dessen Dienste die Buchmalerei ihre herbstliche Hochblüte erlebte. Die adeligen Familien im Umkreis dieser Kaiser, Könige und Herzoge wetteiferten mit ihren Herrschern und untereinander im Besitze kostbarer Bücher.

Wenn die Bilder in einem Buch auch nicht notwendig zum Text gehörten, so gab doch der Text selbst in den meisten Fällen Anregung für Bilder. So wurden schon in der Antike die Werke Homers und Vergils mit anschaulichen Bildern der erzählten Ereignisse versehen. In der Folgezeit war es durch mehr als tausend Jahre die Bibel, die den Malern einen unerschöpflichen Vorrat von Motiven bot. Neben den historischen Büchern des Alten Testamentes waren es besonders die Psalmen, das Buch Job, die Evangelien und die Apokalypse, die zu immer neuen Darstellungen und Deutungen Anlaß gaben. Es gibt Bibeln, in denen nur am Beginn eines jeden Buches in die Initiale auch ein Bild hineingemalt ist. Bei anderen Bibeln sind die im Text berichteten Ereignisse fortlaufend auch im Bild dargestellt. Diese Bildfreudigkeit steigert sich soweit, daß die Bilder den Hauptinhalt bilden, während der Text nur mehr auszugsweise als Erklärung beigegeben wird, wie in der «Bible moralisé» und in der „Biblia pauperum".

Die größte Mannigfaltigkeit im künstlerischen Schmuck entfaltete sich in den Büchern für private Frömmigkeit. Die «Livres d'heures» (Stundenbücher), die Andachten für die einzelnen Stunden des Tages, für die großen Jahresfeste und für die Verehrung der Heiligen enthielten, gaben schon von ihrem Inhalt her reiche Anregung. Darüber hinaus konnten die Künstler in den Randverzierungen ihrer Phantasie freies Spiel gestatten – zwar nicht immer zur Hebung der Andacht, wohl aber zum Ergötzen der Besteller. Daher dienten diese Bücher wohl selten der wirklichen Andacht, sondern mehr der Freude am Kunstwerk.

Mit dem Aufkommen einer profanen Literatur neben der kirchlichen öffnete sich für die Buchmaler eine neue Möglichkeit für bildliche Darstellungen. Die französischen Ritterromane und die deutschen höfischen Epen wurden ebenso mit Bildern versehen wie die „Divina Commedia" und die Werke Chaucers. Die Freude an bildlichem Schmuck griff selbst auf ein so sprödes Gebiet über, wie es die profan- und kirchenrechtlichen Sammelwerke waren, die besonders in Bologna in großer Anzahl geschrieben und für wohlhabende Besteller mit teils sachlichen, teils rein unterhaltenden Bildern ausgestattet wurden.

Nicht anders als im Bereich der christlichen Kultur verhält es sich mit dem Buchschmuck bei nichtchristlichen Völkern. Es sind die sakralen Bücher und die Dichtungen über die nationale Geschichte, die überall in der Welt durch Künstler geschmückt werden. Die Scheu vor dem Bild im religiösen Bereich hat bildliche Darstellungen in der islamischen Welt fast ganz auf die schöne Literatur beschränkt, während der Koran nur ornamental verziert wird. Anders ist es im Buddhismus, der Göttermythen und das Leben Buddhas nicht nur in Skulpturen und Fresken, sondern auch in Büchern zur Darstellung bringt. Auch der Inhalt der altmexikanischen Bilderhandschriften ist fast ausschließlich Mythologie und nationale Geschichte.

Die Künstler

Wie die anderen Werke der bildenden Kunst des Mittelalters sind auch die Werke der Buchmalerei fast immer anonym. Nur selten taucht der Name eines Schreibers auf, von dem man nicht wissen kann, ob er auch den Schmuck des Buches geschaffen hat. Die Werke stehen für sich selbst da, nicht von einem berühmten Namen getragen. Wichtig ist allein die Aussage zur Ehre Gottes, später wohl auch zur Ehre des Auftraggebers, nicht die Person, die diesen Dienst leistet.

Die Qualität der Kunstwerke beweist, daß sie von geschulten Meistern geschaffen wurden. Die Künstler waren vielleicht dieselben, die neben den Miniaturen in den Büchern auch Mosaiken und Wandmalereien ausführten. Diese verschiedenen Kunstarten werden in den Rezeptbüchern für die Technik gewöhnlich nebeneinander behandelt. Auch stilistisch gibt es die Verwandtschaft zwischen Werken spätantiker Buchmalerei und Mosaikkunst, zwischen der Wandmalerei in der Reichenau und der gleichzeitigen Buchmalerei, zwischen den romanischen Fresken in Salzburg und den Bildern in den Salzburger Handschriften, um nur einige Beispiele zu nennen.

Es hat Zeiten gegeben, in denen diese Kunst fast ausschließlich in Klöstern gepflegt wurde. Das gilt vornehmlich für die Zeit zwischen dem 10. und 12. Jahrhundert, in Irland und England auch schon für das 8. und 9. Jahrhundert. Die spätantiken Prachthandschriften weisen in ihrer Ausstattung eher auf Fürstenhöfe, und auch die karolingischen Handschriften wurden am Hof und für den Hof hergestellt. Vom 13. Jahrhundert an, als neben den umfangreichen Aufträgen für Malereien in theologischen Werken auch die profane Buchmalerei immer mehr gepflegt wurde, gab es genug Arbeit für berufsmäßige Maler. Aber auch die Maler in den Klöstern hatten ausgezeichnete technische Kenntnisse und eine gründliche künstlerische Ausbildung.

Die theoretischen und praktischen Kenntnisse wurden hauptsächlich durch persönliche Unterweisungen vermittelt. Als Hilfsmittel dienten schriftlich niedergelegte Malrezepte. Die Bildkompositionen und die Motive für Ornamente konnten durch Mustervorlagen bereitgestellt werden, waren aber doch weitgehend der schöpferischen Gestaltungskraft des Malers überlassen. Vorlagen für die Buchmaler waren Handschriften, die aus anderen Klöstern entlehnt wurden, oft auch Einzelblätter, besonders solche mit Zieralphabeten. Der Weg, den diese Vorlagen nahmen, läßt sich manchmal verfolgen, wie etwa bei den Werken der karolingischen Hofkunst, deren Vorlagen spätantike Handschriften waren, die Karl d. Gr. aus Italien erhielt. In der deutschen romanischen Kunst sind in umfangreicher Weise byzantinische Vorbilder kopiert, die durch Teilnehmer an Kreuzzügen aus dem Osten mitgebracht worden waren.

Wenn es auch in manchen Klöstern leistungsfähige Schreib- und Malschulen gab, die sich gewöhnlich um einen hochbegabten Meister bildeten, so waren es doch auch oft wandernde Maler, die neue Motive über weite Strecken hin verbreiten konnten.

Als die Buchmalerei vom 14. Jahrhundert an gewerbsmäßig ausgeübt wurde, schlossen sich die Maler und Schreiber in Gilden zusammen, deren Patron der hl. Lukas war. Es war für die jungen Mitglieder dieser Gilden selbstverständlich, daß sie in ihren Wanderjahren in andere Städte und Länder kamen, wo sie sich neue Anregungen holen konnten. Wenn bekannt wurde, daß an einem bestimmten Ort größere Aufträge zu vergeben waren, so kamen Künstler aus anderen Ländern dorthin. So zog der Hof Karls IV. in Prag Maler aus Frankreich und Italien an. Nach Paris kamen um 1400 Italiener und Niederländer. Im Gefolge der Tochter Kaiser Karls IV., die 1382 König Richard II. von England heiratete, kamen böhmische Maler nach England. Als nach 1400 die großen Aufträge des Königs Wenzel in Prag aufhörten, zogen Meister aus Böhmen an den Hof von Wien.

Im Vergleich zur großen Anzahl der erhaltenen Werke der Buchmalerei ist die Zahl der bekannten Namen verschwindend klein. Es ist zudem nur selten möglich, diese Namen einwandfrei mit bestimmten Werken in Verbindung zu bringen, da die Signierung eines Werkes mit dem Namen nicht üblich war. Daher ist in den meisten Fällen nicht das Werk vom Künstler her

benannt, sondern der Künstler vom Werk her. „Der Meister der Maria von Burgund", der „Girard-Meister", der „Meister des Herzogs von Bedford": solche „Notnamen" gibt es für die Buchmalerei zu hunderten.
Die Persönlichkeiten der Künstler sind uns zwar nicht dem Namen nach bekannt, wohl aber spiegelt sich ihr Denken und Wollen in den Kunstwerken wider. Die Bücher wurden in planmäßiger Zusammenarbeit zwischen Schreiber (Rubrikator) und Maler hergestellt. Der Schreiber sparte die Stellen aus, die durch Initialen oder Bilder ausgefüllt werden sollten. Oft hat auch noch ein dritter die Anweisungen gegeben, nach denen sich Schreiber und Maler zu richten hatten.

Die Symbolsprache

Um die Werke der Buchmalerei verstehen zu können, ist vor allem die Kenntnis des Inhaltes der Bücher erforderlich. Aber die Aussage der Bilder, ob sie nun dem sakralen oder profanen Bereich angehören, geht gewöhnlich weit über die unmittelbar dargestellten Gegenstände hinaus. Die vielfachen Symbole, von denen sie umgeben sind, sprechen ihre eigene Sprache, die allerdings nicht immer leicht verständlich ist. Was wir nur als gefälliges Beiwerk sehen, war vom Maler oft als sachliche Ergänzung des Hauptbildes gedacht. Das gilt schon von ornamentalen Rahmen um ein Bild, die oft als Wolken- oder Wogenband die Grenzen des Kosmos anzeigen. Die Blattornamente der Initialen weisen in der Dreizahl auf die Dreifaltigkeit, in der Vierzahl auf die Evangelien, in der Siebenzahl auf die Gaben des Hl. Geistes hin. Jede Blume und Pflanze hat ihre symbolische Bedeutung. Der unverwelkliche Lorbeer ist Zeichen des Ewigdauernden, die Palme bedeutet Sieg und Frieden – zwei Symbole, die auch heute noch verständlich sind. Die Erdbeere war in der Dreiteilung der Blätter Sinnbild der Dreifaltigkeit, in der blutroten, zur Erde geneigten Frucht Erinnerung an die Blutstropfen Christi, in der Fünfzahl der Blütenblätter ein Andenken an die fünf Wunden Christi. Mariensymbole sind die Lilie, die Rose, die Agave, die nur ein einziges Mal blüht, die Akelei als uraltes Sinnbild der Mutter eines Gottesvolkes, das Veilchen als Sinnbild der Demut, und noch viele andere. Die Schwertlilie – „Iris" = Regenbogen – ist Sinnbild des Bundes Gottes mit den Menschen, der Weinstock bedeutet Christus.
Ebenso wie die Pflanzenwelt war auch das Tierreich voll von Symbolgestalten. Adler, Löwe und Stier sind Evangelistensinnbilder. Der Löwe ist außerdem Symbol Christi, des allmächtigen, der Adler Symbol des in den Himmel auffahrenden Christus. Sinnbild der Unsterblichkeit war der Pfau, weil sein Schweif an den gestirnten Himmel erinnert und sein Fleisch als unverweslich galt. Ewiges Leben bedeutete auch der Phönix, der sich aus der Asche wieder lebendig erhob. Das sagenhafte Einhorn, das nur im Schoß einer Jungfrau Schlaf findet, war Sinnbild Marias. Der Stieglitz galt als Sinnbild des Christkindes, weil er von Disteln lebt und doch so schön singt. Der Begriff der Höhe, der dem Irdischen entrückten Seligkeit, wird durch Vögel ausgedrückt. Der Fisch als Symbol Christi begegnet uns schon in der christlichen Antike. Unter den Tieren sind auch viele, die Sinnbilder des Bösen sind: der Drache, der Affe, die lichtscheue Eule, der Wiedehopf mit seinen Federschöpfchen, die wie Teufelshörner aussehen, die feuerfarbenen Satanstiere Fuchs, Eichhörnchen und Luchs.
Symbolwert haben auch äußere Kennzeichen an den dargestellten Personen. Gottgeweihte und ritterliche Männer tragen offenes, wallendes Haar, Frauen tragen eine Haube oder hängende Zöpfe, die Jungfrau Maria wird immer mit offenem Haar dargestellt, ebenso andere junge Mädchen aus edlem Stand. Attribut der Heiligkeit ist der „Nimbus", der das Haupt umgebende Heiligenschein, bei den göttlichen Personen mit eingefügtem Kreuz. Auch die Gewandfalten sprechen ihre eigene Sprache. Ein züngelnder Zipfel am Gewande Christi bedeutet das Brausen des Gottesgeistes, der aus ihm spricht; eine dreifache, pfeilförmige Falte am unteren Gewandsaum deutet auf die Dreifaltigkeit hin, ebenso drei kleine Falten am Knie. Das herabhängende Windelband des Christkindes ist Symbol für Wort und Rede und bedeutet die Aussage des Kindes: „Ich bin das Wort".
Größte Bedeutung hat bei allen Miniaturen die Auswahl und Anwendung der Farben. Die Farbensymbolik wurde schon aus der vorchristlichen Zeit übernommen, und sie beschränkt sich nicht nur auf den abendländischen Bereich. „Von der indischen bis zur altdeutschen Malerei allein könnte man darüber ein Buch schreiben", sagt Görres.

Im Alten Testament erscheint Blau als die Gottesfarbe, und auch in China ist Blau die Farbe der Unsterblichkeit. Weiß als Farbe der Priesterkleidung und des Lichtes ist der ägyptischen und alttestamentlichen Symbolik gemeinsam. Schon seit dem frühen Mittelalter ist für die abendländische Malerei die Bedeutung der Farben festgelegt, besonders für die Gewänder der dargestellten Personen.

Purpurrot ist die Farbe des Schöpfers, des Mantels Gottes, die kaiserliche Farbe. Der Purpur, der ins Rotblau übergeht, symbolisiert den Kosmos, aber auch die Erlösung durch Christus. Goldene Schrift auf Purpurgrund, wie sie uns in spätantiken und karolingischen Handschriften begegnet, weist auf die Auferstehung Christi hin, denn Gold ist das Zeichen der himmlischen Glorie des Auferstandenen. Blau ist die Christusfarbe seiner menschlichen Natur, Rot die Gottesfarbe; daher trägt er meist ein rotes Untergewand und einen blauen Mantel. Auch das Kleid Marias ist meist blau, als Zeichen ihrer Verbundenheit mit Christus. Goldgelb ist die Farbe des Hl. Geistes und des starken Glaubens, daher trägt Petrus meist ein goldgelbes Gewand. Das reine Weiß ist Symbol der unbedingten Wahrheit Gottes und der Seligkeit in Gott. Grün bedeutet neues Leben und Wachstum. Es ist die Farbe der Auserwählten – auch im Islam ist es die Farbe des Propheten. Scharlachrot ist die Blutfarbe der Märtyrer, Braun als Farbe des welken Laubes Zeichen der Trauer und Buße. Schwarz neben einer anderen Farbe bedeutet die Umkehrung dieser Farbe; Rot zum Beispiel bedeutet göttliche Liebe, das danebengesetzte Schwarz den teuflischen Haß, die Tracht der Hölle.

Für die späte Zeit der Buchmalerei im Abendland war die Kenntnis und Anwendung der Farb- und Sachsymbolik nicht mehr so streng. In der byzantinischen Kunst hingegen, die in allen Einzelheiten an die traditionellen Vorschriften gebunden ist, blieb sie bis heute lebendig.

Technik der Buchmalerei

Obwohl die Buchmalerei schon seit Jahrhunderten nicht mehr ausgeübt wird, sind ihre technischen Voraussetzungen hinreichend bekannt. Es handelt sich dabei nicht um irgendwelche Herstellungsgeheimnisse, die man eifersüchtig hätte hüten wollen. Das „Geheimnis" dieser mittelalterlichen Kunst liegt vielmehr in den Händen der Maler und im Geist, der diese Hände geführt hat.

Als die Buchmalerei durch die verschiedenen Reproduktionsverfahren verdrängt wurde, ging damit auch die praktische Kenntnis ihrer Technik verloren. Sie wurde nicht mehr benötigt und daher auch nicht mehr gelernt und ausgeübt. Erhalten blieben aber zahlreiche Handbücher, in denen die Anweisungen niedergelegt waren, nach denen die Buchmaler arbeiteten. Und da auch die Kunstwerke selbst erhalten sind, war es der Forschung möglich, die technischen Vorgänge auch unserer Zeit verständlich zu machen. Während die Beschäftigung mit den wichtigsten mittelalterlichen kunsttechnischen Schriften schon vor mehr als hundert Jahren begonnen hat, blieb es der jüngsten Zeit vorbehalten, diese Anweisungen auch praktisch zu erproben.

Vor einer Besprechung der mittelalterlichen Farben muß jedoch etwas gesagt werden über die Unterlage, auf der die Farben aufgetragen wurden. Wenn man von den frühesten Werken der Buchmalerei absieht, die uns auf Papyrus überliefert sind, dem ägyptischen Beschreibstoff, der auch sonst in der Antike durchwegs verwendet wurde, so ist der weitaus größte Teil dieser Werke auf Pergament gemalt, das erst gegen Ende des Mittelalters allmählich vom Papier abgelöst wurde.

Pergament

Der Name dieses Beschreibstoffes ist von der kleinasiatischen Stadt Pergamon abgeleitet. Nach einem Berichte des Plinius wollte König Eumenes II. von Pergamon (197–158 v. Chr.) eine große Bibliothek anlegen. Dazu benötigte er größere Mengen von Papyrus, der nur in Ägypten hergestellt wurde. Dort wollte man aber das Entstehen einer neuen Großbibliothek verhindern, die als Konkurrenz zur weltberühmten Bibliothek von Alexandrien empfunden wurde, und die Ausfuhr von Papyrus wurde gesperrt. Daraufhin griff Eumenes auf ein schon von altersher bekanntes Material zurück, die Tierhäute. Sie wurden in Pergamon in großer Menge und in ausgezeichneter Qualität für Beschreibzwecke hergestellt, so daß das Fabrikat von dieser Stadt seinen Namen erhielt.

Während die Tierhaut zur Herstellung von Leder gegerbt und biegsam gemacht wird, muß sie zur Aufnahme von Schriftzeichen eine gewisse Starre beibehalten. Die abgezogene Haut wird zunächst in Kalkwasser gelegt, in welchem sich Fleischreste und Haare ablösen. Dann wird die Haut in einen Rahmen gespannt und getrocknet. Mit einem Messer werden alle Haare und andere Unreinheiten abgeschabt. Die glatte Haut wird dann mit Bimsstein abgerieben und mit einer dünnen Kreideschicht bedeckt, damit die Tinte nicht zerfließen kann. Dann werden aus der Haut die Rechtecke ausgeschnitten, die zu den Blättern des Buches gefaltet werden.

Wenn im Altertum zuerst Pergamon für den eigenen Bedarf und für Käufer aus anderen Ländern das Pergament herstellte, so war im frühen Mittelalter die Zubereitung des Beschreibstoffes Aufgabe der einzelnen Skriptorien, und wir besitzen zahlreiche Beschreibungen dieser Zubereitung. Als die Buchproduktion stieg, besonders in Universitätsstädten wie Paris oder Bologna, bildete sich ein eigener Berufszweig heraus, die „pergamentarii", „Permenter", in Deutschland „Buchfeller".

Die Felle für das Pergament stammen meist von Ziegen und Schafen, im Norden auch von Kälbern. Das Englische und Französische haben für Kalbspergament einen eigenen Ausdruck: vellum, velin, zur Unterscheidung von parchment, parchemin. Das feinste Pergament stammt von den Häuten ganz junger oder ungeborener Lämmer, das „Jungfernpergament". Es ist sehr dünn, weiß und glatt, sehr ähnlich dem modernen Dünndruckpapier.

Ein weit verbreiteter Irrtum ist es, daß als Rohstoff für das Pergament Eselshaut gehalten wird. Nicht nur, daß es im Mittelalter nicht annähernd genug Esel gab, um den großen Bedarf an Pergament zu decken, ist ihre Haut auch viel zu dick. So klagt der griechische Mönch Planudes, man habe ihm Pergament geschickt, das so dick und schlecht sei, daß es eher wie Eselsfell aussehe als wie Schaffell, besser geeignet, um daraus Schilde oder Trommeln zu machen, nicht aber Bücher.

Es ist nicht zuletzt das Verdienst des Pergamentes, daß uns aus dem Mittelalter, bis zurück zum Ausgang aus der Antike, noch soviele und so ausgezeichnet erhaltene Werke der Buchmalerei überliefert sind. Das Material ist so dauerhaft, daß es ohne gewaltsame Einwirkung noch nach Jahrhunderten unversehrt geblieben ist. Durch die sorgfältige Präparierung ist es auch dazu geeignet, die Malereien aufzunehmen und in ihrer ursprünglichen Frische zu bewahren.

In einzelnen Fällen wurde das Pergament noch besonders veredelt. Die Blätter wurden in Purpur getaucht, so daß sie von dieser Farbe durchtränkt waren. Von einem ganz auf Purpurpergament geschriebenen Homer aus dem 4. Jahrhundert wissen wir nur aus Berichten. Erhalten sind aber mehrere Purpurcodices mit Texten der Hl. Schrift aus dem 6. Jahrhundert. Am Hofe Karls d. Gr. wurde diese prachtvolle Ausschmückung heiliger Bücher erneut ausgeübt, ebenso in der ottonischen Kunst um die Jahrtausendwende. Der Text dieser Purpurhandschriften ist in Gold- und Silbertinte geschrieben. Die spätesten Beispiele solcher Ausstattung begegnen uns am Hofe des Königs Ferdinand von Neapel († 1494), der in die für ihn geschriebenen Bücher einzelne Purpurblätter mit Miniaturen einfügen ließ.

Andere Beschreibstoffe

Werke der Buchmalerei auf dem altägyptischen Papyrus sind die den Mumien beigegebenen „Totenbücher", die in monumentalen Grabbauten gut erhalten geblieben sind. Der Papyrus, ein aus Streifen vom Mark der Papyrusstaude zusammengeklebter Beschreibstoff, war für die Antike der gebräuchliche alltägliche Schriftträger, neben dem das Pergament als Material für besser ausgestattete Bücher verwendet wurde. Es haben sich aber wegen der geringen Haltbarkeit des Papyrus nur Fragmente von Buchmalereien erhalten.

Hingegen erwies sich der Nachfolger des Pergaments, das Papier, auch als geeigneter und haltbarer Träger für Malereien. Aus China kam das Papier im 8. Jahrhundert in die arabische Welt und drang in kürzester Zeit über Nordafrika westwärts bis nach Spanien. Außer den ältesten Koranhandschriften ist die gesamte islamische Literatur auf Papier geschrieben, und auch die Malereien konnten sich auf dem Papier unversehrt erhalten. Im 13. Jahrhundert kam das Papier nach Italien und bald danach nach Deutschland und Frankreich. Das aus Hadernstoffen hergestellte und gut geleimte Papier bildete für Schrift und Malerei eine ebenso gute Unterlage wie das Pergament, das zwar noch weiterhin verwendet wurde, aber zuletzt nur noch für besonders kostbare Bücher. Die letzten Meisterwerke der Buchmalerei sind fast durchwegs noch auf Pergament gemalt.

Für den gesamten christlichen und islamischen Kulturkreis gab es außer Pergament und Papier kein anderes Beschreibmaterial, wenn man vom Papyrus absieht, der in einzelnen südlichen Regierungskanzleien, besonders in der päpstlichen, noch bis ins Mittelalter in Gebrauch war, jedoch ohne künstlerische Verzierung. Der Vorgänger des Pergaments, das Leder, wurde von den Juden als Beschreibstoff ihrer heiligen Schriften benützt. Es begegnet uns auch in den vorkolumbianischen Kulturen Mittelamerikas.

In China, der ersten Heimat des Papiers, wurde neben dem Papier auch Seide als Schrift- und Bildträger verwendet. Indische und indonesische Bücher sind manchmal auf längliche Streifen von Palmblätter geschrieben und mit Lackmalereien verziert.

Äußere Form der Bücher

Die uns vertraute äußere Form des Buches, nebeneinander gelegte Folgen von gefalteten Blättern, ist schon seit der Antike gebräuchlich. Man nannte damals diese Buchform „Codex", was eigentlich „Baumstumpf" heißt, im Gegensatz zu dem im Altertum sonst üblichen „Rotulus", der Buchrolle. Auch in den Buchrollen gab es schon Malerei; da die Rollen aber meist aus Papyrus waren, ist wenig davon erhalten.

Auf Buchrollen werden auch heute noch die heiligen Schriften der Juden geschrieben. Im Mittelalter wurden sie manchmal für tabellarische Darstellungen der Weltgeschichte verwendet. Berühmt sind die mit Bildern versehenen „Exultet-Rollen" Unteritaliens (vgl. Seite 62; Abb. 36 und 37).

Die Farben

Der Vielfalt des künstlerischen Schmuckes der Handschriften entspricht auch die große Anzahl und Mannigfaltigkeit der dabei verwendeten Farben. Für ihre ausgezeichnete Qualität spricht der Erhaltungszustand der Malereien. Für die Herstellung der Farben gab es Rezeptbücher, die das Ergebnis langjähriger Erfahrung waren, und die den Malern detaillierte Anleitungen für das Material und seine sachgemäße Anwendung gaben.

Das älteste erhaltene Handbuch dieser Art ist das sog. „Lucca-Manuskript", das um 800 in Italien entstanden ist. Es enthält 157 Einzelrezepte. Etwas jünger ist die „Mappae Clavicula" (=Schlüssel zur Kunst) mit 294 Rezepten, und das „Buch des Heraklius über die Farben und Künste der Römer". Das berühmteste und reichhaltigste Handbuch wurde im 11. Jahrhundert von einem gewissen Theophilus presbiter (Priester Theophilus) geschrieben, die „Schedula diversarum artium" (=Handbuch für verschiedene Künste).

Was in diesen Handbüchern steht, ist zum größten Teil einer Überlieferung entnommen, die bis in die Antike zurückreicht. Schon die zahlreichen griechischen Namen der Farben weisen auf hellenistische und byzantinische Quellen hin. Auch die Rohstoffe für manche Farben kommen aus dem Osten. Diese Rohstoffe gehören verschiedenen Bereichen der Natur an; sie stammen aus der Welt der Mineralien, der Pflanzen und der Tiere.

Zu den mineralischen Stoffen gehören: Alaun, Bolus (Tonerde), Bleiweiß, Eisenoxyd, Gold, grüne Erde, Ockererde, Grünspan, Kupfer, Kupfervitriol, Mennige, Quecksilbersulfid, Roteisenstein, Ruß, Schwefelarsenik, Silber, Soda, Zinnober.

Pflanzliche Farbstoffe sind: Brasilholz (es wurde im Altertum und Mittelalter über Alexandria aus Ceylon eingeführt – das Land Brasilien erhielt seinen Namen, weil man dort diese Holzart vorfand), „Drachenblut", weil es vom Drachenbaum gewonnen wurde, Essig, Färberröte und Färberwau, verschiedene Arten von Flechten, Galläpfel, verschiedene Arten von Harzen, besonders als Gummi verwendet; Heidelbeeren, Kornblumen- und Mohnblüten, Krebskraut, Nachtschattengewächse.

Die wichtigsten Rohstoffe aus dem Tierreich lieferte die Farblaus oder Kermesschildlaus, in deren Eiern der braun-rötliche Farbstoff enthalten ist, und die Purpurschnecke, die sowohl im Mittelmeer als auch im Meer um die britischen Inseln vorkommt. Andere tierische Rohstoffe sind Eiweiß, Fischleim, Honig, Galle (besonders Ochsengalle), gemahlene Tierknochen und Muscheln, Milch.

Die Farbstoffe wurden manchmal für sich allein, meist aber in genau berechneten Mischungen verwendet. So ergibt zum Beispiel eine Mischung von Zinnober, Grünspan, Bleiweiß und Fischleim ein stumpfes Ziegelrot; Blütenblätter vom Mohn, Fischleim und Zinnober ergeben Feuerrot; Quianus (ein blauer Farbstoff), Bleiweiß, Soda und Kupfervitriol ergeben ein stumpfes Eisblau; grüne Erde, Zinnober und ausgefaulter Urin werden zu einem warmen Kaffeebraun; Heidelbeeren und Milch bilden ein trübes Braunrot.

Wenn in den Farben nicht schon von Natur aus eine bindende Substanz vorhanden war, mußten sie für ihre Verwendung mit einem Bindemittel malfähig gemacht werden. Als solche Bindemittel dienten hauptsächlich drei: Ichthyocollon (=Fischleim), der aus den Blasen des Hausen gewonnen wurde, Eiklar und Gummi, gewöhnlich aus Kirsch- oder Pflaumenharz.

Zu den Farben gehören auch die Tinten, mittels welcher außer der Schrift auch Federzeichnungen ausgeführt wurden. Für die Herstellung schwarzer Tinte gibt es Rezepte aus allen Jahrhunderten. Ihre Hauptbestandteile sind entweder Ruß oder Galläpfel, mit Gummi gemischt. Der Priester Theophilus empfiehlt Farbstoff aus der Rinde von Dornholz, mit Wein vermischt und mit Kupfervitriol über Kohlenfeuer zubereitet. Für die Zubereitung roter Tinte wurde zerriebener Zinnober verwendet, für Goldtinte Goldstaub.

Der Schreiber – oder der Zeichner – hatte bei seiner Arbeit die Tinte in einem Horn neben das Schreibpult gesteckt. Wenn er auch die Rotschrift selbst schrieb, standen ihm zwei Tintenhörner zur Verfügung. Als Schreibwerkzeug diente im Mittelalter meist die Gänsefeder, vereinzelt wohl auch ein Schreibrohr. Beide mußten mit einem Federmesser des öfteren neu zugeschnitten werden.

Das Werkzeug des Malers war der Pinsel, für dessen Herstellung feinste Haare verwendet wurden, besonders von Eichhörnchen und Mardern. Für Umrißzeichnungen konnte auch die Feder dienen.

Für das Auftragen der Farben auf dem Pergamentgrund war keine eigene Grundierung erforderlich, da die Bindemittel der Farben für das Haftenbleiben auf dem Pergamentgrund genügten. Nur für Blattgold mußte das Pergament eigens präpariert werden. Es wurde mit einer Mischung aus Kreide, Bolus, Fischleim und Honig bestrichen; auf dieser Unterlage blieben die hauchdünnen Goldblättchen kleben. Um ihnen besonderen Glanz zu verleihen, wurden sie mit einem Achatstein poliert.

Aus der Geschichte

ALTERTUM, SPÄTANTIKE UND BYZANTINISCHE BUCHMALEREI

Die frühesten Beispiele von Buchmalerei sind in ägyptischen Totenkammern gefunden worden,
in denen der Papyrus sich erhalten konnte, während die Bücher für den Gebrauch der Lebenden
zugrunde gingen. Schon seit dem 3. Jahrtausend wurde vornehmen Toten neben anderen Ge-
1 brauchsgegenständen für ihr Leben nach dem Tode auch eine Rolle des „Totenbuches" mitgegeben.
Das Totenbuch war eine Sammlung von Formeln, die den Verstorbenen bei seinen Wanderungen
in der Unterwelt in die Lage versetzen sollten, den Kampf gegen die Mächte der Finsternis zu
bestehen. Der Text war von Bildern begleitet, die in fortlaufenden Szenen die Gestalten und Er-
eignisse dieser Wanderung darstellten. Den Höhepunkt dieser Bilderfolge bildet das Totengericht.
2 Der Tote wird vor den Richter Osiris geführt, vor dem auf einer Waage in der einen Schale das
Herz des Toten liegt, in der anderen Schale die „Wahrheit". Die Länge dieser Rollen beträgt
zwischen 10 und 20 Metern, die Höhe etwa 35 cm. Zahlreiche Totenbücher sind entweder zur
Gänze oder in Fragmenten erhalten, die meisten aus den letzten vorchristlichen Jahrhunderten.

Buchmalereien oder auch nur Bücher sind uns weder aus Griechenland noch aus dem Rom der Antike erhalten. Aber die frühesten Beispiele, die dem 3. nachchristlichen Jahrhundert angehören, lassen auf ältere Vorbilder schließen. Spätestens seit der engen Berührung der griechischen mit der ägyptischen Kultur seit dem 4. Jahrhundert v. Chr. wurden die Handschriften der griechischen Epen und Dramen mit Bildern versehen. Es wird vermutet, daß die zahlreichen griechischen Vasenbilder Kopien von solchen schriftlichen Vorlagen sind.

Aus der römischen Kaiserzeit haben wir literarische Nachrichten von Bilderhandschriften. Plinius († 79 n. Chr.) berichtet, daß Varro eine Lebensbeschreibung von 700 berühmten Römern verfaßte, die mit ebensovielen Porträts ausgestattet war. Der Dichter Martial berichtet, daß eine Vergil-Handschrift am Anfang das Brustbild des Verfassers besaß.

Eine Vorstellung vom Charakter der antiken Buchmalerei vermitteln uns mittelalterliche Kopien.
Dazu gehören zunächst wissenschaftliche Werke wie die Pflanzenbücher, von denen das älteste
5, 6 erhaltene, der „Wiener Dioskurides" aus dem 6. Jahrhundert, noch unmittelbar an die Antike
25 anknüpft. Kopien von antiken Vorlagen sind auch die „Aratushandschriften" mit Darstellungen
53 der Sternbilder. Eine antike medizinische Handschrift mit Darstellungen von Heilkuren und
mythologischen Szenen wurde im 13. Jahrhundert kopiert. Dem 12. Jahrhundert gehört die Kopie
einer geographischen Darstellung des römischen Reiches von Spanien bis an die indischen Grenzen
8 an, die im 4. Jahrhundert entstanden war, die „Tabula Peutingeriana".

Die antiken Autorenbilder waren die Vorlagen für die majestätischen Darstellungen der Evan-

gelisten in den insularen Handschriften des 8. Jahrhunderts und in den karolingischen Evangelia- *18, 19, 21*
rien. Die griechische Buchmalerei im 6. Jahrhundert hatte noch die unmittelbare Verbindung mit
der Kunst des Altertums. Aber auch im 9. Jahrhundert, als im byzantinischen Reich die Bildkunst
einen neuen Anfang nahm, gab es für die Künstler noch Vorlagen aus alter Zeit. Im Westen hatten
sich auch noch Handschriften mit Bildern zu römischen Komödien erhalten, die in karolingischer *23*
Zeit kopiert wurden.

Bilder zu den berühmtesten Epen des klassischen Altertums sind die ältesten Denkmäler der Buch-
malerei auf Pergament: zwei Vergil-Handschriften in der Vaticana aus dem 4. und 5. Jahrhundert *3*
und eine Ilias-Handschrift in der Ambrosiana in Mailand aus dem 5. Jahrhundert. Der Stil dieser *4*
Bilder, die in den Text eingefügt sind, entspricht der antiken Wand- und Tafelmalerei, wie sie uns
aus Pompeji und Rom bekannt ist. Von den Vorlagen zu diesen Malereien, die sicher in größerer
Zahl vorhanden waren, ist nichts mehr erhalten. Denn die Papyrusrollen mit den fortlaufenden
Bildern – ähnlich den Reliefs der Trajanssäule – hatten nicht die Beständigkeit des Pergaments.
Diese Bilder sind auf lange Zeit hinaus die letzten mit profanen Themen, mit Ausnahme einiger
Herbarien. Der lateinische Westen tritt auf längere Zeit in den Hintergrund gegenüber dem grie-
chischen Osten, dessen politische und kulturelle Macht das zerfallende weströmische Reich weit
überragt.

Die neue Buchkunst im 4. und 5. Jahrhundert kam ausschließlich in den sakralen Büchern zum
Ausdruck. Bibeln und Bücher für den Gottesdienst wurden in prächtiger Weise ausgestattet. Aber
von diesen frühen Werken erfahren wir nur aus tadelnden Äußerungen des hl. Hieronymus († 420)
und Chrysostomus († 407): auf Purpurpergament prangen die Schriften in Gold und Silber, in
Einbände voll von Edelsteinen gekleidet, während Christus nackt und bloß vor den Toren friert.
Erst aus dem 6. Jahrhundert sind uns einige Beispiele, zum Teil nur Fragmente von solchen Pracht-
handschriften erhalten. Der „Codex argenteus“ in Uppsala enthält die gotische Bibelübersetzung
des Ulfila und wurde bald nach 500 in Ravenna für König Theoderich geschrieben, besitzt aber
nur ornamentale Verzierungen. Reiche figurale Szenen illustrieren drei Bibelhandschriften aus
der Mitte des 6. Jahrhunderts, alle auf Purpurpergament mit Gold und Silber geschrieben: die
„Wiener Genesis“ mit 48 halbseitigen Bildern (in Wien), der „Codex Rossanensis“ mit Bildern aus *Ia*
dem Neuen Testament (in der Kathedrale von Rossano) und der „Codex Sinopensis“ (in Paris), *Ib*
ebenfalls mit neutestamentlichen Szenen. Die Bilder stehen auf dem Purpurgrund, oft sind auf
derselben Bildfläche in kunstvoller Anordnung mehrere aufeinanderfolgende Szenen dargestellt.
Die Gesichtstypen, die Pflanzen- und Tierwelt, besonders in den Bildern aus der Genesis, weisen
auf Kleinasien oder Syrien hin; die reiche Ausstattung, besonders der Purpur, lassen an byzan-
tinische Hofkunst denken.

Für eine Prinzessin des byzantinischen Hofes, Anicia Juliana, wurde im Jahre 512 ein fast 1000 Seiten
umfassendes Pflanzenbuch gemalt, das nach dem Verfasser des Textes „Dioskurides“ genannt *5, 6*
wird. Den Pflanzenbildern sind mehrere Seiten mit Ärztebildern und einem Porträt der Prinzessin

Ia Wiener Genesis
Im dritten Viertel des 6. Jahrhunderts wahrscheinlich in Antiochien entstanden. Text in Gold- oder Silberschrift auf Purpurpergament, auf jeder Seite im unteren Teil ein Bild zum Text.
Jakob überschreitet mit seiner Familie einen Fluß und ringt mit dem Engel. Die beiden Darstellungsebenen sind durch die rechts befindliche Brücke miteinander verbunden, der rosiggraue Nebel zwischen den beiden Figurenstreifen deutet die Morgenröte an, von der im Text die Rede ist.
Pergam., 305 × 250 mm*. Wien, Österr. Nat. Bibl., Cod. theol gr. 31, fol. 12r

Ib Codex Sinopensis
Evangeliar, Goldschrift auf Purpur, am unteren Seitenrand Bilder zum Text. Der nur fragmentarisch erhaltene Codex wurde im 6. Jahrhundert in Syrien oder Mesopotamien nach älteren Vorlagen kopiert. Den Namen hat der Codex nach der Stadt Sinope am Schwarzen Meer, wo er im Jahr 1899 entdeckt wurde.
Gastmahl des Herodes und Enthauptung Johannes d. Täufers; seitlich links Moses, rechts David, beide mit Schriftrollen.
Pergam., 300 × 250 mm. Paris, Bibl. Nat. Suppl. gr. 1246, fol. 10v

II Rabulas-Evangeliar
Im Johanneskloster in Zagba (Mesopotamien) 586 vom Mönch Rabula geschrieben, die Miniaturen von anderer Hand.
Kreuzigung Christi, unten die Frauen am leeren Grab – Christus erscheint zwei Frauen.
Pergam., 335 × 255 mm. Firenze, Bibl. Laurenz., Plut. 1/56

* Die Größenmaße beziehen sich jeweils auf das ganze Blatt, von dem des öfteren nur ein Ausschnitt reproduziert ist.

beigegeben, authentische Zeugnisse für die Malerei in Byzanz am Beginn des 6. Jahrhunderts, während die Abbildungen der Heilpflanzen Kopien von noch älteren Herbarien sind. Der Codex diente als Vorlage für mehrere Abschriften während der folgenden Jahrhunderte. 1569 wurde er von Kaiser Maximilian II. für seine Wiener Hofbibliothek erworben.

II Aus dem 6. Jahrhundert stammt auch eine Evangelienhandschrift in syrischer Sprache, die im Jahre 586 vom Mönch Rabula in Zagba in Mesopotamien geschrieben wurde. Sie enthält 26 Seiten mit Miniaturen. Im Gegensatz zu den Bildern der Wiener Genesis, auf denen die Figuren locker verteilt werden, sind sie auf den Bildflächen des Rabula-Evangeliars eng zusammengedrängt. Zum erstenmal wird in der Buchmalerei die Kreuzigung dargestellt, auf der Christus mit langem, ärmellosem Chiton bekleidet ist. An der Grenze des byzantinischen Reiches entstanden, lebt in diesen Miniaturen eines syrischen Buches noch die griechische Tradition der Antike fort.

Nach diesen Meisterwerken des 6. Jahrhunderts sind bis zur Mitte des 9. Jahrhunderts keine byzantinischen Buchmalereien erhalten. In manchen Prachthandschriften der karolingischen Hofkunst um 800 zeigt sich wie in einem Spiegel das Bild der verlorenen byzantinischen Originale, die das Vorbild für die karolingischen Maler waren. In Byzanz selbst hatte Kaiser Leo III. im Jahre 726 die Verehrung von Bildern verboten, und im erbitterten „Bilderstreit“, der mehr als hundert Jahre andauerte, war ein Großteil der vorhandenen Bilder vernichtet worden. Erst im Jahre 843 ließ

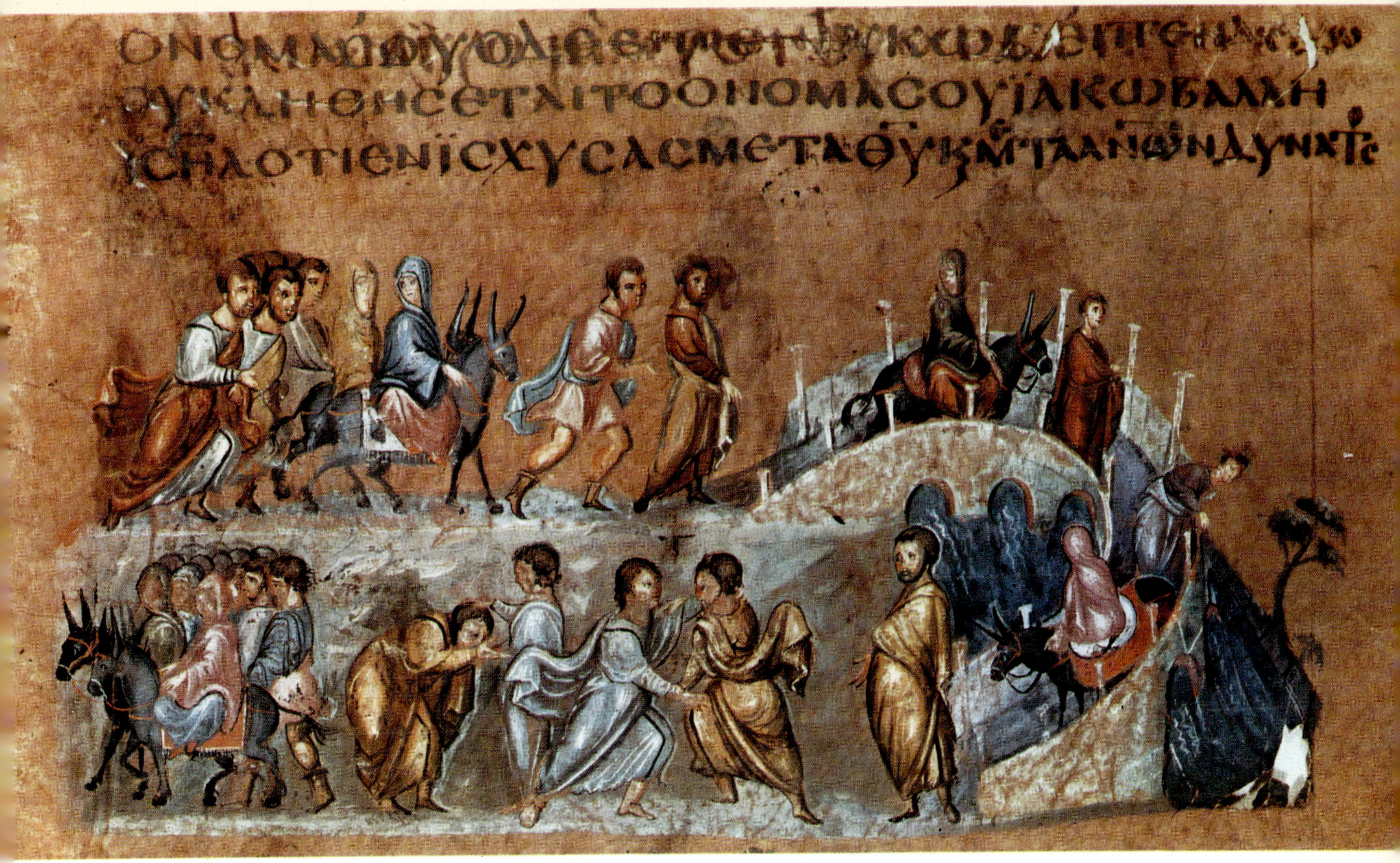
ΟΥΚΛΗΘΗΣΕΤΑΙΤΟΟΝΟΜΑΣΟΥΙΑΚΩΒΑΛΛΗ

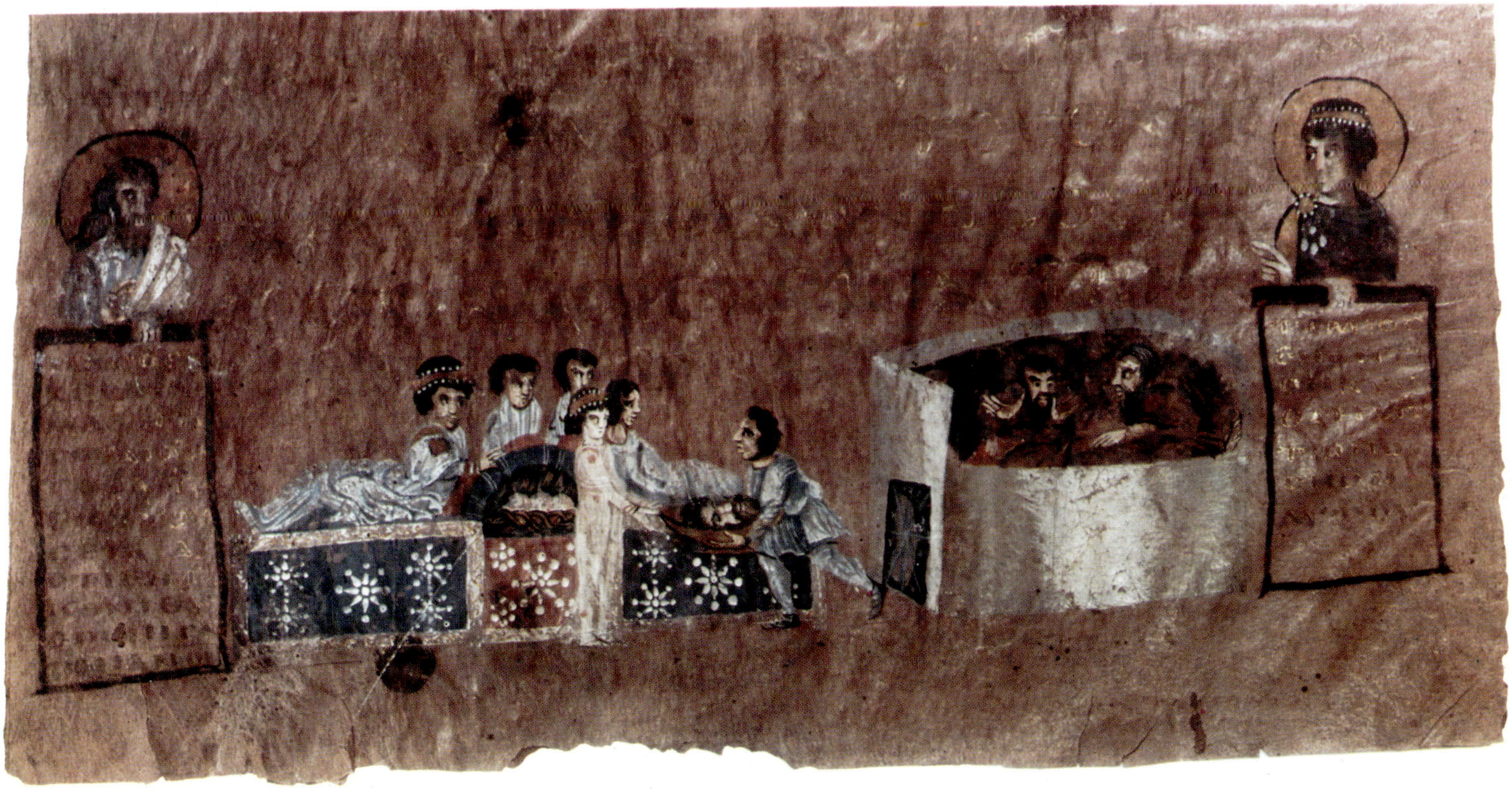

Ia

Ib

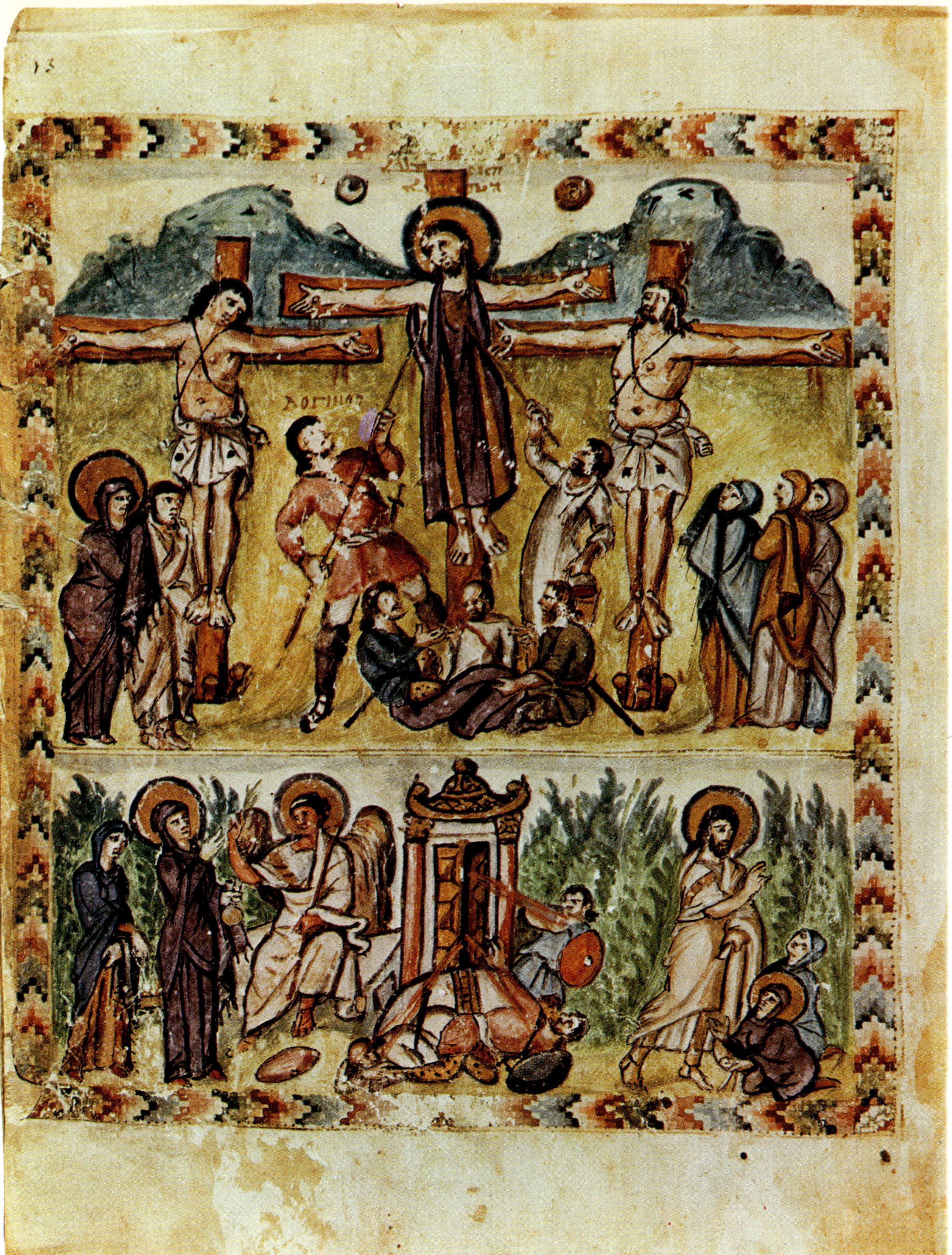

II

Kaiserin Theodora auf einer Synode von Konstantinopel die Verehrung und Herstellung von Bildern wieder erlauben. Das bedeutete einen neuen Beginn der Buchmalerei, die von da an, gemeinsam mit der Mosaik- und Freskomalerei, nicht nur innerhalb der politischen Grenzen des byzantinischen Reiches eifrig gepflegt wurde, sondern darüber hinaus auch in den Ländern, die der griechischen Kirche angehörten, besonders unter den slawischen Völkern. Griechische Buchmalerei fand auch eine Heimstätte in den byzantinischen Kolonien in Unteritalien und im Basilianerkloster Grottaferrata bei Rom. Durch dynastische Verbindungen – Kaiser Otto II. und die griechische Prinzessin Theophanu – und dann durch die Kreuzzüge kamen griechische Handschriften nach Mitteleuropa und dienten als Vorlagen für die deutsche und französische Buchmalerei.

Am neuen Anfang um die Mitte des 9. Jahrhunderts stehen einige Handschriften, die noch an die
antike Tradition anknüpfen. Dieser Richtung gehört unter anderen ein großartiger Psalter vom
Beginn des 10. Jahrhunderts an, in den ganzseitige Bilder eingefügt sind. Neben den großen *11*
Figuren der dargestellten historischen Szenen sind noch in antiker Weise die Personifikationen
der Nacht und der Wüste, des Abgrundes und des Meeres eingefügt. Nicht nur die antiken Male-
reien, sondern auch die äußere Form eines antiken Buches ist in der „Josuah-Rolle“ erhalten, die im *7*
10. Jahrhundert von einer antiken Buchrolle kopiert wurde. Die Bilder folgen einander von links nach rechts, unter ihnen steht der Text. In Zeichnung und Farbengebung sind diese Kopien so vollendet ausgeführt, daß die Meisterschaft ihrer Maler erkennbar wird, die ihre Vorlagen nicht nur sklavisch abmalten, sondern ihnen das Gepräge von Originalen verliehen.

Außer in wenigen Büchern über Heilkunde und über die Jagd ist die byzantinische Buchmalerei
hauptsächlich in sakralen Werken erhalten. Psalterien, Evangeliare, Schriften von Kirchenvätern, *9, 12, 13*
Heiligenlegenden werden mit Bildern geschmückt. Besonders reiche Anregung für bildlichen Schmuck boten die „Menologien“, das sind monatsweise zusammengestellte Heiligenleben. Manche davon enthalten am Beginn eines jeden Monats auf einer großen Seite in mehreren Reihen übereinander die Gestalten der Heiligen; andere, wie das berühmte „Menologium des Kaisers Basi-
lius II.“ (976–1025), besitzt für jeden Tag des liturgischen Jahres ein Heiligenbild. In majestätischer *10*
Pracht thronen die Evangelisten am Beginn der Evangelientexte. Szenen aus dem Alten und Neuen *14, 15*
Testament sind in halb- und ganzseitigen Bildern eingefügt. Oft sind die Figuren auch in ganz kleinem Format an den Rand des Textes gesetzt.

Die Heimat dieser Kunst waren fast ausschließlich die Klöster, in denen auch darauf geachtet wurde, daß die Bilder in den Büchern, ähnlich wie die Bilder und Mosaiken auf den Kirchenwänden, den kirchlichen Vorschriften entsprachen. Schon auf der Synode von Konstantinopel im Jahre 787, die einen Interimsfrieden im Bilderstreit herzustellen versuchte, war festgelegt worden, daß Inhalt und Aufbau der Bilder nicht der Erfindung der Maler zu überlassen seien, sondern der bewährten Gesetzgebung und Tradition der Kirche vorbehalten bleiben müssen. Waren beim neuen Beginn der byzantinischen Malerei im 9. Jahrhundert die Künstler noch frei in der Wahl ihrer nicht sehr zahlreichen Vorlagen und in ihrem stilistischen Ausdruck, so bildete sich schon

1 HIEROGLYPHISCHES TOTENBUCH für Sanswaret aus der XVIII. Dynastie, 15. Jh. v. Chr. Opferszene: Der Sohn bringt seinen beiden Eltern ein Opfer. Papyrus, 330 × 5900 mm. *Wien, Österr. Nat. Bibl., Pap. Aeg. 10994*

2 HIERATISCHES TOTENBUCH der Taruma, Priesterin des Ptah, 2. Jh. v. Chr. Darstellung des Totengerichtes: Die Verstorbene wird von der Göttin der Wahrheit in den Saal vor Osiris geführt, vor dem ein anklagendes Ungeheuer sitzt. Der ibisköpfige Gott Thoth führt das Protokoll, hinter ihm eine Waage, auf der einen Schale das Herz der Verstorbenen, auf der anderen die Hieroglyphe der Wahrheit. Papyrus, 320 × 8610 mm. *Wien, Österr. Nat. Bibl., Pap. Aeg. 65*

3 VERGILIUS VATICANUS, 4./5. Jh. Aeneas sieht bei der Erbauung Karthagos zu (Aeneis I, 418–429). Pergam., 225 × 200 mm. *Bibl. Vatic., Cod. Vat. Lat. 3225, fol. 13r*

4 ILIAS AMBROSIANA, 4. Jh. Die Griechen stürmen gegen die Trojaner, auf einer Lanze der Kopf des erschlagenen Trojaners Ilioneus (Ilias XIV, 489–500). Pergam., Querformat 186 × 220 mm. *Mailand, Bibl. Ambrosiana, Cod. 1019, Blatt 43*

5 WIENER DIOSKURIDES. Herbarium mit Abbildungen und Beschreibungen von Heilpflanzen, vorgebunden mehrere Blätter mit Bildern von Ärzten und einem Porträt der kaiserlichen Prinzessin Anicia Juliana; diese hatte im Jahre 512 eine Kirche in einem Vorort von Byzanz erbauen lassen, und die Künstler und Handwerker widmeten ihr zum Dank für die Arbeitsbeschaffung dieses Buch. Neben der thronenden Prinzessin zwei allegorische Frauenfiguren, die Megalopsychia (Großherzigkeit) und Phronesis (Vernünftigkeit). Pergam., 370 × 300 mm. *Wien, Österr. Nat. Bibl., Cod. Med. gr. 1, fol. 6v*

6 WIENER DIOSKURIDES. Bild und Beschreibung der Gartenrose, *fol. 282r*

7 JOSUAH-ROLLE. Bilderfolge der Ereignisse, die im Buche Josuah geschildert werden, im 10. Jh. in Ägypten oder Syrien von einem spätantiken Original kopiert. Der abgebildete Ausschnitt zeigt Josuah, erst stehend, dann vor dem Erzengel Michael auf die Knie fallend; im Hintergrund die Stadt Jericho, rechts unter einem Baum eine Frauengestalt mit Mauerkrone, die Personifikation der Stadt Jericho, die Israeliten umschreiten die Mauern der Stadt. Pergam., Höhe der Rolle 311 mm, Länge 20 Meter. *Bibl. Vatic., Cod. Vat. Pal. gr. 431*

8 TABULA PEUTINGERIANA. Straßenkarte des römischen Reiches, von einem Papyrus-Original des 4. Jhs. im 12. Jh. auf Pergament kopiert. Diese Pergamentrolle wurde um 1500 von Konrad Celtis im Rheinland gefunden und dem Augsburger Patrizier Konrad Peutinger übergeben, dessen Nachkommen sie 1715 an den Prinzen Eugen von Savoyen verkauften. Auf dem abgebildeten Ausschnitt ist Unteritalien und Sizilien zu sehen, oben Teile der Balkanhalbinsel, unten die Küste von Afrika. Pergam., 340 × 6750 mm. *Wien, Österr. Nat. Bibl., Cod. 324, Segment VI*

9 GRIECHISCHE BIBEL. Am Beginn des 10. Jhs. in Byzanz für den Patrikios Leon geschrieben und illuminiert. Geschichte der Judith. Pergam., 410 × 207 mm. *Bibl. Vatic., Cod. Vat. Reg. gr. 1, fol. 383r*

10 MENOLOGIUM DES KAISERS BASILIUS II. Die Handschrift enthält die Lebensbeschreibungen der Heiligen der Monate September bis Februar. Sie wurde in Byzanz für Kaiser Basilius II. (976–1025) hergestellt. Prophet Jonas. Pergam., 364 × 284 mm. *Bibl. Vatic., Cod. Vat. gr. 1613, fol. 59v*

11 GRIECHISCHER PSALTER, Byzanz, 10. Jh. Vernichtung der Ägypter im Roten Meer, mit allegorischen Figuren: die Nacht (links oben), darunter die Wüste, unten in der Mitte der Abgrund, rechts unten das Rote Meer als Frauengestalt. Pergam., 585 × 390 mm. *Paris, Bibl. Nat., Ms. gr. 139, fol. 419v*

12 DAS BUCH JOB. Im 9. Jh. von einem byzantinischen Original kopiert, vielleicht in Rom. Job wird vom Teufel mit Aussatz geschlagen. Pergam., 380 × 275 mm. *Bibl. Vatic., Cod. Vat. gr. 749, fol. 25r*

13 GRIECHISCHES EVANGELIAR. In Byzanz um 1122 für Johannes II. und Alexius Comnenus geschrieben. Weihnachtsbild in mehreren Szenen: in der Mitte Maria mit dem Kind, oben Engel und Verkündigung an die Hirten, vor dem Christkind rechts die Hirten, links die Weisen aus dem Morgenlande, unten links der hl. Josef, rechts die Hebammen beim Bade des Kindes. Pergam., 186 × 132 mm. *Bibl. Vatic., Cod. Vat. Urbin. gr. 2, fol. 20v*

14 GRIECHISCHES NEUES TESTAMENT. Im 12. Jh. geschrieben, wahrscheinlich im griechischen Kloster Grottaferrata bei Rom. Dreifaltigkeit, von Engelchören angebetet. Pergam., 247 × 176 mm. *Wien, Österr. Nat. Bibl., Cod. Suppl. gr. 52, fol. 1v*

15 GRIECHISCHES PERIKOPENBUCH, 11. Jh., Athos oder Byzanz. Evangelist Matthäus. Pergam., 336 × 245 mm. *Wien, Österr. Nat. Bibl., Cod. Suppl. gr. 128, fol. 60v*

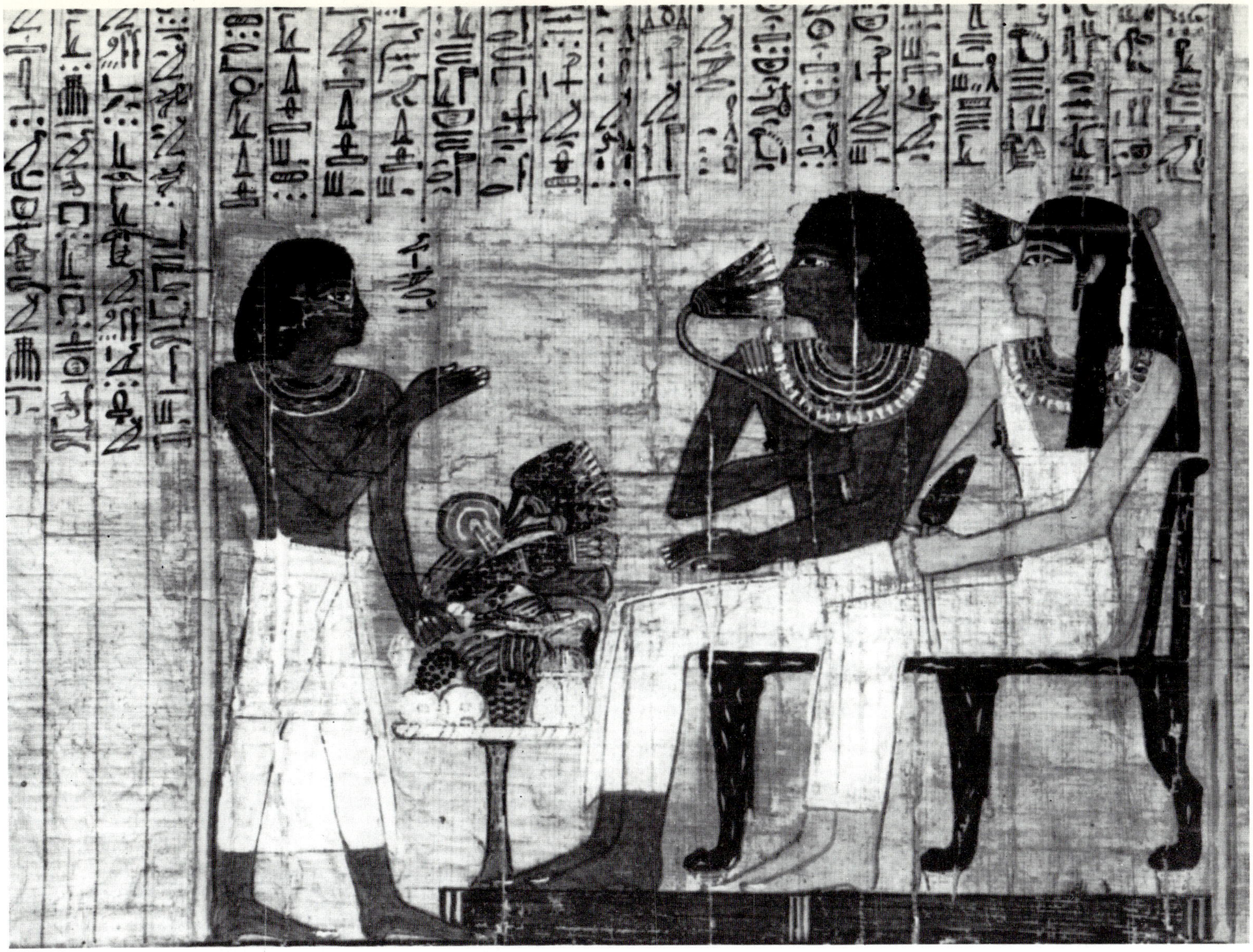

1

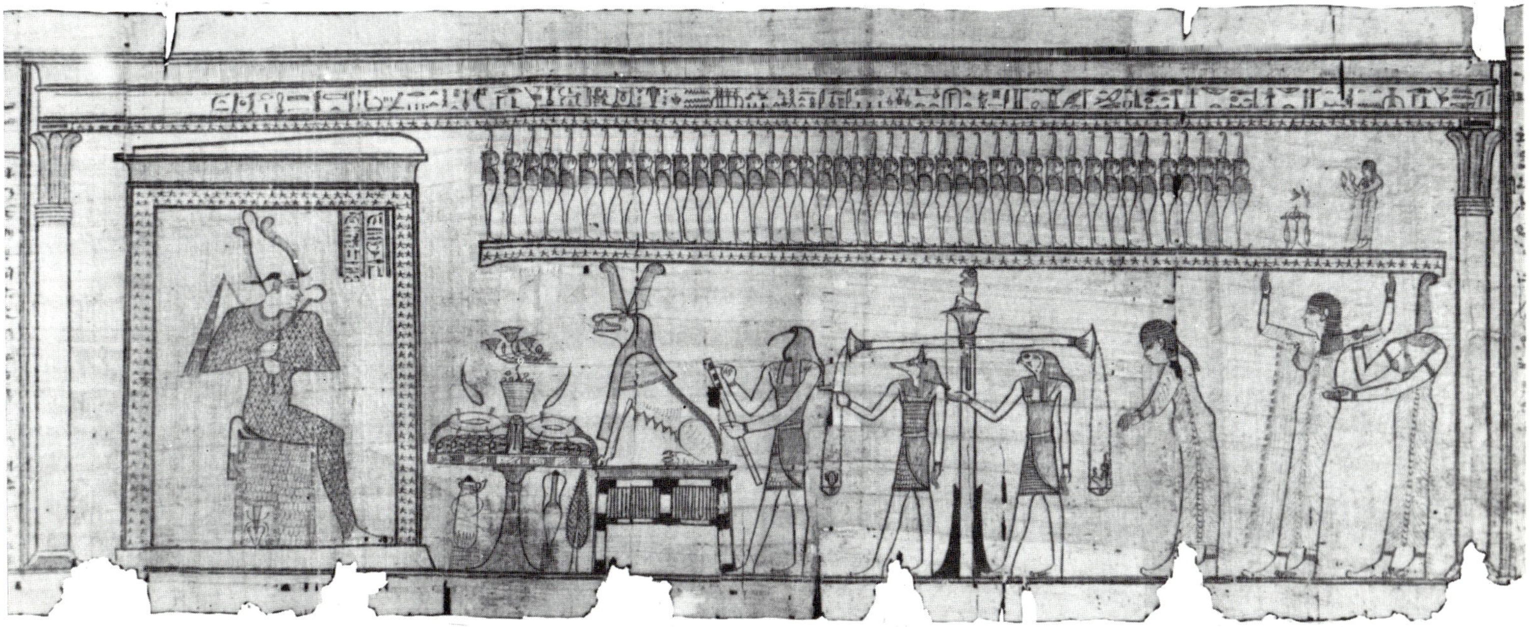

2

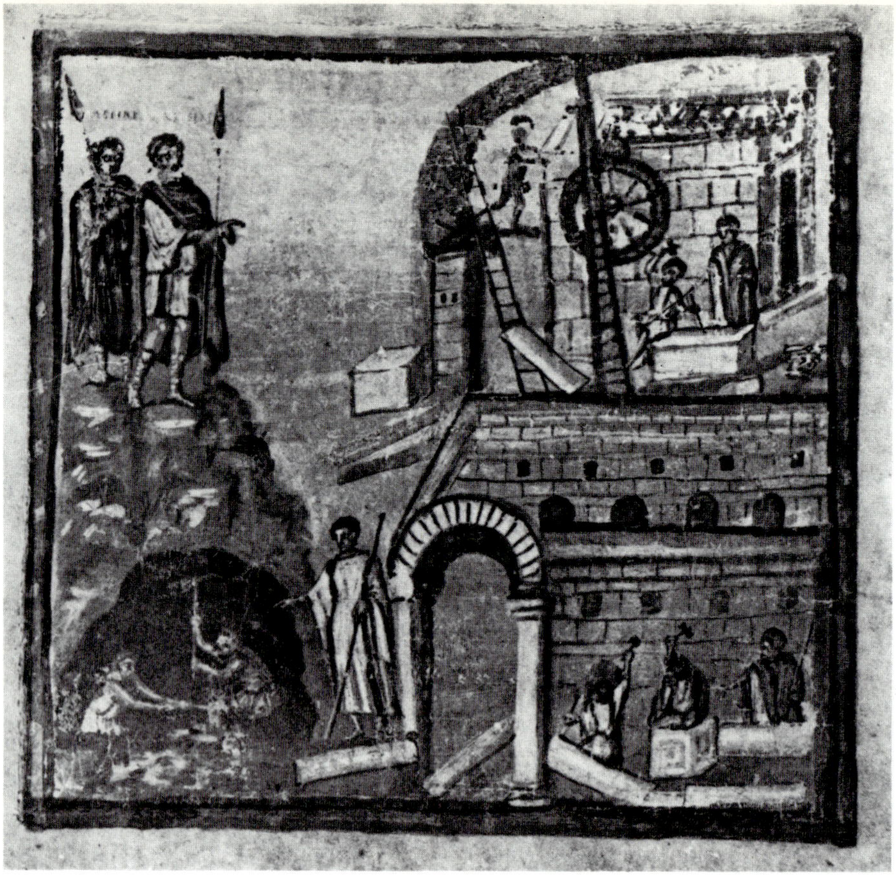

3

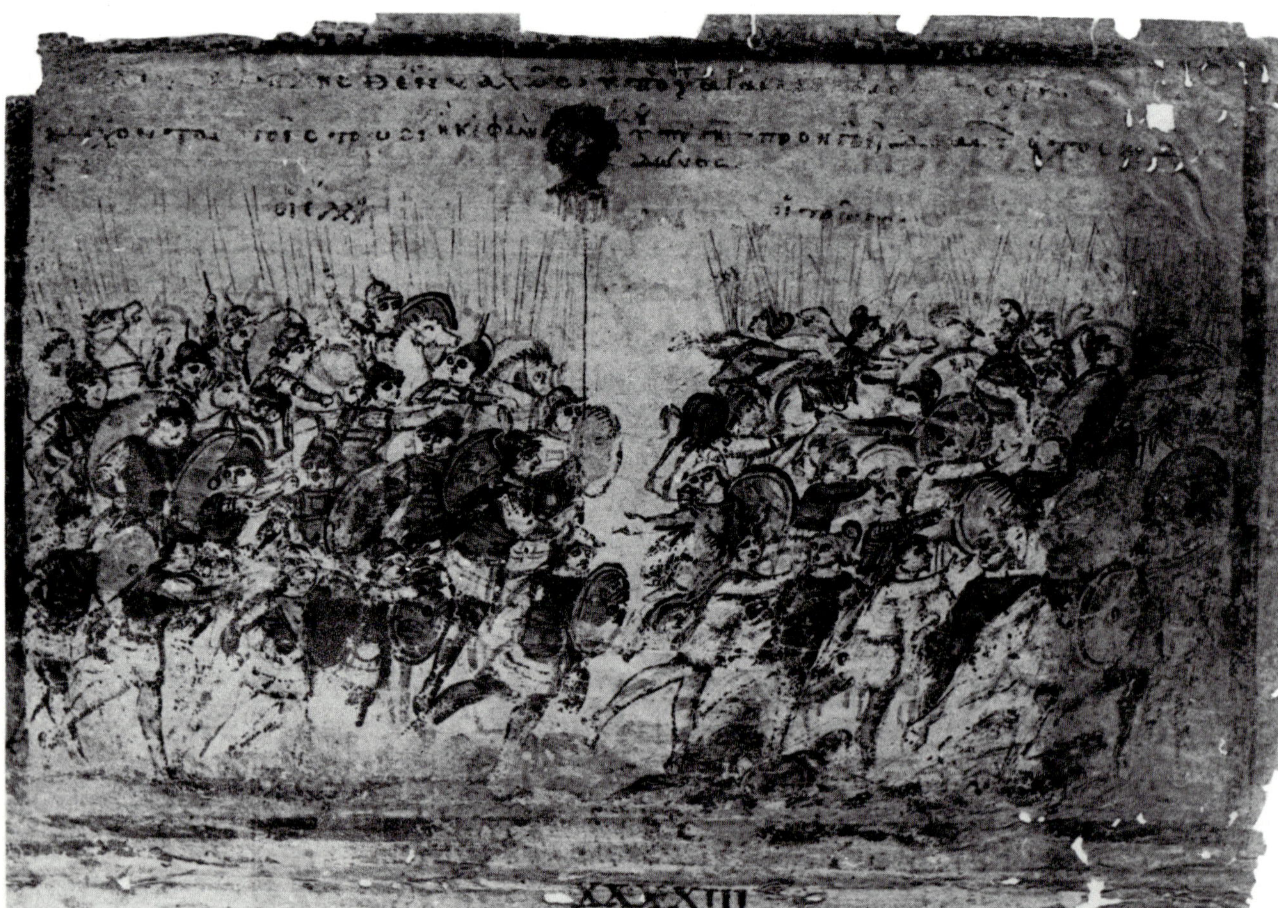

4

5

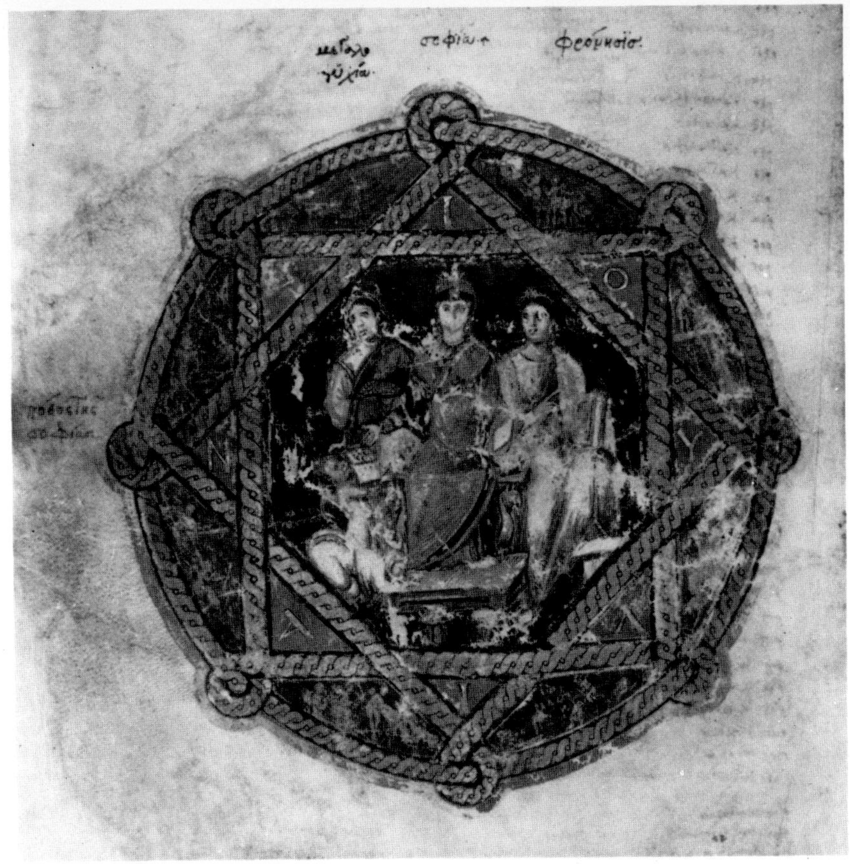

6

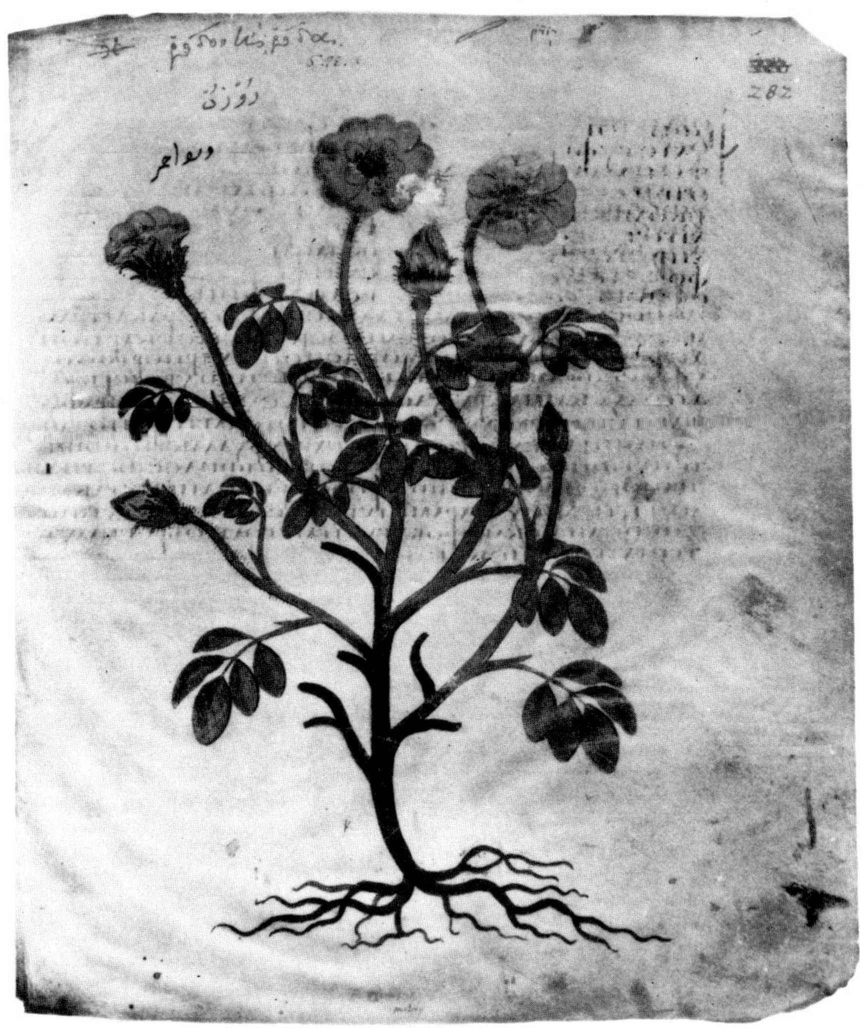

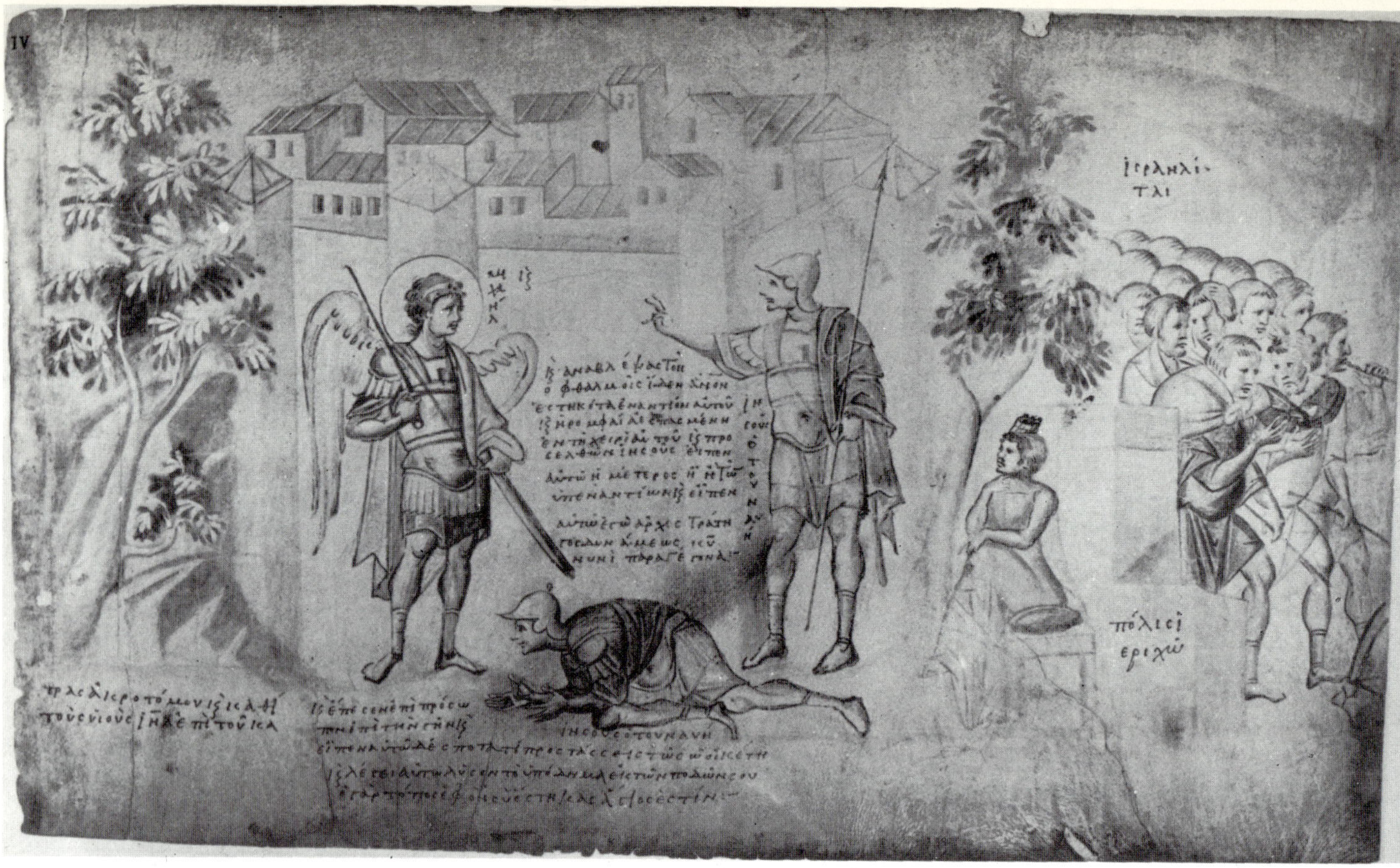

7

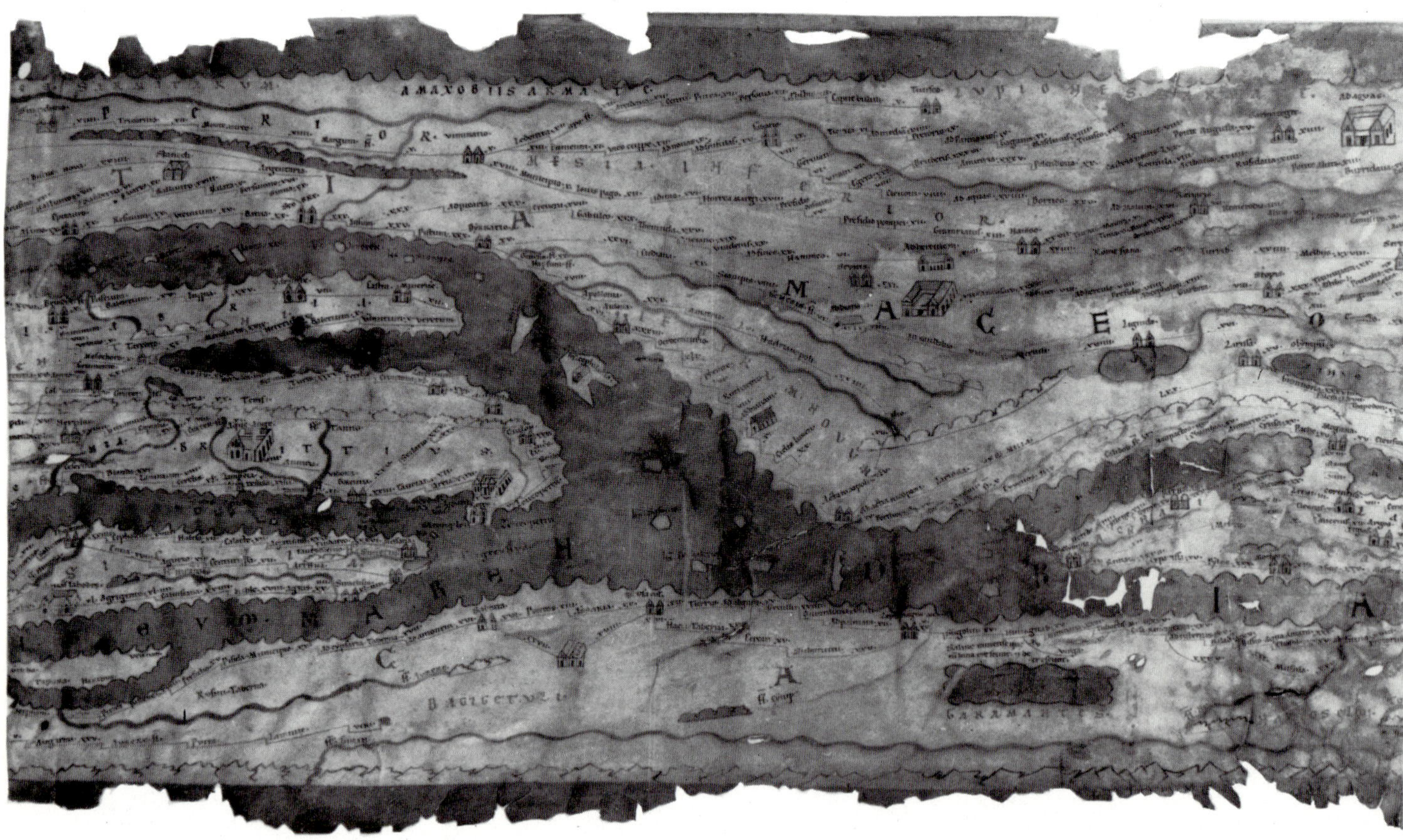

8

9

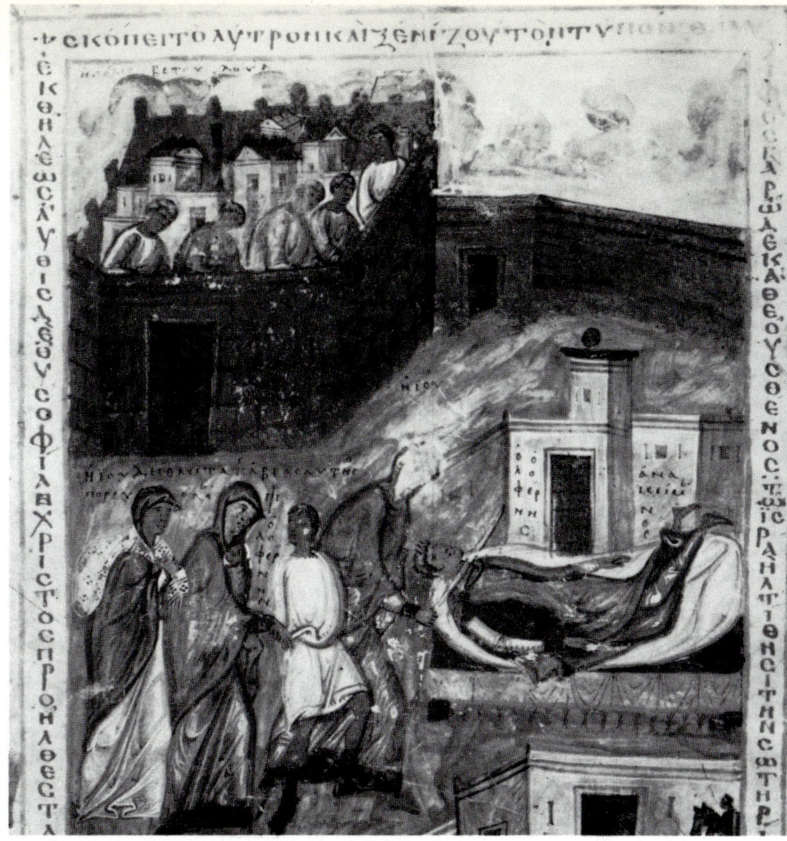

10

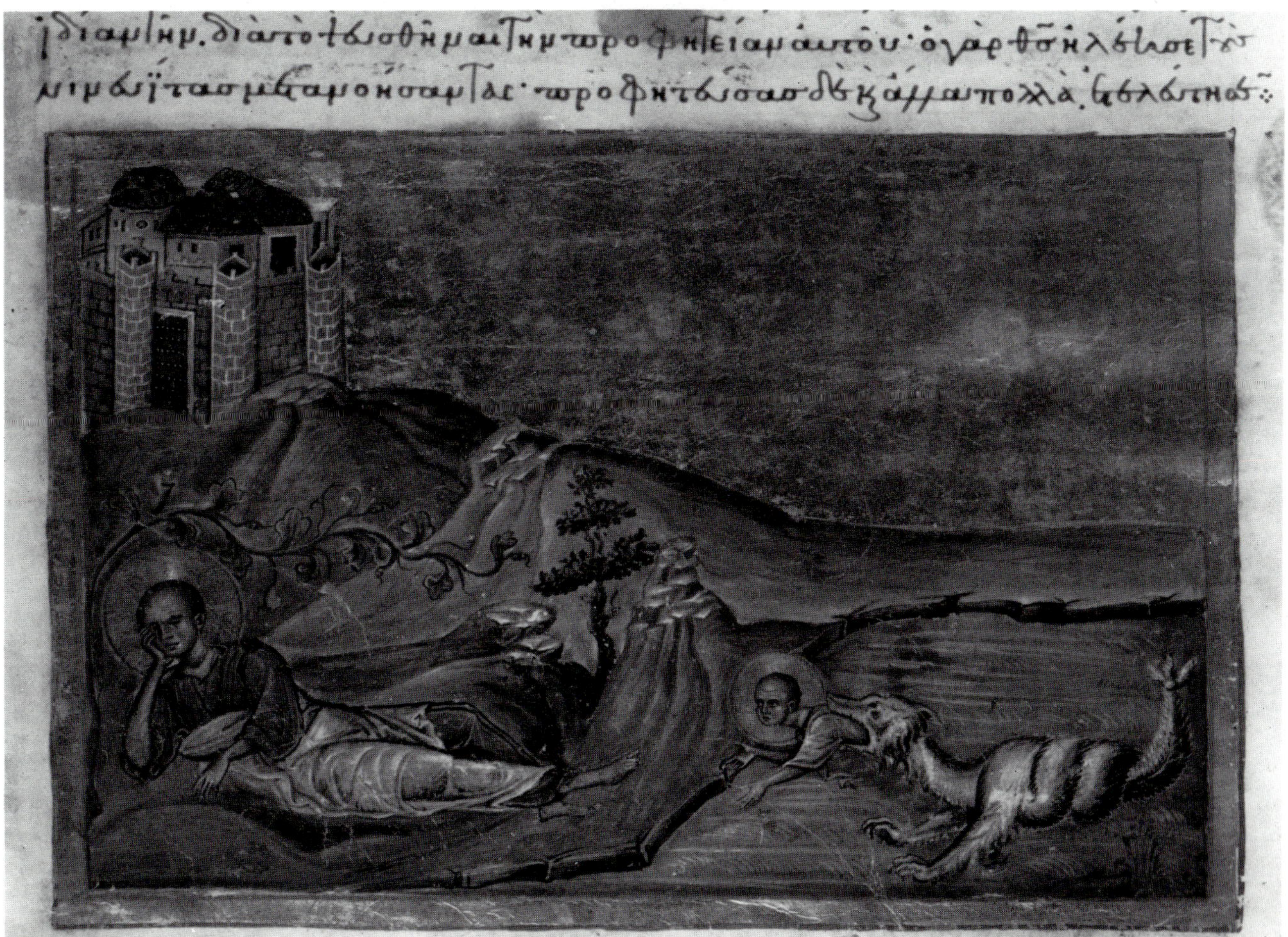

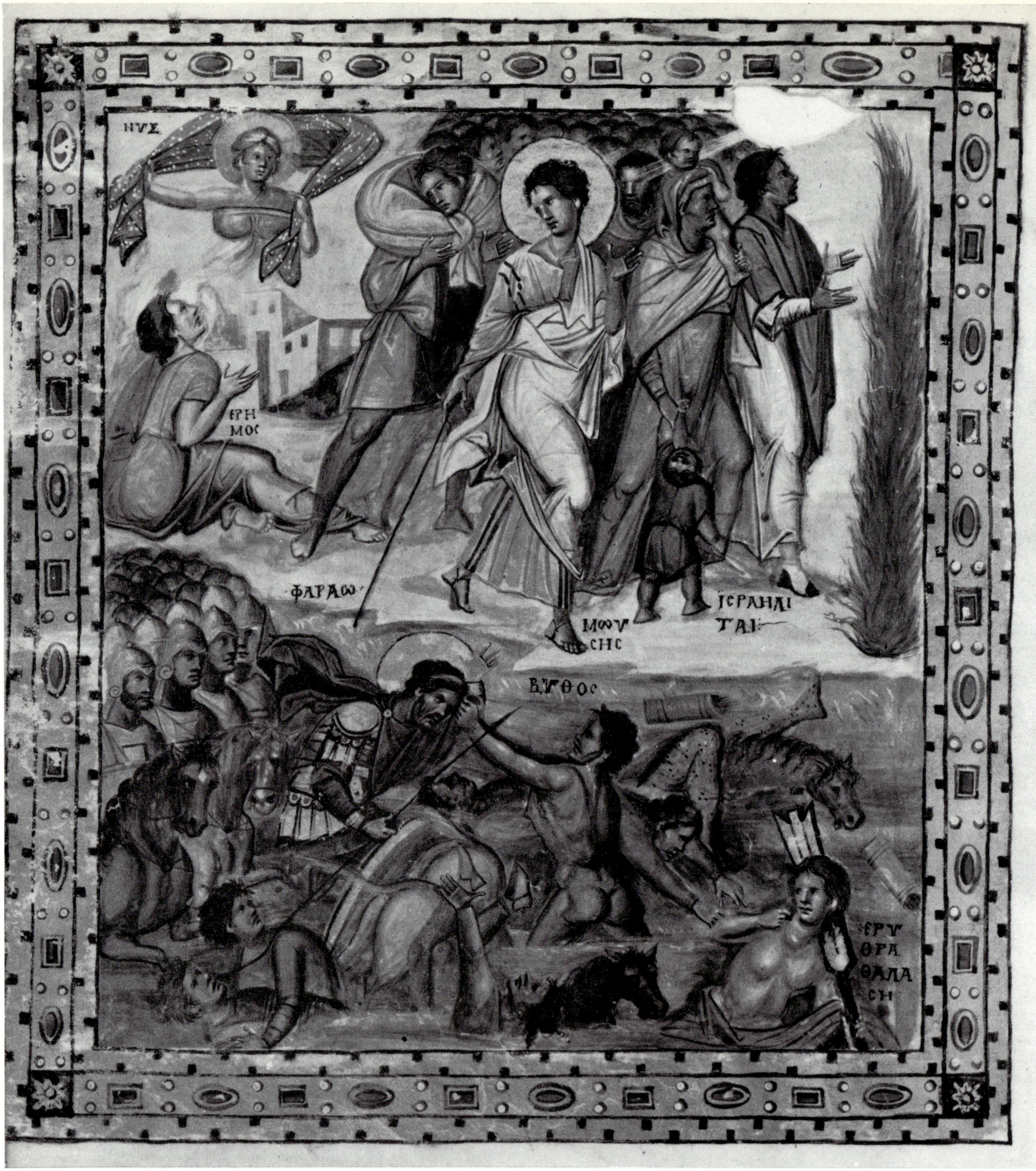
ΝΥΞ
ΕΡΗ
ΜΟϹ
ΦΑΡΑΩ
ΜΩΥ
ϹΗϹ
ΙϹΡΑΗΛΙ
ΤΑΙ
ΒΥΘΟϹ
ΕΡΥ
ΘΡΑ
ΘΑΛΑϹ
ϹΗ

12

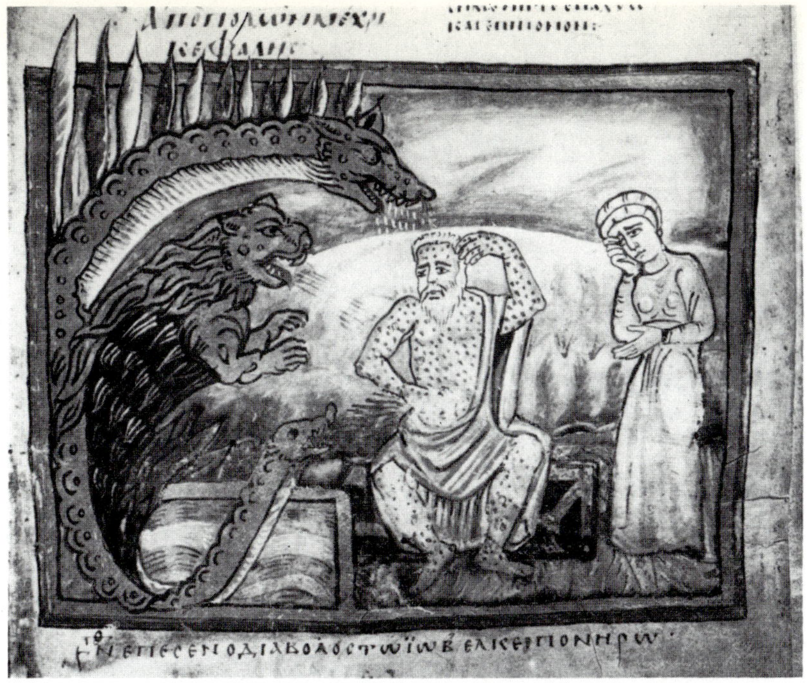

13

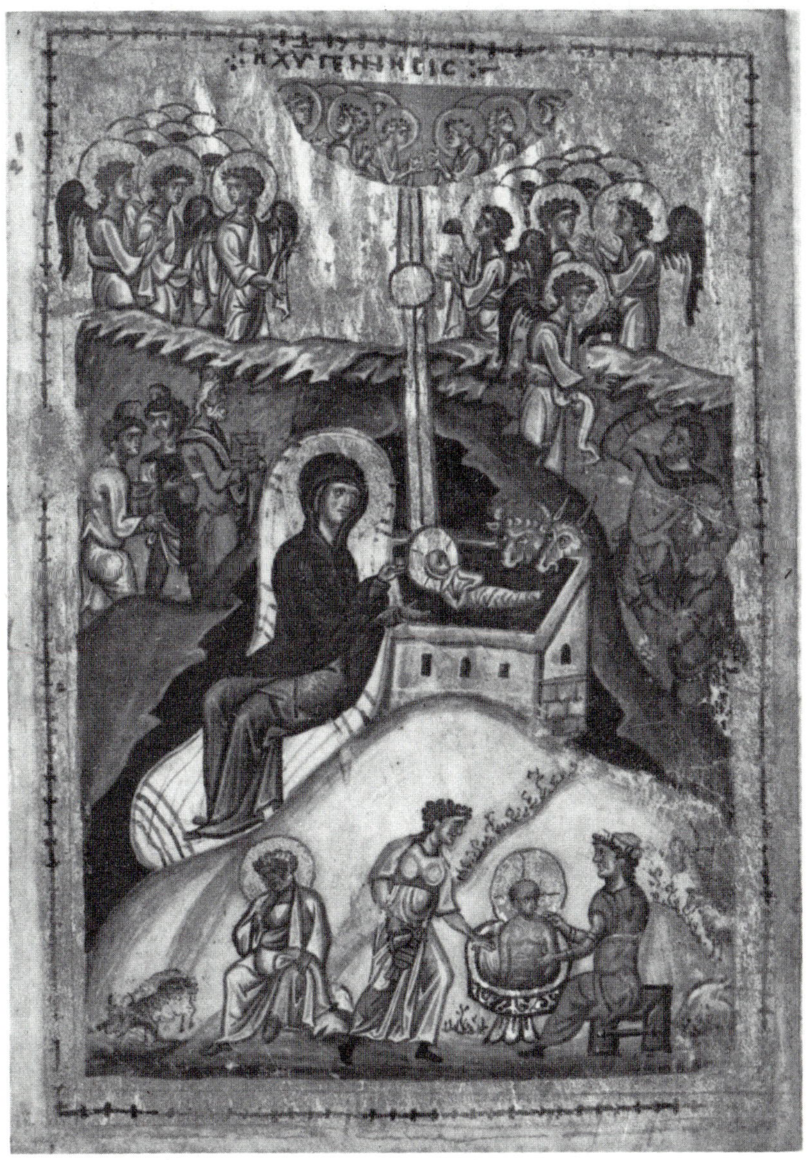

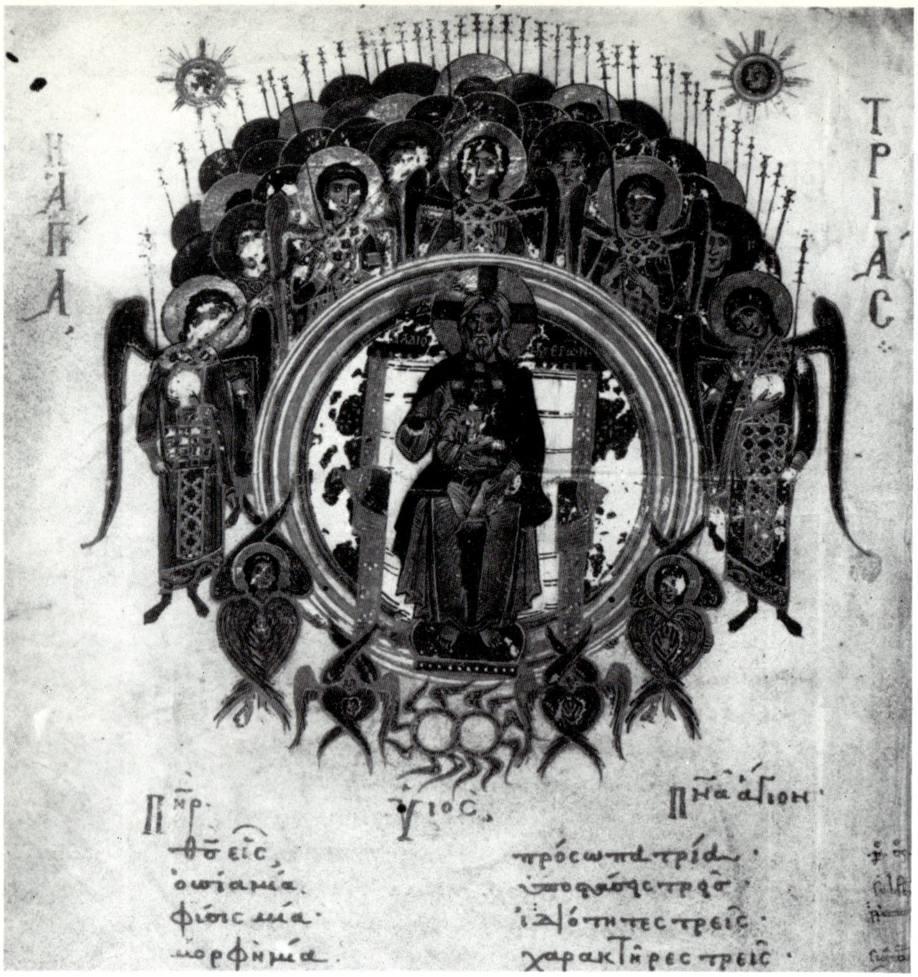

14

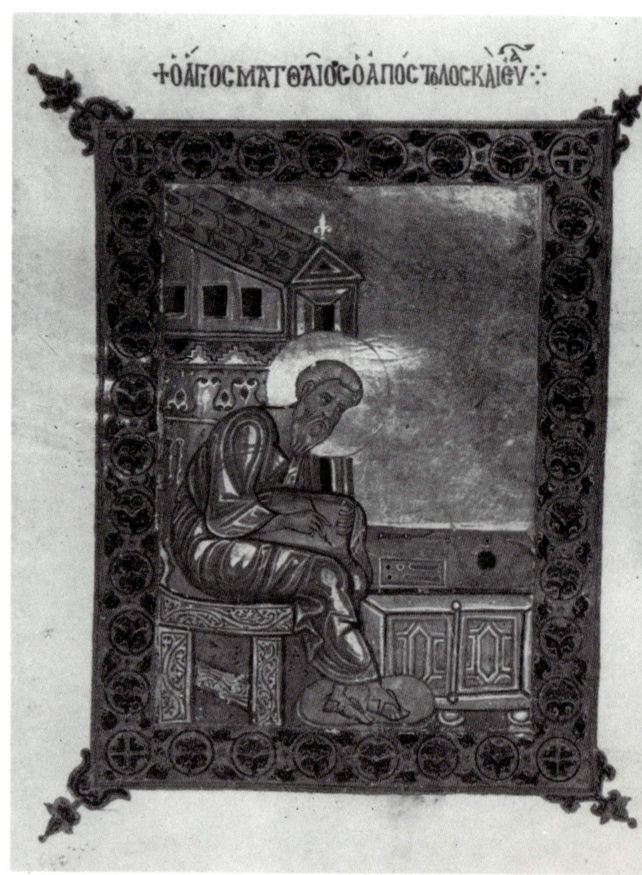

15

bald danach ein fester Kanon aus, dessen Kenntnis für die Maler ebenso wichtig war wie die technischen Kenntnisse in der Zubereitung und Auswahl der Farben.
Im Jahre 1855 wurde in deutscher Sprache das „Handbuch der Malerei vom Berge Athos" herausgegeben, dessen griechische Vorlage zwar auch erst dem 19. Jahrhundert angehört, die aber selbst aus einer Tradition kam, die bis weit ins Mittelalter zurückreicht. Wie stark diese Vorschriften schon im hohen Mittelalter den Charakter der byzantinischen Malerei bestimmten, zeigen die ikonographisch fast identischen Szenen der Mosaiken des 12. Jahrhunderts in so weit voneinander entfernten Orten wie Daphni bei Athen, Palermo–Monreale–Cefalù, Torcello–Venedig. Dieselben Vorschriften galten auch für die Buchmalerei und wurden von den Künstlern seit dem Mittelalter bis weit in die Neuzeit befolgt. Es ist deshalb auch oft schwer, eine Miniatur stilistisch zu datieren, wenn nicht die Schrift des Buches einen Anhaltspunkt gibt.
Die byzantinische Buchmalerei hat nie aufgehört, sich selbst und ihre Werke als Gottesdienst zu betrachten, dessen objektive Gesetze jeder Künstler einhalten mußte. Für die freie Entfaltung der künstlerischen Persönlichkeit, für stilistische Wandlungen und ikonographische Neuerfindungen, wie sie für die abendländische Buchmalerei seit dem 12. Jahrhundert in reichstem Maße zu beobachten sind, hat das byzantinische Kunstwollen keinen Platz. Der Künstler bleibt anonym, Diener des Gebetes und der Betrachtung der christlichen Heilsgeschichte.

BUCHMALEREI IM ABENDLAND

Frühes Mittelalter

Die Zeit vom Beginn des 6. bis zur Mitte des 8. Jahrhunderts bedeutete für die Länder des alten weströmischen Reiches eine ununterbrochene Folge von kriegerischen und nationalen Umwälzungen. Die Goten kamen vom Osten und zogen quer durch Italien nach dem spanischen Westen, wo sie von den eindringenden Arabern bedrängt wurden. Vom Osten kamen auch die Langobarden, die sich in Italien festsetzten. Das alte römische Gallien wurde von den Franken erobert, die dort ihr merowingisches Reich errichteten.
Für die Pflege stiller Buchkultur gab es in solchen Zeiten wenig Gelegenheit. Sicher sind bei den häufigen Überfällen und Bränden viele Handschriften zerstört worden. Aus dem wenigen, das erhalten blieb, kann man aber entnehmen, daß es nicht viele Handschriften gab, die über den Text hinaus noch künstlerischen Schmuck besaßen. Am Ende des 7. Jahrhunderts waren in Italien

Schreibstuben in Verona und Bobbio tätig, im Frankenreich in Luxeuil, Corbie und Tours. Das älteste erhaltene Buch des Frankenreiches stammt aus dem Jahre 669 aus Luxeuil, ist aber schmucklos.

Die Zierelemente der „merowingischen“ Handschriften bestehen fast ausschließlich aus Ornamenten, fast nie aus figuralen Bildern. Die Palmetten, Bandmuster, Rosetten und Ranken der Buchmalerei erinnern oft an die Verzierungen an Metallgegenständen der Völkerwanderungszeit. Es
sind Motive, die sie auch in Handschriften aus Vorderasien bekannt sind. Besonders beliebt sind
16 „zoomorphe“ Bildungen: Vögel, Fische, hundeähnliche Tiere, auch menschliche Gestalten oder
einzelne Köpfe, Hände und Arme bilden ganz oder teilweise die Buchstaben. Für unsere Augen erwecken solche Seiten den Eindruck einer „barbarischen“ Schönheit. Aber wir dürfen nicht vergessen, daß für die Schöpfer und Benützer dieser Bücher sowohl Ornamente als auch Farben ihre besondere symbolische Bedeutung hatten.

Sowohl Luxeuil (590) als auch Bobbio (612) waren Gründungen des Iren Kolumban († 615). Aus dieser frühen Zeit sind keine Handschriften erhalten, obwohl zur notwendigsten Ausstattung eines Klosters die Bücher für den Gottesdienst gehörten. Aber auch die Bücher, die dann später in diesen Klöstern und in den Tochterklöstern hergestellt wurden, zeigen keine künstlerische Verwandtschaft mit dem Stil, der nicht ganz zutreffend als „irisch“ bezeichnet wird. Soweit sich die Buchmaler des 7. und 8. Jahrhunderts in Italien und im Frankenreich von ihren Vorlagen anregen ließen,
müssen sie Muster aus den christlichen Ländern im Süden und im Osten vor sich gehabt haben.
17 Eines der schönsten Werke dieser Zeit ist ein „Sacramentarium Gelasianum“ (Meßbuch), das im
nordöstlichen Frankreich um 750 geschrieben wurde. Als Vorlage für den reichen Schatz an Ziermotiven kommen koptische, syrische und armenische Werke in Betracht. Es ist schwer zu erklären, woher diese Vorlagen kamen. Am ehesten können sie durch Pilger mitgebracht worden sein, die damals weite Reisen zu den Gräbern berühmter Heiliger machten und von dort heiß begehrte Reliquien in die Heimat mitnahmen.

Insulare Buchmalerei

Aus der Zeit vom Ende des 7. bis zum letzten Viertel des 8. Jahrhunderts sind auf dem europäischen Festland nur wenige Denkmäler der Buchmalerei erhalten. In dieselbe Zeit fällt die Hochblüte dieser Kunst in England und Irland. Irland war im 5. Jahrhundert christianisiert worden, und irische Mönche hatten den Glauben im 6. Jahrhundert auch ins nördliche England gebracht. Am Ende des 6. Jahrhunderts kamen Glaubensboten aus Rom ins südliche England. Es währte einige Zeit, bis sich das „irische“ und das „römische“ Christentum aneinander angeglichen hatten. Eines der Ergebnisse dieser Kulturbegegnung ist die großartige Buchkunst, die in den Klöstern gepflegt wurde. Die Glaubensboten, die seit der ersten Hälfte des 8. Jahrhunderts aus England und Irland aufs Festland kamen, haben diesen Stil auch dorthin mitgebracht.

Man hat bis vor kurzer Zeit von „irischer" Buchmalerei gesprochen. Untersuchungen der letzten Jahrzehnte haben erwiesen, daß die bedeutendsten Werke dieser Kunst nicht in Irland, sondern in England entstanden sind. Es wird daher korrekter sein, diese Kunst als „insular" zu bezeichnen, wie es auch für die Schrift gebräuchlich ist, die sich unverkennbar von den „kontinentalen" Schriften unterscheidet. Die insulare Schrift bildet eine der wesentlichen Grundlagen der Buchmalerei. Nicht nur, daß die Malerei nichts anderes ist als Dienst am geschriebenen Wort – alle großen Werke der Buchmalerei enthalten das Wort Gottes, die Hl. Schrift – sondern aus der Form der Buchstaben werden auch die Ornamente entwickelt, die Buchstaben selbst werden zu umfangreichen Kunstwerken umgeformt.

Die Freude am vielgestaltigen Ornament führt manchmal dazu, daß ganze Seiten mit solchen Zierformen bedeckt werden: geometrische Linien, wirbelartige Rosetten, Flechtbänder in reicher *III* formaler Abwechslung bedecken die ganze Fläche. Solche Prachtseiten sind nichts anderes als Übersetzungen von Prachteinbänden aus Edelsteinen und Einlegearbeiten ins Graphische. Zur Ausstattung der heiligen Bücher gehörten auch die kostbaren Einbände, und auf den ersten Seiten der Bücher selbst wurde dieser Schmuck nochmals in farbigen Mustern wiederholt.

Die Virtuosität der ornamentalen Linien und Figuren erfaßt aber auch die menschliche Gestalt und löst sie in flächiger Weise auf, so daß sie optisch den gegenstandlosen Zierseiten und -buchstaben angeglichen wird. Was in diesen Figuren der Evangelisten oder anderer Personen der biblischen Bücher dargestellt wird, ist keine naturalistische Wiedergabe der Wirklichkeit, sondern bewußte *19, 20* Umformung des Nur-Menschlichen in eine neue vergeistigte Dimension. Unserem Auge, das durch zahllose Vergleichsmöglichkeiten aus früherer und späterer Zeit geschult ist, mag vieles an den insularen Miniaturen barbarisch erscheinen, besonders die Menschendarstellung. Aber wir sollten versuchen, diese Bücher mit den Augen ihrer Auftraggeber und ersten Benützer zu sehen, für die der Schmuck des Buches ein Anlaß dazu war, in ihrer eigenen Sprache auf den Inhalt des Buches zu antworten.

Die berühmtesten Meisterwerke der insularen Buchkunst stammen aus dem Ende des 7. und der ersten Hälfte des 8. Jahrhunderts, sind also nicht das Ergebnis einer langsamen „Entwicklung", sondern stehen am Anfang dieses einzigartigen Kunststils. Die in dieser Frühzeit geschaffenen Formen leben in England und Irland, aber auch auf dem Festland, bis weit ins 9. Jahrhundert fort, erreichen aber nirgends mehr das Niveau des Anfangs. Das älteste Werk ist der „Codex Amiatinus", unter dem Abt Ceolfrid (690–716) in Jarrow (Northumbrien) geschrieben. Das Buch war für den Papst bestimmt, aber Ceolfrid starb auf der Reise nach Rom. Der Codex war seit dem 9. Jahrhundert Eigentum des italienischen Klosters Monte Amiata und ist seit 1786 in Florenz. Wenig jünger sind die drei anderen berühmten Handschriften: Book of Durrow (Codex Durmachensis), jetzt in Dublin; Book of Kells (Codex Cennanensis), ebenfalls in Dublin; Book of Lindisfarne (Codex *III*

III Book of Kells
8./9. Jahrhundert, das prächtigste aller insularen Evangeliarien. Seit frühester Zeit im irischen Kloster Kells, aber wahrscheinlich im Inselkloster Jona (Hy) entstanden.
Initialseite des Matthäus-Evangeliums. Das Wort XPI (Christi) ist ganz in reiche Schmuckformen aufgelöst und zu einer teppichartigen Fläche gestaltet.
Pergam., 330 × 250 mm. Dublin, Trinity-College, Ms. 58, fol. 34r

IV Bibel Karls d. Kahlen
Um 846 in St. Martin in Tours entstanden, später von Karl d. Kahlen dem Kloster Vivien geschenkt.
Geschichte der Erschaffung des Menschen, des Sündenfalls und der Vertreibung aus dem Paradies, in den Trennungsstreifen zwischen den Bildern „Tituli", d. s. Beschreibungen der Bilder.
Pergam., 495 × 375 mm. Paris, Bibl. Nat., Ms. lat. 1, fol. 10v

18 Lindisfarnensis), jetzt in London. Um diese Hauptwerke gruppieren sich zahlreiche andere, heute auf viele Bibliotheken verteilt. Die einzige Bibliothek, in der insulare Handschriften erhalten blieben, seitdem sie im 8. Jahrhundert aus England eingeführt wurden, ist St. Gallen, das auch selbst zum Entstehungsort von insularen Codices wurde.

Wenn um 700 in Nordengland in kürzestem Zeitraum eine völlig neue Kunst aufblühte, deren unmittelbare Vorläufer wir nicht kennen, so sind doch die Quellen bekannt, auf die sie zurückgeht. Die Vorlagen für den Text der Bücher waren Bibelhandschriften, die zuerst von den Glaubensboten nach England gebracht worden waren. Die Missionare kamen aus Rom, ihre Bücher hatten daher spätantikes Gepräge, besonders soweit es den Schmuck betraf. Die Evangelistenbilder der insularen Handschriften können auch in ihrer Grundhaltung diese Vorbilder nicht verleugnen. Im Jahre 669 kam als neuer Erzbischof von Canterbury der hl. Theodor nach England. Seine Heimat war Tarsus in Kilikien, und er hatte in Athen studiert. Als hochgebildeter Mann sorgte er für die Errichtung von Kathedralschulen und für die Pflege klassischer Bildung. Ohne Zweifel hatte er als Hilfsmittel die entsprechenden Bücher mitgebracht. So erklären sich byzantinische und syrische Motive in insularen Handschriften – wenn nicht schon früher auf anderen Wegen Handschriften aus dem Orient und aus Byzanz den Weg nach den britischen Inseln gefunden hatten; denn die Kenntnis der griechischen Sprache war schon im 5. Jahrhundert in den irischen Klöstern verbreitet. Zu diesen lateinischen, griechischen, syrischen Vorlagen in den Handschriften, die den Mönchen zur Abschrift dienten, traten nun jene Zierformen, die in der Heimat gebräuchlich waren: auf Holz- und Steinreliefs, auf Metallarbeiten, Textilien, Bucheinbänden. Durch sie erhielten die Vorbilder aus dem Ausland ein neues Gesicht, ebenso wie die Schrift, die vom Kontinent übernommen worden war, ihren eigenwilligen insularen Charakter erhalten hatte.

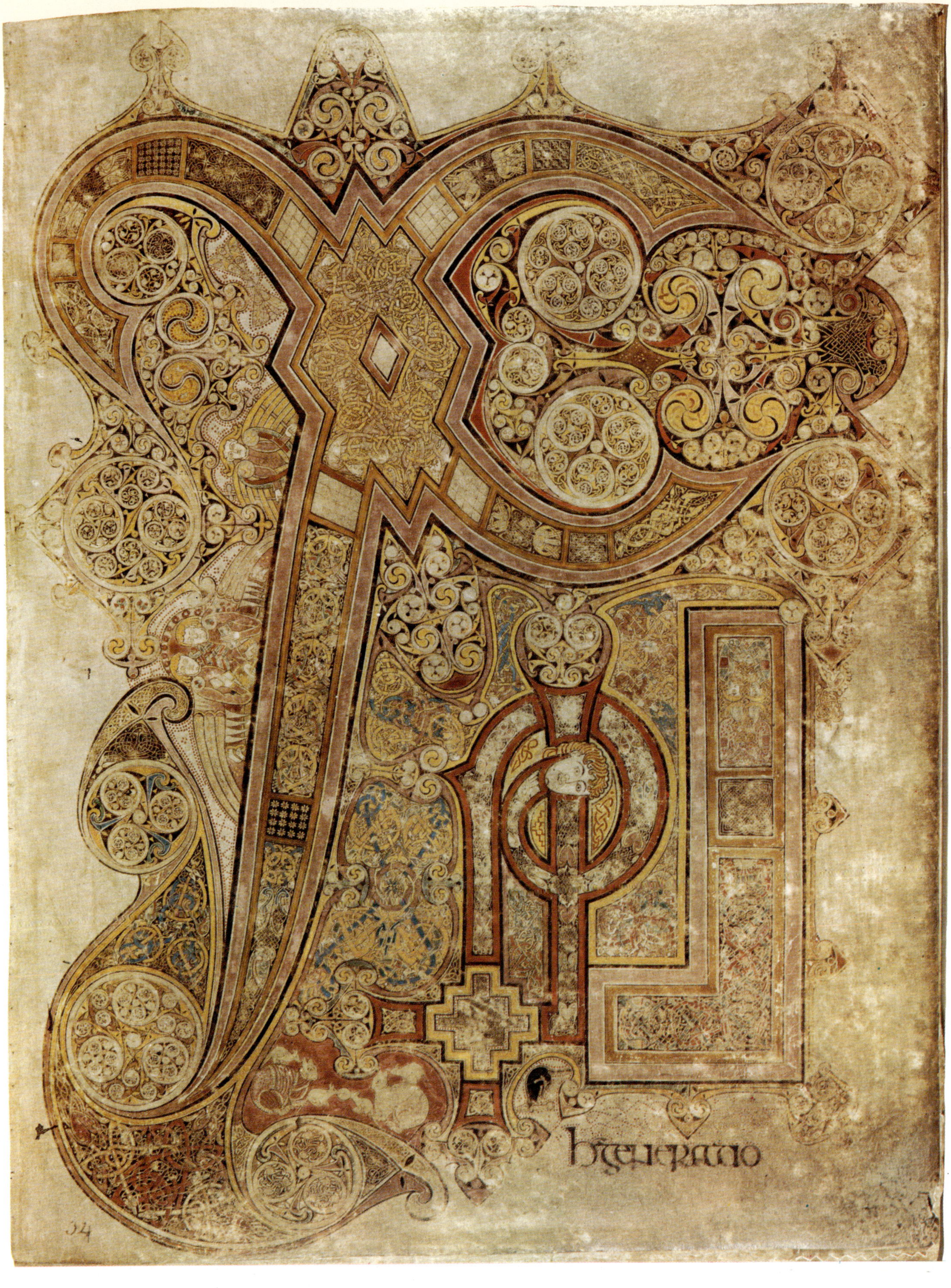

III

IV

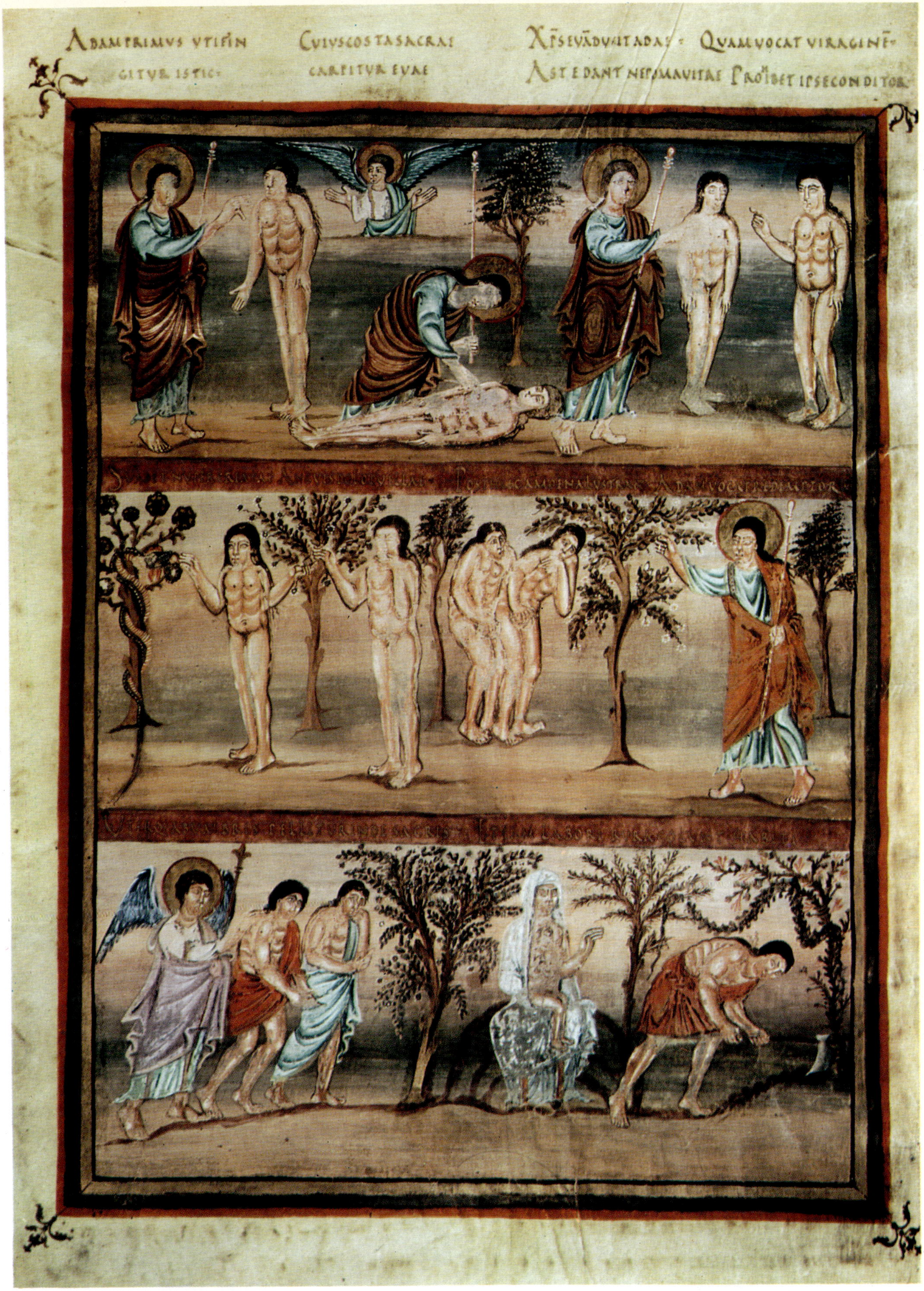

In den Ländern, die im Frühmittelalter das Erbe des alten römischen Weltreiches übernahmen, blieben als Kulturboden auch die alten Kunstformen erhalten. Sie wurden aber durch Motive aus dem Formenschatz der Goten, Langobarden und Franken abgewandelt und überwuchert. Es bildeten sich „Nationalschriften“: die westgotische, die langobardische, die merowingische. Sie alle waren legitime Nachkommen der römischen Schrift, machten aber eher einen verwilderten Eindruck. Auch der künstlerische Schmuck dieser Schriften hatte nichts mehr an sich von der Virtuosität der Bilderhandschriften des 5. und 6. Jahrhunderts.

Unter der Regierung Karls d. Gr. (768–814) setzte eine Erneuerung der Buchkunst ein, die für die folgenden Jahrhunderte der europäischen Buchmalerei grundlegend wurde. Ohne auf die weitverzweigten Wurzeln zu achten, aus denen sie erwuchs, sollen nur die Tatsachen festgehalten werden: die erste Erneuerung betraf die Schrift. An Stelle der unschönen und verzerrten Buchstaben der merowingischen Schrift traten die einfachen, leicht lesbaren „Minuskeln“ (Kleinbuchstaben) für die Texte und die aus der antiken Schrift übernommenen großen „Unzialbuchstaben“ für Überschriften, manchmal auch für den ganzen Text von Prachthandschriften.

Diese schön geschriebenen Texte bildeten die Voraussetzung für die neue Art des Buchschmuckes. Die Zierformen der Ornamente sind unerschöpflich. Aber sie werden nicht planlos verstreut, sondern zu vornehmen Rahmen zusammengefaßt, als Architekturen in Bogen über den Texten
aufgebaut, in die Schäfte und Bogen der Initialbuchstaben verflochten. Im Evangeliar von Soissons, *22*
das um 800 für Karl d. Gr. geschrieben wurde, finden sich mehr als 600 Ornamentmotive, die keine Seite des Buches unverziert lassen. Die farbige Pracht dieser Seiten wird noch durch das reichlich verwendete Gold erhöht. Die goldenen Buchstaben der Schrift stehen häufig auf Purpurpergament.

Zum reichen graphischen Schmuck der Handschrift treten auch figurale Malereien. Die Evan-
gelisten mit ihren Symbolen thronen unter prächtigen Bogenarchitekturen, in die ornamentalen *21*
Rahmen sind Medaillons mit Figuren eingefügt, die Textseiten der Evangelien werden durch ganze Seiten mit Szenen aus der Bibel unterbrochen, die streifenartig angeordnet sind. Die Schönheit dieser Handschriften übertrifft alles, was bis dahin auf dem Gebiet der Buchkunst geleistet worden war.

Die Voraussetzungen für eine solche Blüte der Buchkunst hatte Karl d. Gr. selbst geschaffen. Bekannt sind die Gelehrten, die er an seinen Hof berief, um von dort aus das geistige Leben im ganzen Reich anzuregen, unter ihnen der Angelsachse Alkuin und der Langobarde Paulus Diaconus. Von den Schreibern sind nur zwei Namen bekannt: Godescalc, der um 781 ein Evangeliar in Goldschrift niederschrieb, und Dagulf, der wenig später einen „goldenen“ Psalter schrieb. Die Namen der Künstler, die in zahlreichen anderen Büchern die Miniaturen schufen, sind nicht bekannt. Wir wissen aber, daß Karl sich Bücher aus Rom mitnahm, die als Vorlagen benützt wurden, und daß er auch aus Byzanz Prachthandschriften erhielt. Solche Bücher dienten den Künstlern an seinem

Hofe als Vorbilder, so daß in den karolingischen Handschriften vieles aus spätantiken Originalen übernommen ist, welche nicht mehr erhalten sind. Es ist nicht ausgeschlossen, daß nicht nur Handschriften, sondern auch Künstler aus Byzanz an den Hof Karls kamen und dort als Lehrmeister wirkten. In Italien, besonders in Rom, hatte Karl die Pracht der antiken Kunst kennengelernt. Seine Bücher sollten denen nicht nachstehen, die seine Vorgänger im Kaisertum in Rom und Byzanz zur Ehre Gottes hatten herstellen lassen.

Der Mittelpunkt dieser Buchkunst war für einige Zeit die „Palastschule“ in Aachen. Was dort geschaffen wurde, regte ähnliche Werke auch an anderen Orten an, besonders in Reims, Tours, Metz, Corbie, St-Germain-des-Prés, aber auch in deutschen Klöstern und Metropolen, wie Trier, Köln, Echternach, bis weit in den Osten nach Salzburg und Mondsee. Auch aus Oberitalien, besonders Verona, und aus Rom sind Handschriften mit karolingischen Miniaturen erhalten.

Was unter Karl d. Gr. begonnen hatte, wurde unter seinen ersten Nachfolgern weitergeführt,
IV besonders unter Ludwig d. Frommen (814–840) und Karl d. Kahlen (869–877), unter dem in St-Denis die letzten großen Meisterwerke der karolingischen Zeit entstanden. Auf deutschem Boden wurde im 9. Jahrhundert die Buchmalerei besonders in Lorsch, Fulda und St. Gallen gepflegt.

Die karolingische Buchmalerei war Repräsentationskunst in höchster Vollendung. Sie entsprach dem Herrscherbewußtsein der Kaiser, die sich als Beschützer der Kirche, dem Papst gleichgestellt, dazu verpflichtet fühlten, den Gottesdienst durch würdige Bücher zu fördern. Neben dieser „Hofkunst“ gab es auch in reichem Maße Werke für den weniger feierlichen Gebrauch, aber trotzdem mit verschiedenartigem Schmuck ausgestattet, oft nur mit farbigen, ornamentalen Initialen oder mit einem einzelnen Bild am Anfang des Buches, manchmal durchgehend mit Malereien oder Zeichnungen.

Besonders anregend wirkte auf die bildnerische Phantasie das Buch der Psalmen, deren Texte als alltägliches kirchliches Gebet weit verbreitet waren. Es gibt eine Reihe von „Psaltern“, in deren Text Malereien oder Zeichnungen eingestreut sind. Sie stellen entweder historische Szenen aus den Texten dar oder übersetzten Allegorien ins Bildhafte. Die berühmteste Handschrift dieser Art ist
27 der „Utrecht-Psalter“, um 830 im Auftrage des Erzbischofs Ebo von Reims von einem Mönch (und seinen Mitarbeitern) des Klosters Hautvillers geschrieben und auf jeder Seite mit Bildern
26 über die ganze Breite des Textes versehen. Ungefähr aus der gleichen Zeit stammt der „Stuttgarter Psalter“, der in St-Germain-des-Prés geschrieben wurde. Beide Psalter weisen auf antike Vorbilder hin, aber das Gesamtkonzept und die formale Ausführung sind das Werk der karolingischen Meister.

Zu den wenigen rein profanen Wissenschaften, die im Mittelalter gepflegt wurden, gehört die Astronomie. Der griechische Dichter Aratus (315–245 v. Chr.) hatte ein Werk über die Himmelserscheinungen verfaßt, in dem er mit viel Phantasie und mit Einbeziehung der Mythologie die Sterngruppen zu „Bildern“ zusammenfügte – die Grundlage der Sternbilder, die noch heute für

Astronomie und Astrologie maßgebend sind. Die karolingische Zeit kennt mehrere Handschriften,
in denen antike Vorlagen dieser Himmelsbilder kopiert sind. Eine wichtige Handschrift dieser 25
Art, heute in Leiden, wurde um die Mitte des 9. Jahrhunderts in Reims hergestellt.

Ebenfalls aus Reims, aus der ersten Hälfte des 9. Jahrhunderts, stammt eine Handschrift des „Physio- 24
logus" mit zahlreichen Bildern. Der Physiologus war ein aus dem Griechischen übersetztes Werk
über Naturgeschichte, aber nicht im Sinne empirischer Beobachtung der Tiere, sondern eine alle-
gorische Deutung der Tiere als Sinnbilder von Tugenden und Lastern. Die Freude am Gleichnis,
angeregt durch die biblischen Gleichnisse, findet in der Buchmalerei vielfältigen Ausdruck, sowohl
in den Ornamenten der Prachthandschriften als auch in den astronomischen und „naturgeschicht-
lichen" Büchern. Besonders geeignet für solche Gleichnisse im Bild waren allegorische Werke wie
die „Psychomachia" (Seelenkampf) des altchristlichen Dichters Prudentius. Eine St. Gallener 28
Handschrift aus dem Ende des 9. Jahrhunderts enthält Darstellungen der Kämpfe zwischen Tugenden
und Lastern aus der Psychomachia.

In der Bibliothek Karls d. Gr. fehlten auch nicht die Werke der antiken Klassiker, und er sorgte
dafür, daß diese Kenntnisse auch in den Schulen seines Reiches gepflegt wurden. Eine Terenz-
Handschrift aus Lothringen, um 830/840 entstanden, zeigt uns die Figuren der Komödie, die
aus einer vorliegenden antiken Handschrift kopiert wurden, ohne daß der Zeichner versucht hätte, 23
etwas aus eigenem hinzuzufügen, wie es wohl bei einer Vorlage geistlichen Inhaltes der Fall gewesen
wäre.

Dem persönlichen Interesse Karls d. Gr. und seiner Bildungspolitik verdankte die Buchmalerei neben anderen Kunstgebieten eine Hochblüte, die zunächst auch noch unter seinen Nachfolgern anhielt, die aber mit dem allmählichen Zerfall des Reiches aufhörte. Erst in der zweiten Hälfte des 10. Jahrhunderts entstanden wieder Meisterwerke, die zum großen Teil in direkter Beziehung zum Herrscherhaus der Ottonen standen (Otto I., 936–973, Otto II., 973–983, Otto III., 983–1002). Diese „ottonische" Buchmalerei ist ihrem Stil nach teils Epilog zur karolingischen, teils Beginn der „romanischen" Kunst. Ihre Pflegestätten sind Klöster und Bischofsresidenzen, deren Bischöfe und Äbte oft eng mit dem Kaiser verbunden waren: Trier, Köln, Echternach, Fulda, Hildesheim, Regensburg, Tegernsee verdienen vor allem genannt zu werden. Reichenau, das in der Kunstforschung bisher als ein Zentrum der Buchmalerei um die Jahrhundertwende galt, hat nach den neuesten Untersuchungen nur eine untergeordnete Rolle gespielt. Die großartigen Evangeliare
für Bischof Gero von Köln, für Bischof Egbert von Trier, für Kaiser Otto III. und Heinrich II., 29
um nur einige zu nennen, sind nicht in Reichenau entstanden, sondern eher im Gebiete von
Köln und Trier.

Diese Handschriften hatten als unmittelbare Vorlagen karolingische Evangeliare. Aber die majestätische Ruhe der Figuren in diesen Vorbildern wurde nun zu lebhafter Bewegung umgeformt, die ein Ausdruck der göttlichen Begeisterung sein sollte. Während in karolingischer Zeit hauptsächlich das Alte Testament mit Bilderfolgen ausgestattet wurde, erhielten nun auch die Evangelien-

16 Sakramentar von Gellone. Zwischen 755 und 787 in Flavigny entstanden. Kreuzigungsbild am Beginn des Meß-Canon. Pergam., 300 × 180 mm. *Paris, Bibl. Nat., Ms. lat. 12048, fol. 143v*

17 Gelasianisches Sakramentar. Um 750 im Kloster Chelles entstanden. Zierarkade mit Kreuz, an dessen Schnittpunkt Lamm Gottes, an den Balken Alpha und Omega. Pergam., 262 × 173 mm. *Bibl. Vatic., Cod. Vat. Reg. Lat. 316, fol. 3v*

18 Evangeliar von Lindisfarne. Anfang des 8. Jhs. in Lindisfarne entstanden. Evangelist Matthäus mit seinem Symbol, dem geflügelten Menschen. Pergam., 341 × 245 mm. *London, Brit. Mus., Ms. Cotton Nero D IV, fol. 25v*

19 Evangeliar. Um 730, Echternach, von einem insularen Meister. Evangelist Markus mit geflügeltem Löwen. Pergam., 305 × 252 mm. *Trier, Domschatz, Cod. 61, fol. 80v*

20 Evangeliar. Um 750/760 in Irland oder von einem irischen Maler in St. Gallen hergestellt. Jüngstes Gericht: oben in der Mitte der Richter, beiderseits Posaunenengel, unten die Auferstehenden (oder die 12 Apostel). Die Figuren stilisiert, die Gewänder in Bandornamente aufgelöst, die Rahmen mit Flechtwerkmuster. Pergam., 293 × 221 mm. *Stiftsbibliothek St. Gallen, Cod. 51, fol. 267*

21 Lorscher Evangeliar. Im Auftrag Karls d. Gr. in der Palastschule in Aachen geschriebene Prachthandschrift, der ganze Text in Goldschrift. Um 810. Die Handschrift war schon 830 im Besitz des Klosters Lorsch. Bildnis des Evangelisten Johannes, nach dem Vorbild antiker Autorenporträts. Pergam., 374 × 271 mm. *Bibl. Vatic., Cod. Vat. Pal. Lat. 50, fol. 67v*

22 Evangeliar. Anfang des 9. Jhs. in der Palastschule in Aachen geschrieben, von Ludwig d. Frommen 827 der Kirche des hl. Medardus in Soissons geschenkt. Anfangsseite des Lukas-Evangeliums. Pergam., 362 × 267 mm. *Paris, Bibl. Nat., Ms. lat. 8850, fol. 124r*

23 Komödien des Terenz. Vor 850 in Corvey a. d. Weser vom Mönch Hrodgarius geschrieben und von Adelricus mit Bildern ausgestattet. Szene aus der Komödie „Adelphi": der Diener meldet dem Herrn einen syrischen Fischhändler, der vor der Tür sitzt. Pergam., 340 × 290 mm. *Bibl. Vatic., Cod. Vat. Lat. 3868, fol. 56r*

24 Physiologus Bernensis. Vor 850 von einem Schreiber namens Haecpertus geschrieben, wahrscheinlich in Reims. Der Löwe als König der Tiere, dem der Patriarch Jakob seinen Segen erteilt. Pergam., 255 × 180 mm. *Bern, Burgerbibl., Cod. Bongar. 318, fol. 7r*

25 Aratus, Phainomena. (Über die Himmelserscheinungen, d. s. die Sternbilder.) Mitte des 9. Jhs. in Reims von einer antiken Vorlage kopiert. Sternbild der Cassiopeia. Pergam., 225 × 201 mm. *Leiden, Univ. Bibl., Cod. Voss. Lat. Q 79, fol. 28v*

26 Stuttgarter Bilderpsalter. Um 820/830 in St-Germain-des-Prés geschrieben und mit zahlreichen Bildern zu den Psalmen ausgestattet. Bild zum 8. Psalm: Gott hat alle Tiere zu Untertanen des Menschen gemacht, die Landtiere, die Vögel des Himmels und die Fische im Meere. Pergam., 265 × 175 mm. *Stuttgart, Württemberg. Landesbibl., Bibl. Fol. 23, fol. 9r*

27 Utrechter Psalter. Erste Hälfte des 9. Jhs., Nordost-Frankreich. Der ganze Psalter durchlaufend mit Szenen zum Wortlaut der Psalmen illustriert. Illustration zum Psalm 127: Links auf einem Hügel der Herr, der die Menschen segnet („Es segne dich der Herr von Sion aus"), rechts König (David) und Königin beim Mahle unter Rebzweigen, die Kinder mit ihnen („dein Weib ist wie ein reicher Rebstock, die Kinder rund um den Tisch"). In der Mitte unter einem Ölbaum die Kinder („deine Kinder sind wie Ölbaumsprößlinge"), links am Rande eine Kirche und Menschen, die zu ihr gehen („selig, die den Herrn fürchten und die auf seinen Wegen wandeln"). Im Vordergrund außerhalb der Stadtmauern Schnitter, Wasserträger und Winzer, die in Frieden ihren Arbeiten nachgehen („die Arbeiten deiner Hände ... Frieden über Israel"). Pergam., 330 × 255 mm. *Utrecht, Univ. Bibl., Ms. 484, fol. 73v*

28 Prudentius, Psychomachia (allegorisches Gedicht über den Kampf der Tugenden und Laster in der menschlichen Seele). Letztes Drittel d. 9. Jhs., Bodenseegegend. Links Fides (der Glaube), rechts „Cultura deorum" (Götterverehrung) mit Waffe gegen die Fides, daneben Brandopferaltar und Götterstatue. Pergam., 280 × 215 mm. *Bern, Burgerbibl., Cod. 264, fol. 34v*

29 Perikopenbuch Heinrichs II. Anfang des 11. Jhs., ein Hauptwerk der sog. Reichenauer Schule, von Kaiser Heinrich II. um 1007 oder 1012 nach Bamberg gestiftet. Letztes Abendmahl. Pergam., 425 × 320 mm. *München, Bayer. St. B., Cod. lat. 4452, fol. 105v*

30 Goldenes Evangeliar von Echternach. Echternach, um 1040, mit Goldschrift geschrieben und mit vielen Bildern zu den Evangelien ausgestattet. Geschichte des Lazarus. Pergam., 440 × 305 mm. *Nürnberg, Germ. Nat. Museum, Hs. 2, fol. 54v*

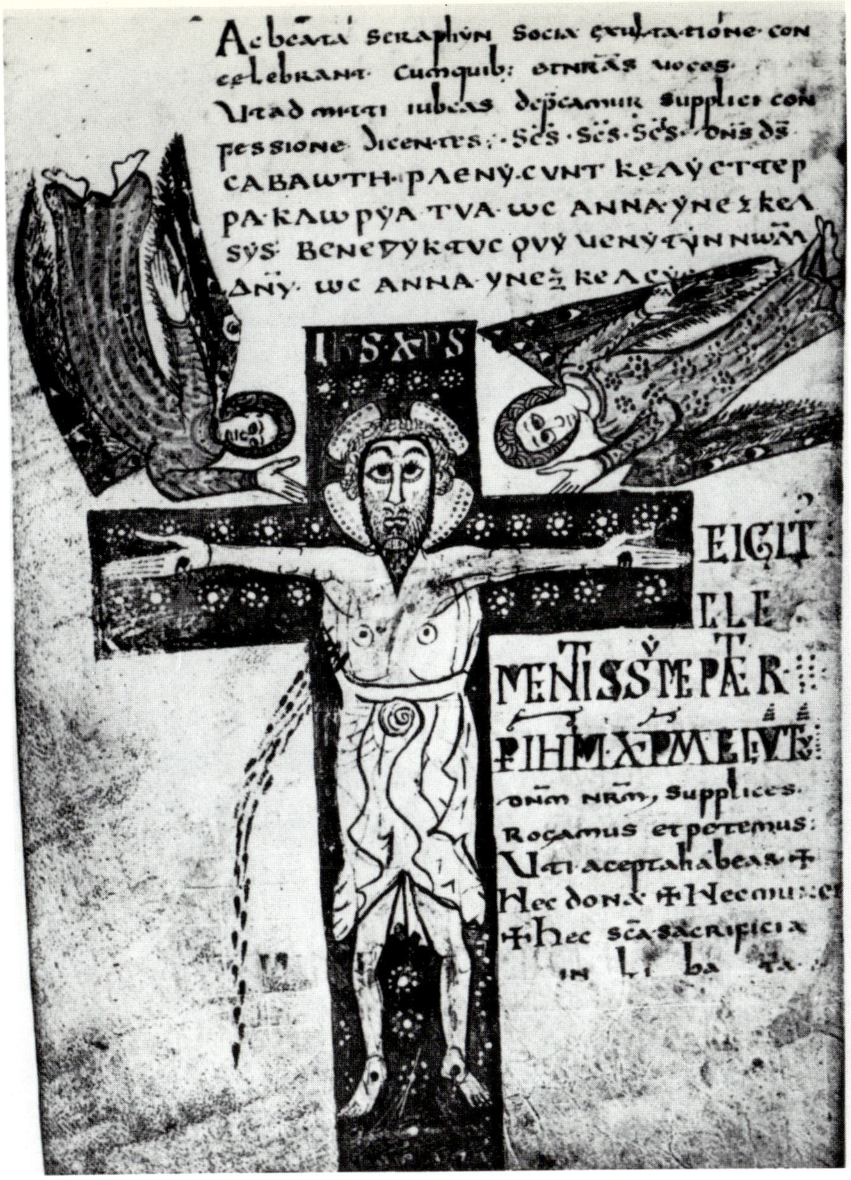

16

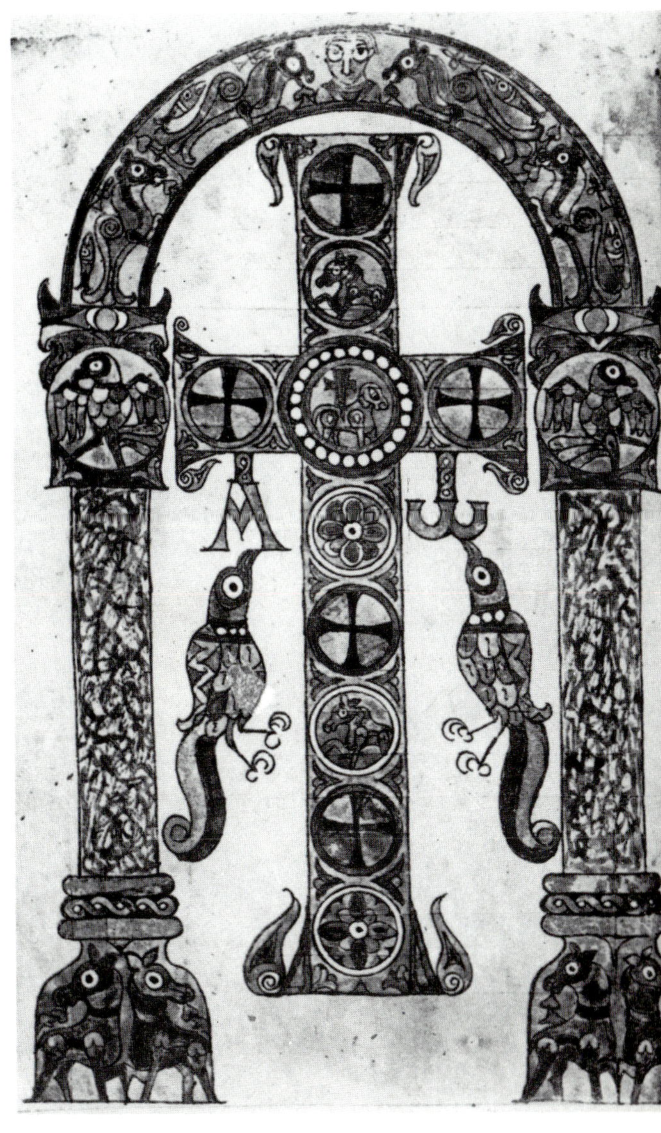

17

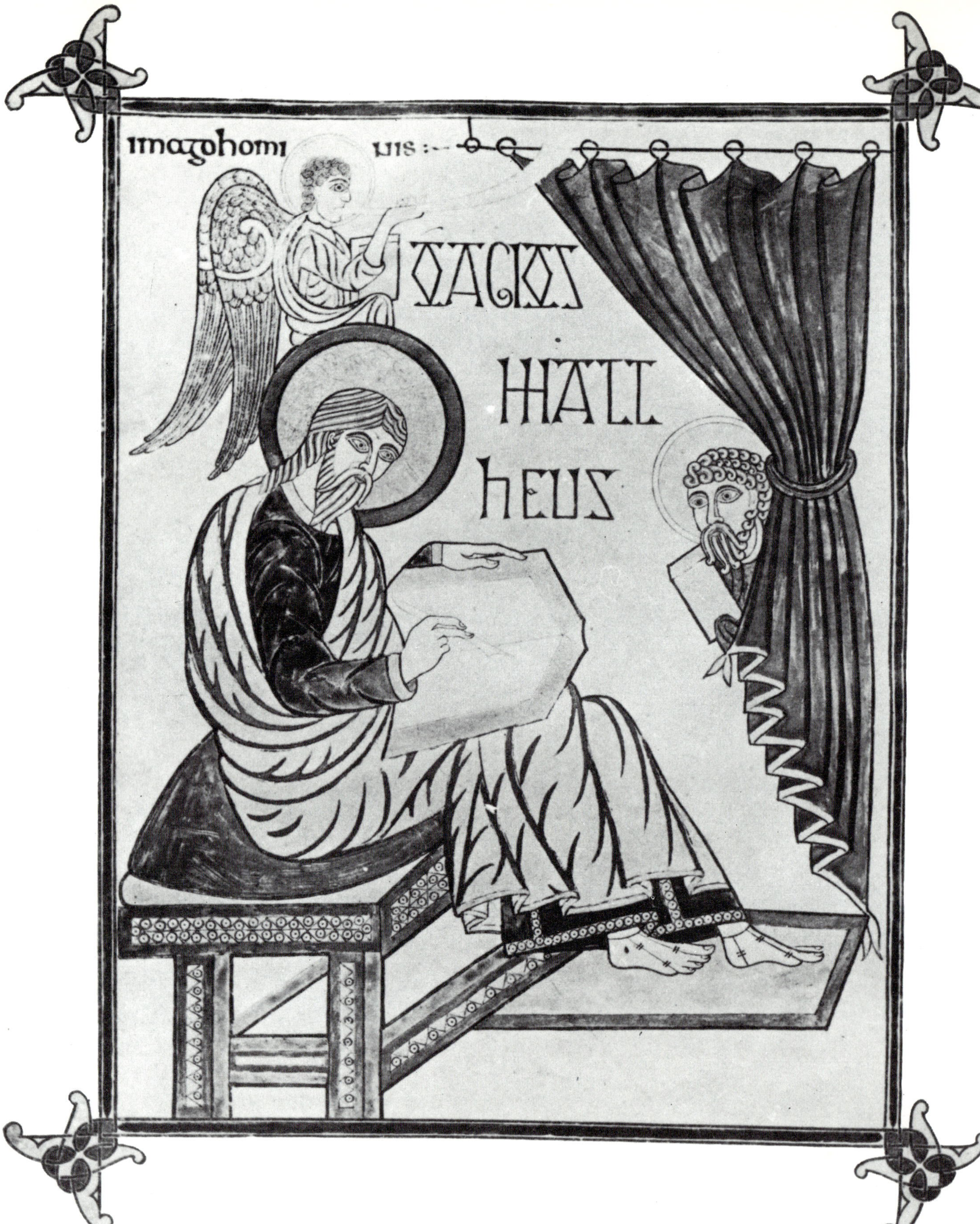
imagohomi nis
O AGIOS
MATT
HEUS

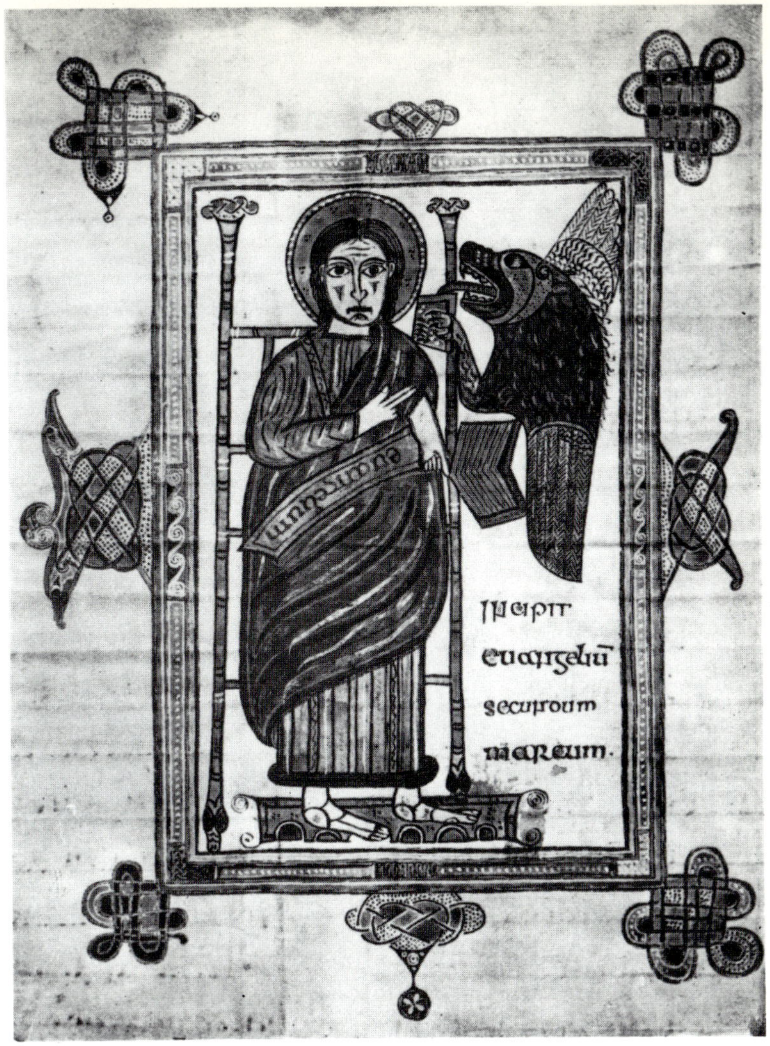

19

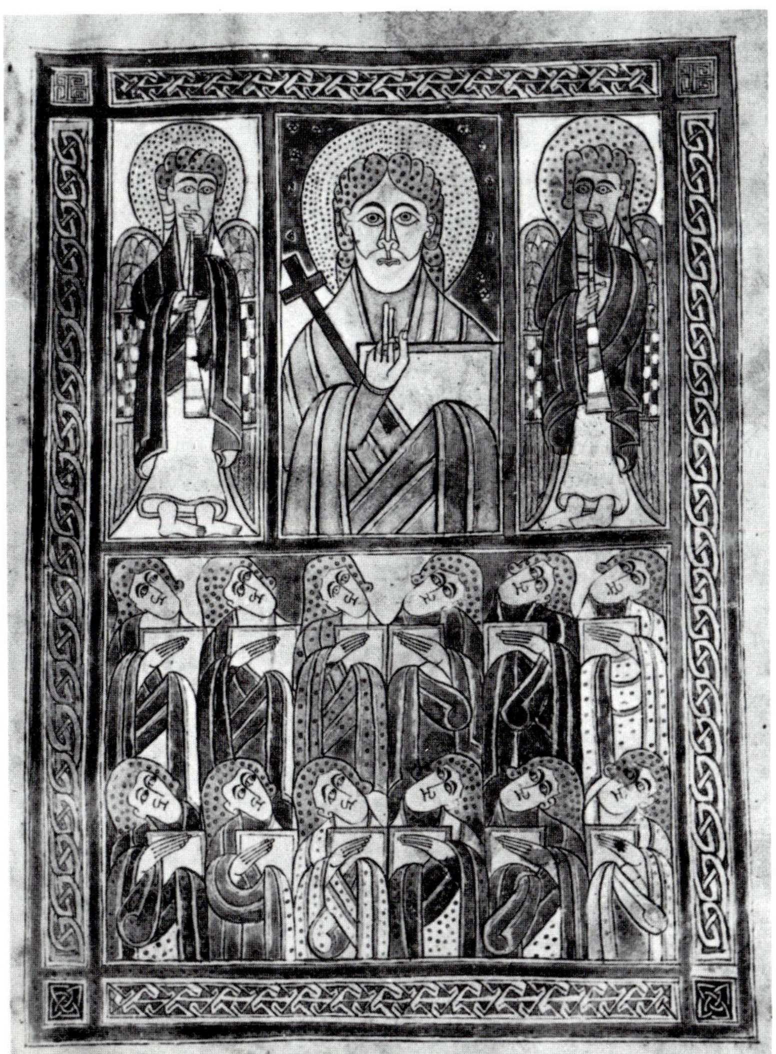

20

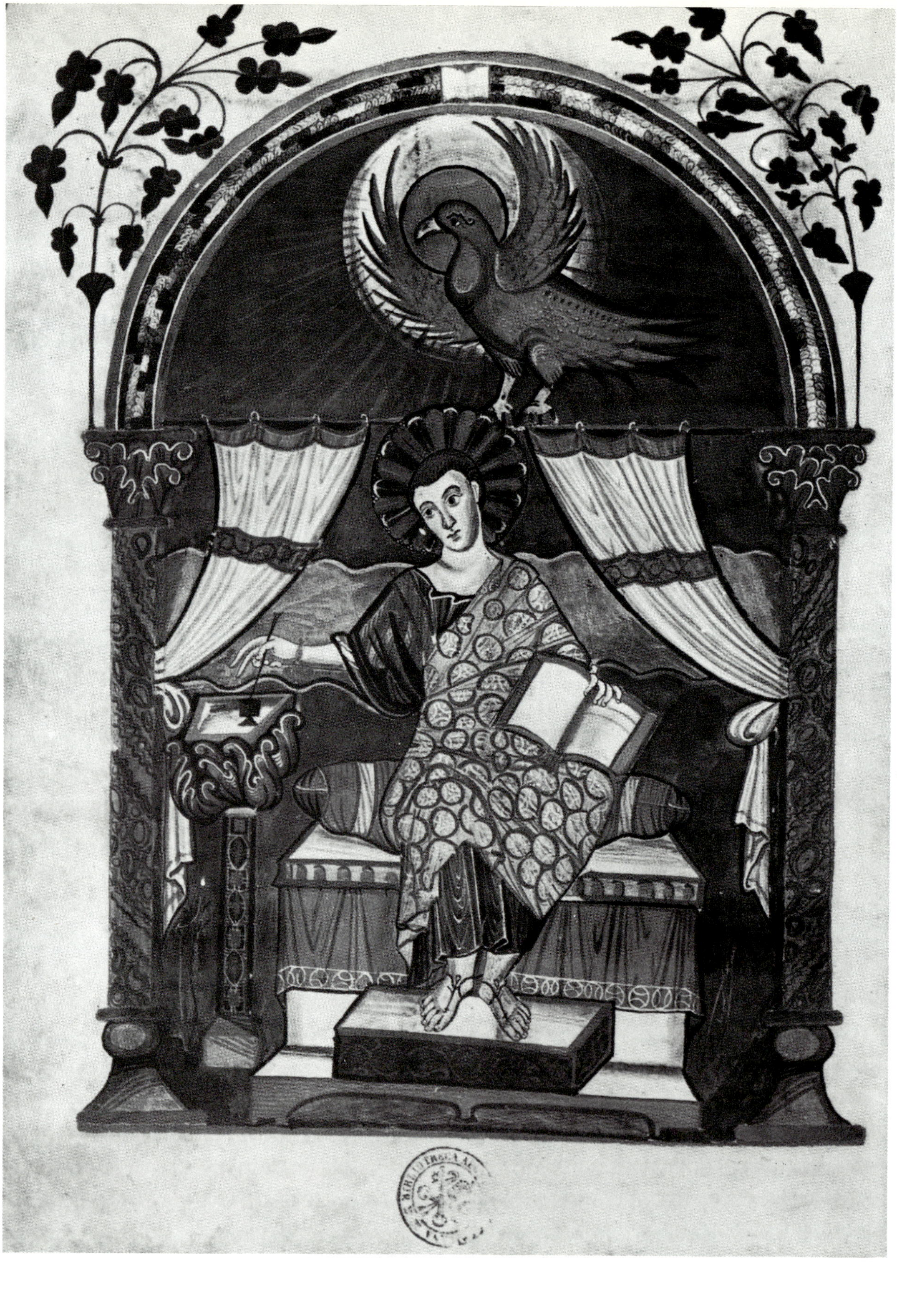

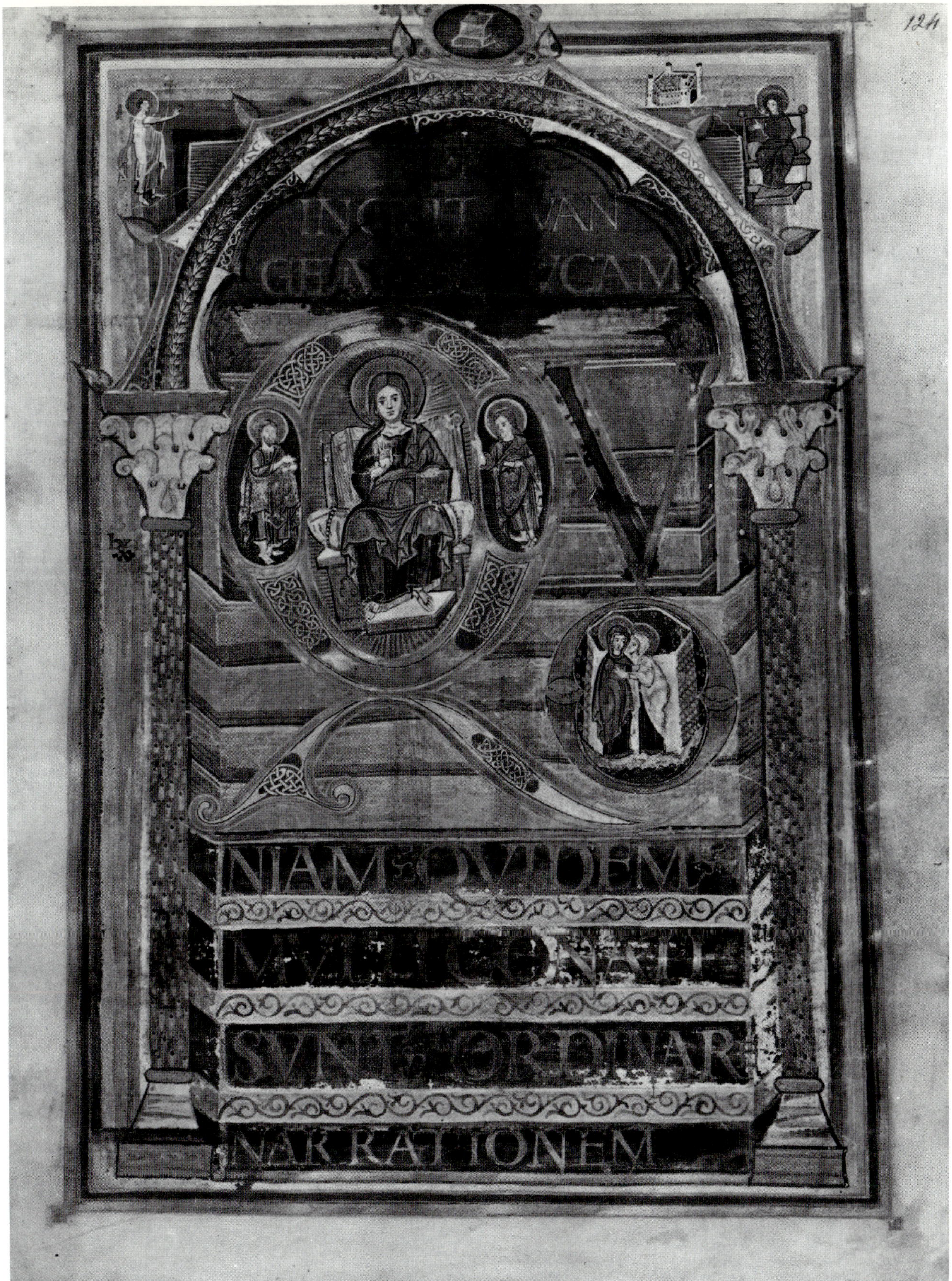
124
NARRATIONEM

23

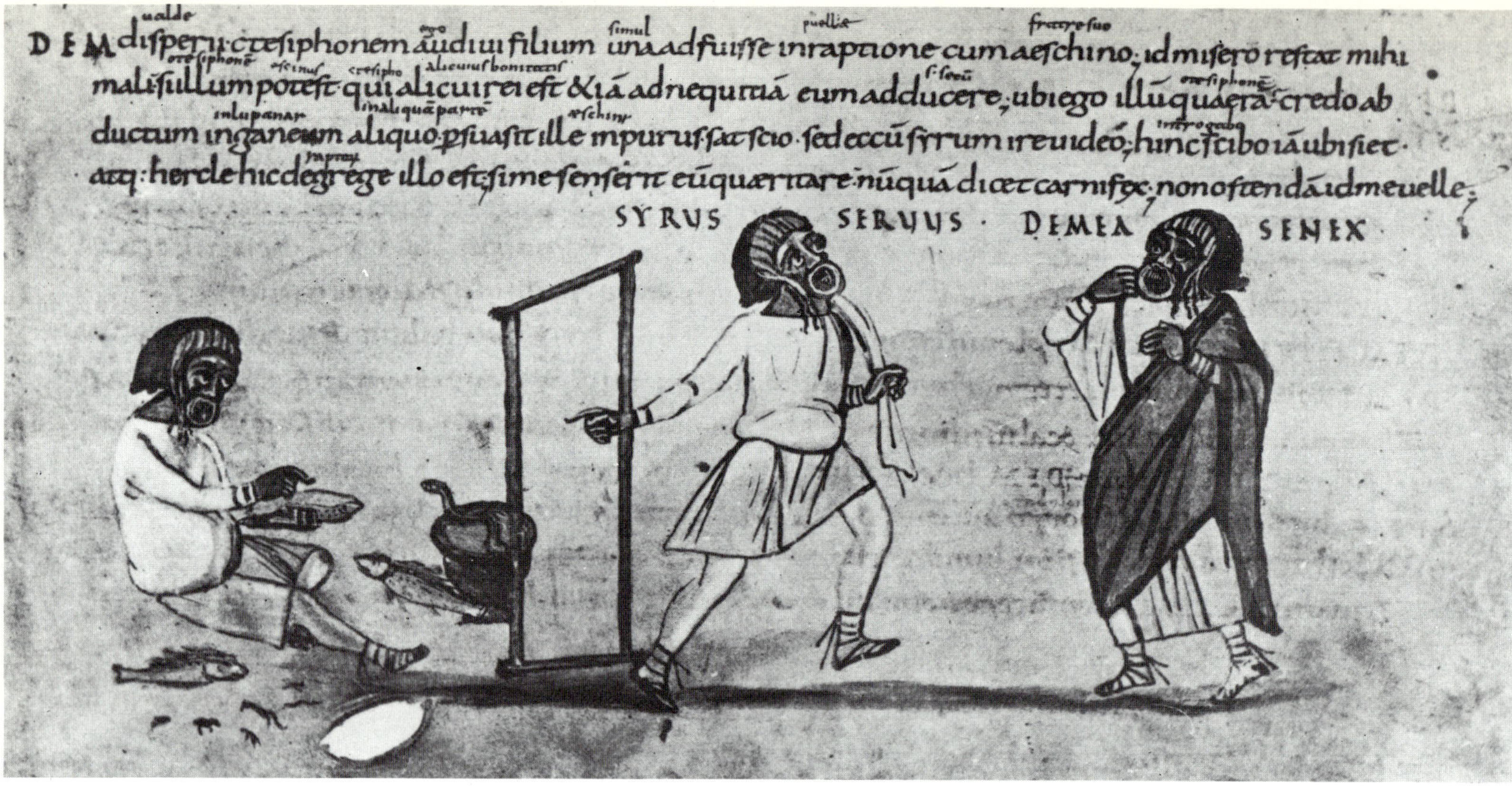
DEM disperii ctesiphonem audiui filium una adfuisse in raptione cum aeschino; id misero restat mihi
mali si illum potest qui alicui rei est & iã ad nequitiã eum adducere; ubi ego illũ quaerã credo ab
ductum in ganeum aliquo psuasit ille inpurus sat scio · sed eccũ syrum ire uideo; hinc scibo iã ubi siet ·
atq; hercle hic de grege illo est; si me senserit eũ quaeritare nũquã dicet carnifex; non ostendã id me uelle;
SYRUS SERUUS · DEMEA SENEX

24

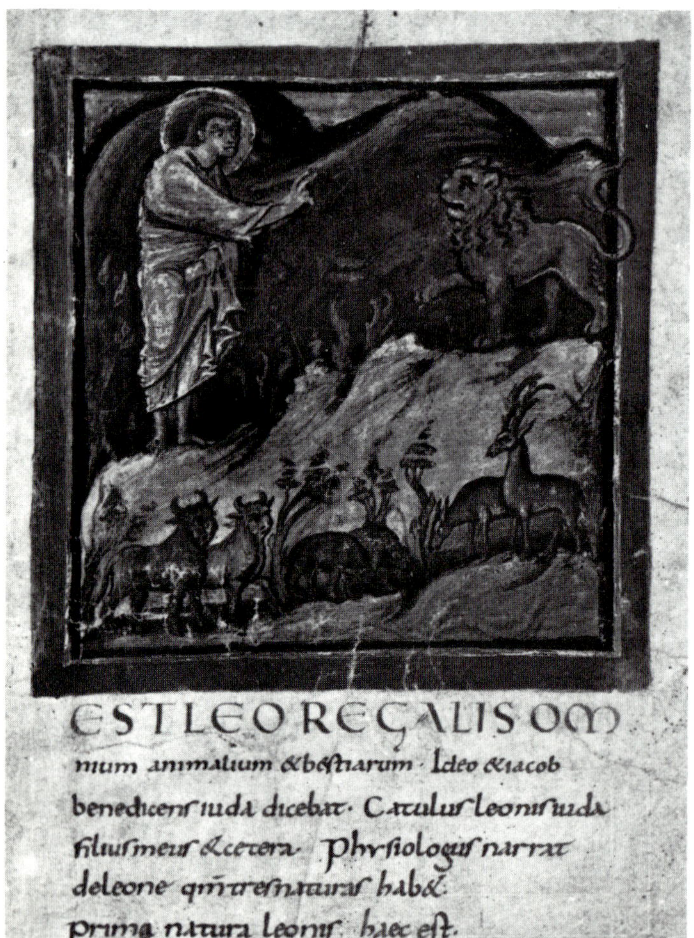
EST LEO REGALIS OM
nium animalium & bestiarum · Ideo & iacob
benedicens iuda dicebat · Catulus leonis iuda
filius meus & cetera · Physiologus narrat
de leone quia tres naturas hab& ·
prima natura leonis haec est.

25

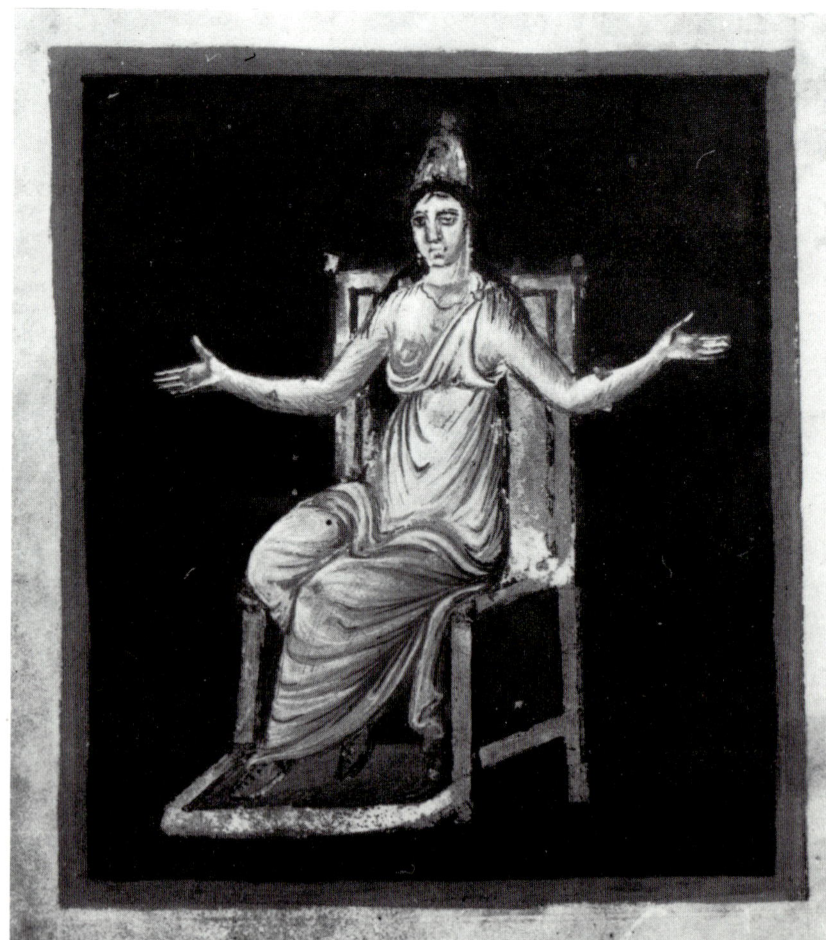

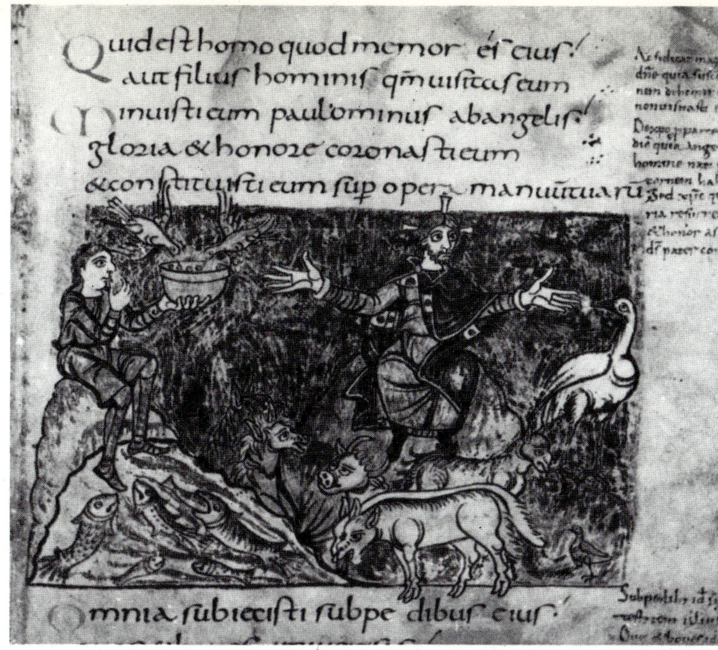
Quidesthomoquodmemor es eius.
aut filius hominis qm uisitas eum
Minuisti eum paulominus abangelis.
gloria & honore coronasti eum
& constituisti eum sup opera manuum tuarum
Omnia subiecisti subpedibus eius.

26

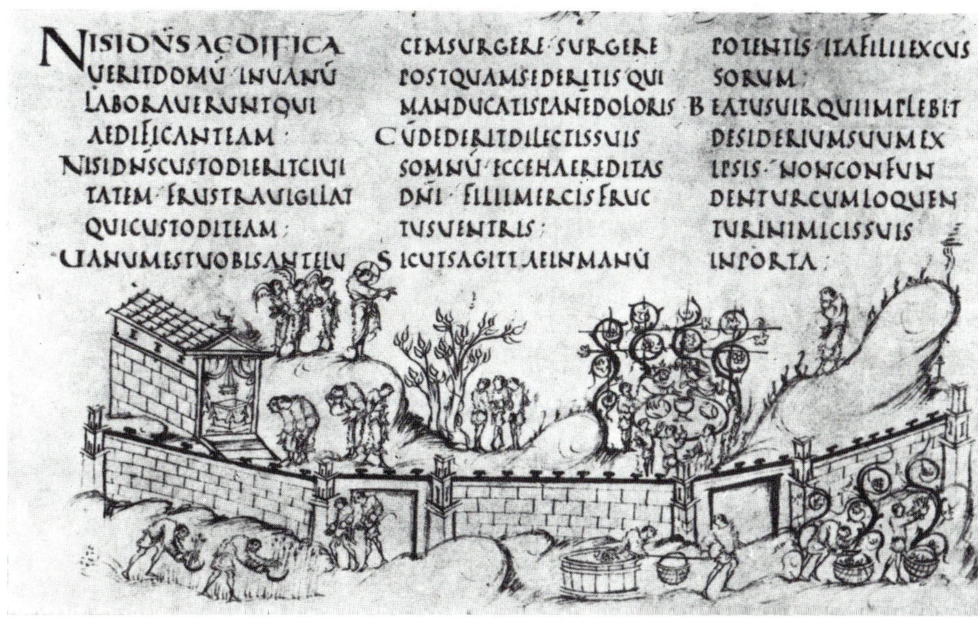
NISIDNSAEDIFICA
UERITDOMU INUANU
LABORAUERUNTQUI
AEDIFICANTEAM
NISIDNSCUSTODIERITCIUI
TATEM FRUSTRAUIGILAT
QUICUSTODITEAM
UANUMESTUOBISANTELU
CEMSURGERE SURGERE
POSTQUAMSEDERITIS QUI
MANDUCATISPANEDOLORIS
CUDEDERITDILECTISSUIS
SOMNU ECCEHAEREDITAS
DNI FILIIMERCISFRUC
TUSUENTRIS
SICUTSAGITTAEINMANU
POTENTIS ITAFILIIEXCUS
SORUM
BEATUSUIRQUIIMPLEBIT
DESIDERIUMSUUMEX
IPSIS NONCONFUN
DENTURCUMLOQUEN
TURINIMICISSUIS
INPORTA

27

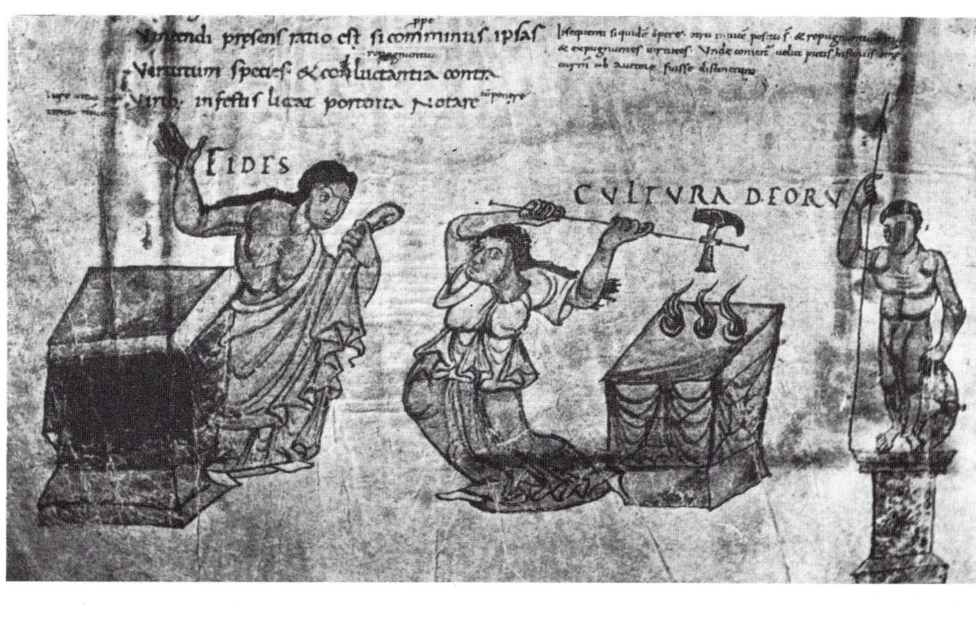
FIDES
CULTURA DEORU

28

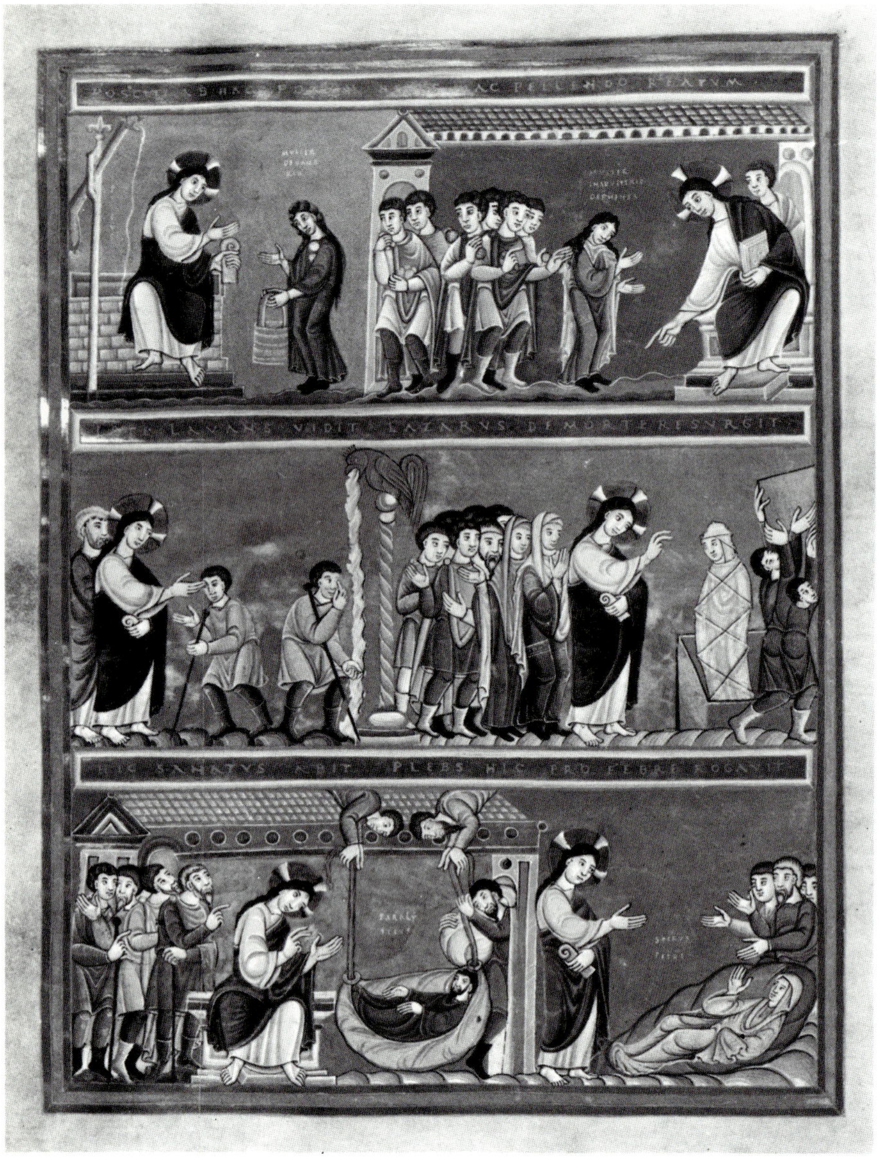
LAVANS VIDIT LAZARVS DE MORTE RESVRGIT
HIC SANATVS ABIT PLEBS HIC PRO FEBRE ROGAVIT

30

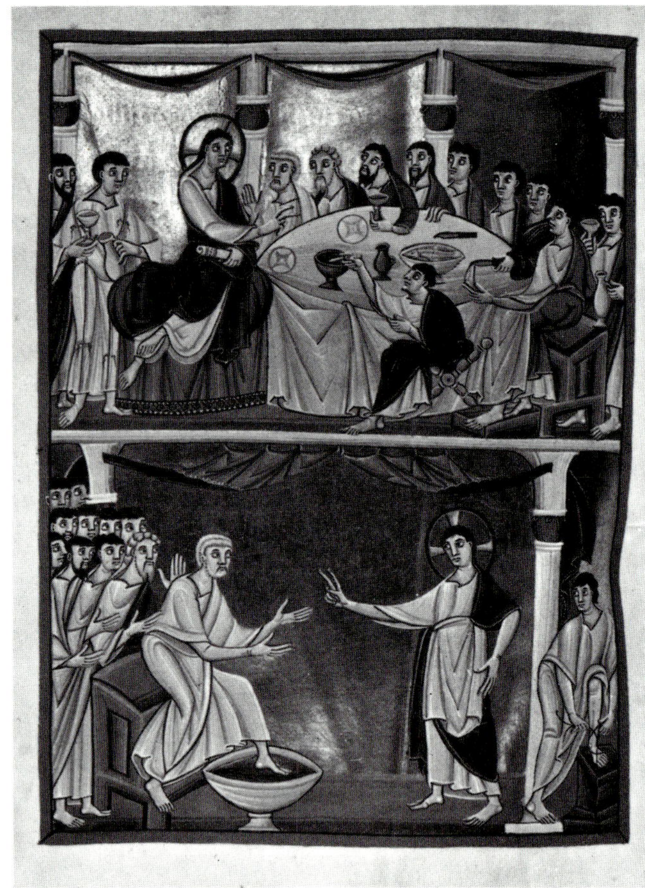

29

handschriften ganze Bildseiten mit streifenförmig angeordneten Szenen, deren Vorlagen vielleicht aus Byzanz stammten. Der „Codex aureus“ aus Echternach, im zweiten Viertel des 11. Jahrhunderts *30*
entstanden, ist ein Beispiel dafür.

Europäische Buchmalerei der vorgotischen Zeit

Die mittelalterliche Buchmalerei in den verschiedenen europäischen Ländern ist seit ihren Anfängen im 7. Jahrhundert durch nationale Eigenheiten geprägt. Der „insulare“ Stil unterscheidet sich vom Stil, der in den Büchern des Festlandes herrscht, die Miniaturen des fränkisch-deutschen Nordens unterscheiden sich von denen des romanischen Südens. Zeitweise erhält ein Kunststil seine Benennung von fürstlichen Auftraggebern: die „karolingische“, die „ottonische“ Buchmalerei. Im Süden ist es das langobardische Fürstentum Benevent und das dort befindliche Kloster Montecassino, das einen eigenen Stil entwickelt. Im 11. und 12. Jahrhundert erfolgt eine weitere Differenzierung der Kunstsprachen, da es immer mehr Klöster gibt, in denen die Buchmalerei gepflegt wird.

Aber stärker als diese reiche Mannigfaltigkeit ist der gemeinsame Grundcharakter, der allen diesen Werken eigen ist. Sie stehen im Dienste des christlichen Glaubens, der die Völker des Abendlandes über alle nationalen Unterschiede eint. Überall sind es die gleichen Bücher, die mit Malereien versehen werden: die Psalmen, das Hohe Lied, die Evangelien, die Apokalypse, die liturgischen Bücher. Selbst die wenig zahlreichen Bücher der profanen Wissenschaften werden in diesen sakralen Bereich einbezogen: die Astronomie in den kirchlichen „Computus“, das ist die Berechnung des Ostertermins; die Naturwissenschaft in die geistliche Allegorie.

Die Scheidung dieser Bildwelt vom alltäglichen Leben kommt auch in Haltung und Tracht der dargestellten Personen zum Ausdruck. Ihre Kleider sind idealisierte antike Gewänder – nur Mönche und Bischöfe tragen ihre geweihten Kutten und Ornate. Für die Gesichter der Personen haben sich bestimmte Typen herausgebildet, die ernsten Mienen weisen auf eine andere Welt, ebenso wie die Augen, die über die Dinge dieser Welt hinausblicken.

Der Inhalt dieser Bilder war für die Benützer meist aus dem Text der Bücher verständlich, soweit Personen oder Szenen dargestellt waren. Oft sorgte der Maler durch kurze Textbeigaben dafür, daß seine Bilder auch verstanden wurden. Es wurden Personennamen dazugeschrieben, oder die Bilder erhielten „tituli“, das sind kurze Bildbeschreibungen, die gerne in die Rahmen der Bilder geschrieben wurden. Über diese unmittelbar „gegenständliche“ Aussage hinaus gab es noch die Symbolsprache der Bilder: die Haltung der Hände, die Form der Falten, die Ornamente des Hintergrundes und des Rahmens, vor allem auch die Wahl der Farben.

Diese ungeschriebenen Grundgesetze der Buchmalerei galten für alle Länder des römischen Christen-

V Apokalypse von Gerona
975 im Norden von Spanien, wahrscheinlich im Kloster Távara vollendet. Schreiber war der Priester Senior, Auftraggeber der Abt Dominicus, die Miniaturen stammen von einer Malerin namens En und vom Mönch Emeterius.
Oben Engel mit dem Buch des ewigen Evangeliums, in der Mittelreihe Menschen, die den Herrn des Himmels ehren, unten der Fall der Stadt Babylon und der Untergang ihrer Bewohner.
Pergam., 400 × 268 mm. Gerona, Archiv der Kathedrale, fol. 192 r

VI Benediktionale für Aethelwold, Bischof von Winchester (963–984)
Im Kloster St. Swithin in Winchester hergestellt.
Geburt Christi
Bezeichnend für die englische Buchmalerei dieser Zeit ist das Überwuchern der ornamentalen Elemente in den Bilderrahmen.
Pergam., 280 × 205 mm. London, Brit. Mus., Addit. Ms. 49598, fol. 25 v

tums. Aber jedes dieser Länder hatte seine eigene Tradition, die an vielen Orten desselben Landes gepflegt und weiter entwickelt wurde. Inhaltliche und formale Anregungen wurden übernommen und ausgetauscht. Die wenigen mit Namen bekannten und zahllose anonyme Maler haben diese Werke geschaffen. Unter ihnen gab es auch solche, die ohne fremde Anregung neue Motive erfanden und in die Kunst einführten. Ohne daß wir ihre Namen kennen, haben auch Meister aus früherer Zeit ihren entscheidenden Anteil am vielgestaltigen Reichtum der hochmittelalterlichen Buchmalerei des Abendlandes.

Spanien

Während der Süden Spaniens von den Arabern beherrscht wurde, gab es in den christlichen Nordteilen, besonders in Kastilien und Katalonien mehrere Klöster, in denen die Buchmalerei seit dem Ende des 9. Jahrhunderts eifrig gepflegt wurde. Eines dieser Kulturzentren war das Kloster S. Maria de Ripoll bei Vich, dessen Bibliothek unter dem Abt Oliva († 1048) 240 Bände zählte. Der wichtigste Beitrag Spaniens zur Buchmalerei sind die Illustrationen zur Apokalypse. Der Spanier Beatus von Liébana hatte am Ende des 8. Jahrhunderts einen Kommentar zur Apokalypse verfaßt. Die ältesten
V Bildhandschriften dieses Werkes sind aus dem 10. Jahrhundert erhalten, lassen aber vermuten, daß sie nach früheren Vorlagen kopiert wurden. Das Thema der Bilder zur Apokalypse war für die Zeit um das Jahr Tausend besonders aktuell, da viele für dieses Jahr den Weltuntergang erwarteten. Das spanische Vorbild wurde bald in Südfrankreich übernommen, und die Bilder zur Apokalypse wurden im 11. und 12. Jahrhundert in vielen Handschriften dargestellt. In der zweiten Hälfte des 15. Jahrhunderts wurde dieser Bilderzyklus wieder in den ersten „Blockbüchern" aufgenommen und fand seine Vollendung in der Apokalypse von Dürer.

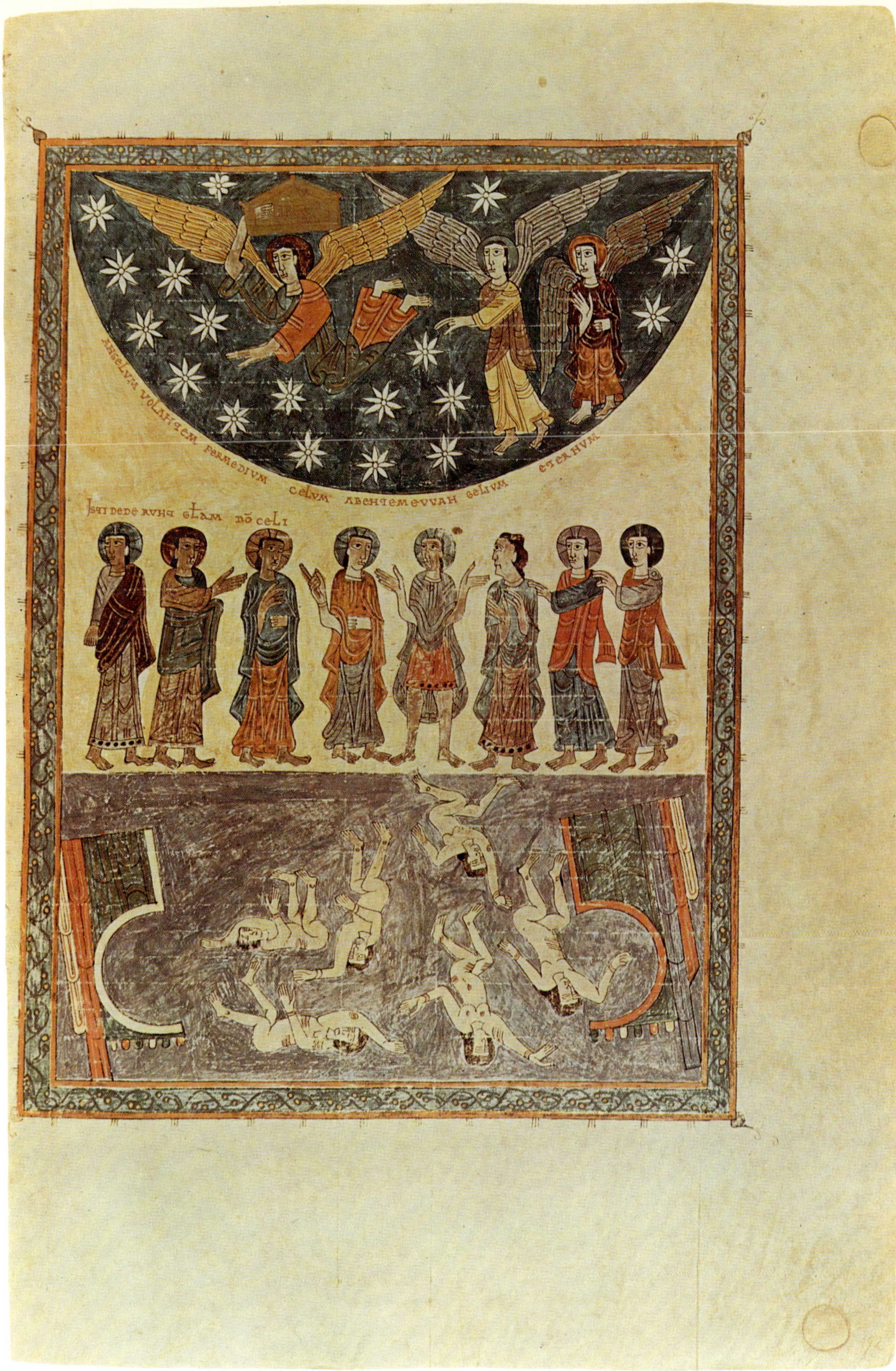
ANGELUM VOLANTEM PERMEDIUM CELUM ABENTEMEUVAN GELIUM ETERNUM
ISTI DEDERUNT GLAM DŌ CELI

V

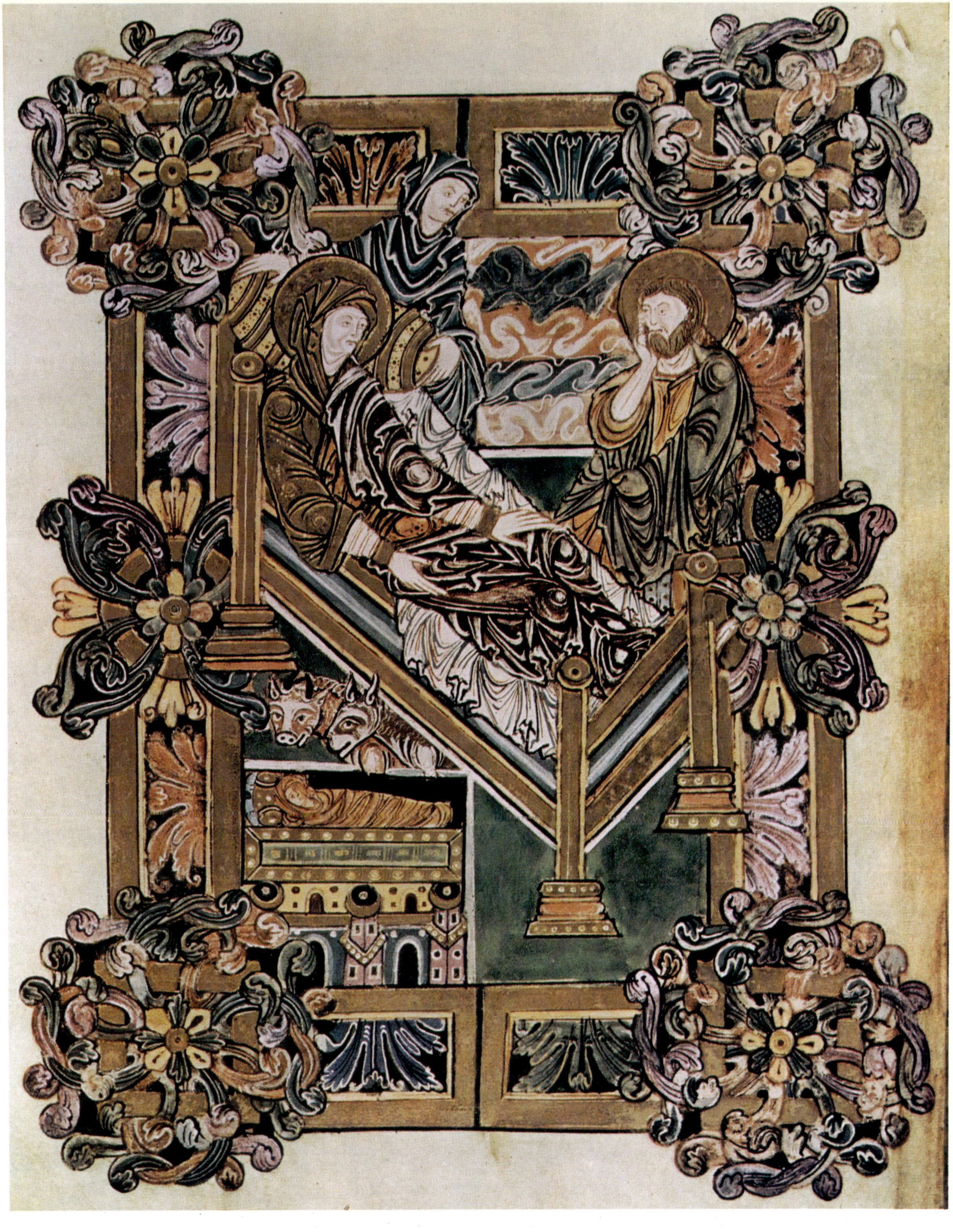

VI

Im Stil der frühen spanischen Buchmalerei ist vielfach der Einfluß des arabischen Südens bemerkbar. Man spricht von „mozarabischer“ Buchkunst. Im 11. Jahrhundert hingegen erfolgt eine Hinwendung nach Frankreich, nicht zuletzt infolge der Teilnahme der spanischen Klöster an der Erneuerung des Ordenslebens, die vom französischen Cluny ausging. Bibelhandschriften des 11. und 12. Jahrhunderts zeigen gerne kleinfigurige Darstellungen von beweglich gezeichneten Szenen und
Gestalten. Größer sind die Gestalten der „Pamplona-Bibel“, einer Bilderfolge mit kurzem Text, *31*
1197 von Ferrando Petri de Funes für König Sancho den Starken von Navarra fertiggestellt.

England

In Winchester wurden am Ende des 10. und am Anfang des 11. Jahrhunderts einige liturgische Bücher hergestellt, deren Malereien für England durch längere Zeit hindurch vorbildlich blieben. Der Meister, der zuerst diesen neuen Stil schuf, knüpfte nicht an die insulare Tradition des 8. und
9. Jahrhunderts an, sondern eher an die Formen spätkarolingischer Miniaturen. Ein „Benediktionale“ *VI*
für Bischof Aethelwold von Winchester (972–984) und ein Missale für Robert von Jumièges (1051 Erzbischof von Canterbury) sind Hauptwerke dieses Stils, der durch starke Bewegungen gekennzeichnet ist. Den unruhigen Falten der Gewänder entsprechen die Rahmenornamente mit üppigen Akanthusranken und dem reichen Geflecht von Zierformen.

Neben Winchester war Canterbury eine Pflegestätte der Buchmalerei. Der „Utrecht-Psalter“ lag damals in Canterbury und wurde dort mehrmals kopiert, dabei jedoch schrittweise stilistisch abgewandelt. Die zahlreichen englischen Klöster, die nahe beieinanderlagen, hatten dadurch leicht Gelegenheit zum Austausch von Handschriften, wohl auch von Schreibern und Malern. So wurde es möglich, daß im 11. und 12. Jahrhundert an verschiedenen Orten zahlreiche Handschriften mit Miniaturen ausgestattet wurden, deren stilistische Eigenheiten nicht immer lokalisiert werden können. Vorherrschend war überall die Illustration von Psalterien, manchmal von ganzen Bibeln.
In Durham wurde für den Bischof Hugh Pudsey (1153–1195) eine Handschrift mit Paulusbriefen *32*
illuminiert.

Aus dem Kloster St. Alban bei London stammt ein Psalter, der jedoch nicht Bilder zu den Psalmen enthält, sondern als eine Art Prolog zu den Psalmen eine Reihe von ganzseitigen Darstellungen aus dem Alten und Neuen Testament. Auch Heiligenleben wurden illustriert, und an den Anfang der Werke von Kirchenvätern wurden große Autorenporträts gesetzt.

Aus dem 12. Jahrhundert stammen einige „Bestiarien“ aus England. Diese Tierbücher sind alle-
gorische Werke, in denen die Tiere als Sinnbilder von Tugenden und Lastern beschrieben und *33*
abgebildet werden, meist in Federzeichnungen, die in rotbrauner Farbe (Minium) in den Text eingefügt sind. Es handelt sich um typische Werke der Zisterzienser-Buchkunst, die sich fast nur auf Zeichnungen beschränkt, und die mit Vorliebe allegorische Texte illustriert. In den österreichischen Zisterzienserklöstern Heiligenkreuz und Zwettl entstanden ähnliche Tierbücher zur gleichen Zeit wie die englischen Bestiarien.

Frankreich

Mit dem Aufhören der karolingischen Macht am Ende des 9. Jahrhunderts ging auch die künstlerische Schaffenskraft des Landes zurück, das für längere Zeit in verschiedene Herrschaftsbereiche zerrissen war. Es gab keine Fürsten mehr, die wie die Karolinger Aufträge zur Herstellung von Prachthandschriften erteilten. Die Handschriften wurden jetzt für den eigenen Gebrauch der Klöster und Kathedralen geschrieben. Ihr malerischer Schmuck hielt sich in bescheidenen Grenzen.

In Nordfrankreich waren die bedeutendsten Schreibstätten des 11. und 12. Jahrhunderts St-Omer,
35 St-Amand und Marchiennes. Was dort an Miniaturen geschaffen wurde, hielt sich an englische Vorbilder. Denn es fehlte auf französischem Boden an originellen, stilbildenden Kräften. So kann man die Beobachtung machen, daß es zahlreiche mittelmäßige Werke gibt, die ohne Nachfolge blieben. Gegenseitige Anregungen oder Wetteifern von benachbarten Klöstern und Kirchen waren unbekannt, so daß etwa Kunstwerke von Mont-Saint-Michel keine Verwandtschaft zeigen mit solchen aus der benachbarten Normandie, ebenso wie St-Germain-des-Prés mit dem Stil von St-Denis nichts gemein hatte.

Ein Sakramentar der Kathedrale von Limoges um 1100 zeigt in seinen Miniaturen den feierlichen
34 Ernst ottonischer Malerei, während es in der Technik der Ausführung an die Emailkunst von Limoges erinnert.

Von der Bibliothek des Klosters Cluny, dem das Ordensleben im 11. und 12. Jahrhundert eine gründliche Erneuerung verdankte, sind nur noch unbedeutende Reste erhalten. Besser sind wir über die Bücher und die Buchmalerei unterrichtet, die in den Zisterzienserklöstern Cîteaux (1098 gegründet) und Clairvaux entstanden. In Cîteaux wurde unter dem aus England stammenden Abt Stephan Harding (1109–1133) eine Reihe von vielbändigen Handschriften von Bibeln und exegetischen Werken geschrieben. Der Schmuck dieser Handschriften bestand hauptsächlich aus phantasievoll ausgeführten Initialen, die aus ornamentalen Ranken, aus Pflanzen, Tieren und Menschen gebildet waren. Von Cîteaux aus erfolgte 1115 durch den hl. Bernhard die Gründung von Clairvaux, in dessen Bibliothek die Tradition des Mutterklosters fortgesetzt wurde.

Die Fabelwesen, aus denen die Initialen der Bücher geformt waren und die auch in der Bauplastik mit Vorliebe verwendet wurden, erregten den Unwillen des hl. Bernhard: „Was sollen in den Kreuzgängen diese lächerlichen Ungeheuerlichkeiten, diese unreinen Affen, diese wilden Löwen, diese monströsen Zentauren, diese Halbmenschen... Du siehst einen Vierfüßler in eine Schlange auslaufen und einen Fisch mit dem Haupt eines Säugetiers, hier eine Bestie, die vorne Roß und hinten Ziege ist...“. Als der Heilige diese zornigen Worte schrieb, waren die Handschriften in Cîteaux schon vollendet, und auch in seinem eigenen Kloster waren ähnliche entstanden. Seine strengen Vorschriften, bei Bauten und in der Ausstattung jeden Prunk zu vermeiden, hatten zur Folge, daß in Zisterzienserhandschriften nur selten Malereien in Gold und Farben vorkommen. Dafür sind sie umso reicher mit virtuosen Federzeichnungen ausgestattet. Von Cîteaux aus hat sich dieser „Zisterzienserstil“ auch in den Klöstern des Ordens in anderen Ländern durchgesetzt.

Italien

Im Vergleich mit nördlichen Ländern beginnt in Italien eine einheimische Buchmalerei erst spät, kaum vor dem Ende des 10. Jahrhunderts. Ein Grund dafür ist sicher darin zu suchen, daß in den Klöstern und Kathedralen Italiens die für den Gottesdienst und für das Studium nötigen Bücher schon aus früheren Zeiten vorhanden waren, während diese Bücher im Norden für die vielen Neugründungen erst geschrieben werden mußten. Es kamen auch in vielen Fällen Prachthandschriften aus den nordischen Ländern als Geschenke nach Italien, wie der „Codex Amiatinus“ aus Northumbrien (vgl. S. 35). Eine karolingische Prachtbibel kam um 880 als Geschenk Karls d. Dicken nach St. Paul in Rom. Für die Ehre, vom Papst selbst die Abtweihe zu erhalten, verpflichtete im Jahre 998 Abt Alavicus von Reichenau sich selbst und seine Nachfolger, dem Papst anläßlich der Weihe jedesmal ein Sakramentar, ein Epistolar, ein Evangeliar und zwei weiße Pferde zu übergeben.

Für die Buchmalerei in Italien im 11. und 12. Jahrhundert ist ein neuer Typus von Büchern bezeichnend, die Riesenbibeln. Es sind Bibelhandschriften in größtem Format (meist mehr als halbmeterhoch), deren Hauptschmuck aus großen Initialen mit eingefügten Figuren oder Szenen besteht. Die Schäfte und Rundungen der Buchstaben sind mit reichen Ornamenten ausgefüllt. Ob diese Art von Büchern in Rom geschaffen, oder ob diese neue Kunst zuerst in Ober- oder Mittelitalien geübt wurde, läßt sich bei der großen Anzahl der erhaltenen Handschriften nicht mehr feststellen. Das Riesenformat solcher Bibeln wurde bald auch in Frankreich und in Deutschland nachgeahmt. In Italien selbst lebte es in den „Chorbüchern“ fort, die bis ins 16. Jahrhundert für die Sänger beim Gottesdienst hergestellt wurden.

Am Ende des 11. und im Anfang des 12. Jahrhunderts entstanden in Ober- oder in Mittelitalien einige Handschriften für die Markgräfin Mathilde von Tuszien (1046–1115), die dort als Fürstin den Großteil des Landes beherrschte. In ihrer Burg Canossa trafen sich im Jahre 1077 Papst Gregor VII. und Kaiser Heinrich IV. Ein Evangeliar aus ihrem Besitz schenkte sie dem Kloster San Benedetto *38*
di Polirone (auf einer Insel im Po in der Nähe von Mantua), das sie kurz vor ihrem Tode auch mit anderen Gütern reich ausstattete. Das Evangeliar enthält zahlreiche Darstellungen aus dem Evangelium. Aber nur eine Evangelistenfigur ist vollständig in Farben ausgeführt, während alle anderen Szenen gezeichnet sind. Da in diese Zeichnungen an den entsprechenden Stellen die Goldfarbe eingemalt ist, scheint es sich um ein unvollendetes Werk zu handeln, dessen übrige farbige Ausführung nicht mehr durchgeführt wurde. Stilistisch steht es um diese Zeit und in dieser Umgebung vereinzelt da. Es zeigt sich eine gewisse Verwandtschaft mit Wandmalereien im Gebiet von Montecassino. Dieses Benediktinerkloster war im 11. und 12. Jahrhundert der Mittelpunkt der Buchkunst in Unteritalien. Der Abt Desiderius (1058–1086, als Viktor III. Papst, 1086–1087) setzte sich mit größtem Eifer für die Erweiterung der Bibliothek ein. Byzantinische Bücher und Schreiber wirkten als Vorlagen und Lehrer für die eigenen Mönche.

Schon vor dieser Kunstblüte in Montecassino, und noch bis ins 13. Jahrhundert, war in Unter-

36, 37 italien eine besondere Art von Büchern ausgebildet worden, die wieder die antike Buchform des „Rotulus", der Buchrolle, übernahm. Es waren die „Exultet-Rollen" mit dem Text und den Noten zum „Exultet", dem feierlichen Gesange zur Weihe der Osterkerze am Karsamstag. In den Text waren Miniaturen eingefügt, die den Zuhörern den Inhalt des Gesanges erklären sollten. Das „Exultet" wurde von einem Diakon gesungen, der auf einem Pult stand, und die Rolle wurde fortlaufend über den Rand des Pultes heruntergelassen, so daß die Gläubigen die Bilder vor Augen hatten, während der Sänger den Text in umgekehrter Richtung vor sich hatte. Solche Rollen sind in großer Anzahl erhalten; ihr Gebrauch beschränkte sich aber auf Unteritalien, besonders auf das Gebiet von Benevent.

Deutsches Sprachgebiet

In den zahlreichen Werken der deutschen Buchmalerei des 11. und 12. Jahrhunderts wirkte zunächst noch die Kunst der ottonischen Malerei nach, wenn auch deren Niveau nicht mehr erreicht wurde. In den verschiedenen Teilen des Landes wurden in den Klöstern hauptsächlich Bücher für die liturgischen Feiern mit Bildern geschmückt. Außer den Bibeln selbst wurden auch Kommentare zu einzelnen biblischen Büchern illustriert, besonders der Job-Kommentar Gregors d. Gr. und
42 allegorische Erklärungen des Hohen Liedes von Honorius Augustodunensis.

Vorbilder für diese Malereien waren Werke der karolingischen und ottonischen Kunst, aber auch Bücher aus Frankreich und England. Das 12. Jahrhundert als das Jahrhundert der Kreuzzüge brachte in stärkerem Maße Anregungen aus Byzanz, besonders für die Ikonographie. Daneben kam in der Initialkunst die Freude an der kunstvollen Verflechtung von Ranken und Bändern zum Ausdruck, welche oft die Gestalt von Tieren und Fabelwesen annahmen.

Im deutschen Südwesten waren die wichtigsten Skriptorien im Kloster Weingarten (bei Ravensburg), Engelberg (Schweiz), Hirsau (Schwarzwald). Im elsässischen Kloster Odilienberg lebte als Äbtissin Herrad von Landsberg († 1195), deren Werk „Hortus deliciarum" (Lustgarten) eine Art systematischer Zusammenfassung des theologischen Wissens war, durchwegs von allegorischen, kolorierten Zeichnungen begleitet, originalen Erfindungen der Verfasserin.

Im Gebiet von Köln, am Niederrhein und in Westfalen wurde der Stil der Buchmalereien vom benachbarten Westen bestimmt. Der Mönch Roger von Helmarshausen (um 1100) schuf als Goldschmied einige prachtvolle Werke in farbigem Zellenschmelz, die von der Buchmalerei mehrfach nachgeahmt wurden, da sie dem vorwiegend zeichnerischen Stil dieser Kunst entsprachen.

45 Das Autorenbild einer Pliniushandschrift (um 1200) ist von einem dänischen Maler signiert, erinnert aber an süddeutsche Vorbilder.

Die besten Werke der Buchmalerei auf deutschem Boden entstanden im 12. Jahrhundert in Salzburg. Noch im 11. Jahrhundert hatte dort ein Custos Bertold ein Lektionar geschrieben und mit Bildern versehen, die in ihrer farbigen und goldenen Pracht das byzantinische Vorbild erkennen ließen. Die Maler, die um die Mitte des 12. Jahrhunderts in Salzburg tätig waren, sind dem Namen nach

nicht bekannt. Auch sie haben byzantinische Motive in reichem Ausmaß verwendet, sie aber nach
eigenen Vorstellungen umgeformt. Dieselben Meister haben Fresken an den Wänden des Klosters
Nonnberg gemalt und mehrere große Bücher mit Miniaturen versehen. Dazu gehört eine Riesen-
bibel, die in Salzburg für ein ungarisches Kloster geschrieben wurde, aber bald nach Admont kam.
Die Hauptwerke sind ein Perikopenbuch für das Frauenkloster Nonnberg und ein Antiphonar für *41*
das Kloster St. Peter in Salzburg. In ihren großen ganzseitigen Bildern und Initialseiten erinnern
sie an karolingische Prachthandschriften, für die zahlreichen kolorierten Federzeichnungen scheinen
Arbeiten in der Art des Roger von Helmarshausen das Vorbild gewesen zu sein.

Diese große Salzburger Kunst wurde bald von den bayrischen und österreichischen Klöstern auf-
genommen. Dazu gehörten Regensburg-Prüfening, Weihenstephen, Scheyern, in Österreich Admont, *44*
St. Florian, Mondsee, Lambach. Besonders der zeichnerische Stil von Salzburg fand Anklang,
der die in rotbrauner Tinte gezeichneten Figuren gerne vor einen grünen und blauen Hintergrund
setzte. Zu den neuen Bilderfindungen gehörten neben den allegorischen Darstellungen zu Kommen-
taren des Hohen Liedes unter anderem auch Szenen zu liturgischen Handbüchern. Ein Rituale aus
St. Florian und ein anderes aus Lambach zeigen außer der Kerzenweihe auch die Durchführung von *43*
Gottesurteilen.

Böhmen – Mähren

Die slawische Bevölkerung von Böhmen wurde im 9. Jahrhundert vom Westen her (Salzburg,
Passau, Regensburg) zum Christentum bekehrt und erhielt auch von ihren Glaubensboten die
ersten Bücher und die Vorlagen für Abschriften. In Mähren wirkten im 9. Jahrhundert die von
Konstantinopel kommenden Missionare Cyrillus und Methodius, die in Anlehnung an das grie-
chische Alphabet eine neue Schrift für die slawischen Sprachen schufen. Aber seit dem 11. Jahr-
hundert war Mähren politisch wieder mit Böhmen vereinigt. Nachdem Prag schon um 973 Bischofs-
sitz geworden war, erhielt Mähren im Jahre 1063 in Olmütz ein Bistum. An diesen beiden Bischofs-
kirchen gab es im 11. und 12. Jahrhundert eigene Schreibschulen, von denen einige reich aus-
gestattete Handschriften erhalten sind.

Ein Evangeliar aus Višehrad, das vielleicht für die Krönung des Königs Wladislaus im Jahre 1085
geschrieben wurde, enthält zahlreiche Szenen aus dem Alten und Neuen Testament, darunter einen *39*
Stammbaum Christi, der in origineller Weise nach Art eines Wandteppichs geformt ist. Stilistisch
ist die Handschrift mit Werken verwandt, die um diese Zeit in bayrischen Klöstern entstanden sind.
Ein Brevier, das um 1136 in Olmütz geschrieben wurde, enthält ein Widmungsblatt mit der Dar-
stellung des hl. Gregor d. Gr., neben ihm die Bischöfe von Prag und Olmütz und ein Fürst. Unter- *40*
halb des Bildrahmens sind auch der Schreibermönch R., der Maler H(ildebert) und sein Gehilfe
Everwinus dargestellt, die auch aus einer anderen Handschrift bekannt sind. Sowohl die Namen
als auch der Stil der Miniatur weisen auf deutsche Herkunft, wahrscheinlich aus Salzburg.

31 Pamplona-Bibel. Bilderbibel mit kurzem beschreibendem Text, im Jahre 1197 von Ferrando Petri de Funes im Auftrage des Königs Sancho d. Starken von Navarra vollendet. Die beiden Szenen zeigen den Tod der Königin Jezabel, die von Hunden zerfleischt und von Pferden zertreten wurde (2. Kön. 9, 30–37). Pergam., 240 × 165 mm. *Amiens, Bibl. Munic. Ms. lat. 108, fol. 125v*

32 Paulusbriefe. In der 2. Hälfte des 12. Jhs. für den Bischof von Durham Hugh Pudsey (1153–1195) geschrieben und illuminiert. P-Initiale mit den Figuren des hl. Paulus und seines Schreibers. Pergam. *Durham, Bibl. d. Kathedrale, Ms. A. II. 19, fol. 87v* (Ausschnitt)

33 Bestiaire (Tierbuch mit allegorischen Deutungen). 12. Jh., England. Schiff mit Seeleuten, die einen Mast aufrichten; sie wollten eben landen, da sie den riesigen Fisch für eine Insel hielten. Pergam., 280 × 190 mm. *Cambridge, Univ. Libr., Ms. II 4 26, fol. 54v*

34 Sakramentar aus Limoges. Limoges, 1. Hälfte des 12. Jhs. Abendmahl und Fußwaschung. Pergam., 270 × 167 mm. *Paris, Bibl. Nat., Ms. lat. 9438, fol. 46v*

35 Psalter. Nordfrankreich, um 1200. Legendenszene. Pergam., 197 × 135 mm. *Paris, Bibl. Nat., Ms. lat. 238, fol. 97v*

36 Exultet-Rolle, 11. Jh., Bari. Die Rollen wurden an einem Pult verlesen, so daß die Bilder darüber herabhingen und vom Volk gesehen werden konnten. Der Sänger hingegen mußte den Text in der umgekehrten Richtung lesen können. – Der Ausschnitt zeigt oben Christus in einer großen V-Initiale, darunter die Weihe des Taufwassers. Pergam., 3122 × 415 mm. *Bari, Kathedral-Archiv*

37 Exultet-Rolle, 12. Jh., Benevent. Illustration des Textabschnittes „die Erde, vom Glanz des ewigen Königs erleuchtet“: oben Christus, aus dem Sonnenrad die Hand Gottes, unten die Erde als Nährmutter der Tiere, in der Hand eine brennende Fackel, rechts an der Seite Personifikation der Finsternis. Pergam., 6800 × 250 mm. *Rom. Bibl. Casanat., Ms. 724 B 13*

38 Evangeliar der Markgräfin Mathilde, zweite Hälfte des 11. Jhs., Oberitalien. Hochzeit von Kana, oben links Evangelist Johannes, in der Mitte Johannes d. Täufer mit seinen Jüngern. Pergam., 331 × 228 mm. *New York, P. M. Library, Ms. 492, fol. 83v*

39 Evangeliar von Višehrad. Prag, wahrscheinlich für die Krönung des Königs Wratislaw im Jahre 1085 in der Kapitularkirche von Višehrad hergestellt. Stammbaum Christi, nach Art eines Wandteppichs dargestellt. Pergam., 420 × 330 mm. *Prag, Nat. und Univ. Bibl., Ms. XIV A 13, fol. 3v*

40 Brevier, Böhmen, 1136. Die Widmungsseite zeigt Papst Gregor d. Gr., um ihn zwei Bischöfe, ein Abt mit Mönchen, ein Herzog mit Gefolge, dienende Figuren, Urkundenschreiber. Unter dem Bild Porträt des Schreibers und des Malers mit seinem Gehilfen Everwinus. Die Bischöfe sind Johannes von Prag (1134–1139) und Heinrich von Olmütz (1126–1157). Der Maler dürfte aus Salzburg oder Bayern gekommen sein. Pergam., 280 × 210 mm. *Stockholm, Kung. Bibl. Ms. A 144, fol. 1r*

41 Antiphonar von St. Peter. Um 1160 in Salzburg für den Gottesdienst in der Abtei St. Peter geschrieben und mit Bildern ausgestattet. Das Bild zum Karfreitag zeigt Christus am Kreuz, darunter die Ecclesia mit Krone und Kelch, die Synagoge mit dem Joch des Gesetzes, Maria und Johannes, oben Sonne und Mond, beide weinend. Unter dem Bild der Beginn der Karfreitagsliturgie mit Neumen (Notenzeichen). Pergam., 432 × 310 mm. *Wien, Österr. Nat. Bibl., Cod. Ser. n. 2700, pag. 300*

42 Honorius, Kommentar zum Hohen Lied, Salzburg, Mitte des 12. Jhs. Christus als Bräutigam der vierten Braut, die aus dem Norden kommt (zu ihren Füßen der Nordwind). Es ist die Mandragora, das Sinnbild der Ungläubigen, die nach dem Untergang des Antichrist bekehrt werden; daher setzt ihr Christus seinen eigenen Kopf auf, nachdem er den Kopf des Antichrist zu Boden geworfen hat. Links die drei ersten Bräute mit ihrem Gefolge, rechts die Freunde des Bräutigams. Pergam., 294 × 200 mm. *Wien, Österr. Nat. Bibl., Cod. 942, fol. 92r*

43 Lambacher Rituale. Lambach, 12. Jh., von einem Schreiber namens Haymo. Darstellung des Gottesgerichtes „Probe des kalten Wassers“: Der Angeklagte wird gefesselt ins Wasser geworfen; ist er unschuldig, so wird er nicht ertrinken. Pergam., 255 × 170 mm. *Lambach, Stiftbibl., Cod. perg. 73, fol. 64v*

44 Isidor von Sevilla, Etymologiae. Prüfeninger Malerschule, vor 1165. Oben Bischof Isidor und Bischof Braulio, unten der Prüfeninger Schreiber auf dem Totenbett vor dem göttlichen Gericht, das von ihm geschriebene Buch auf der Waagschale der guten Werke. Pergam., 342 × 235 mm. *München, Bayer. St. B., Cod. lat. 13031, fol. 1r*

45 Plinius, Historia naturalis, um 1200, Dänemark. Plinius vor Kaiser Titus, oben der Maler des Bildes „Petrus de Slagosia me fecit“ (Slagosia ist Slegelse in Dänemark). Pergam., 405 × 300 mm. *Firenze, Bibl. Laurenz. Plut. 82/1, fol. 1r*

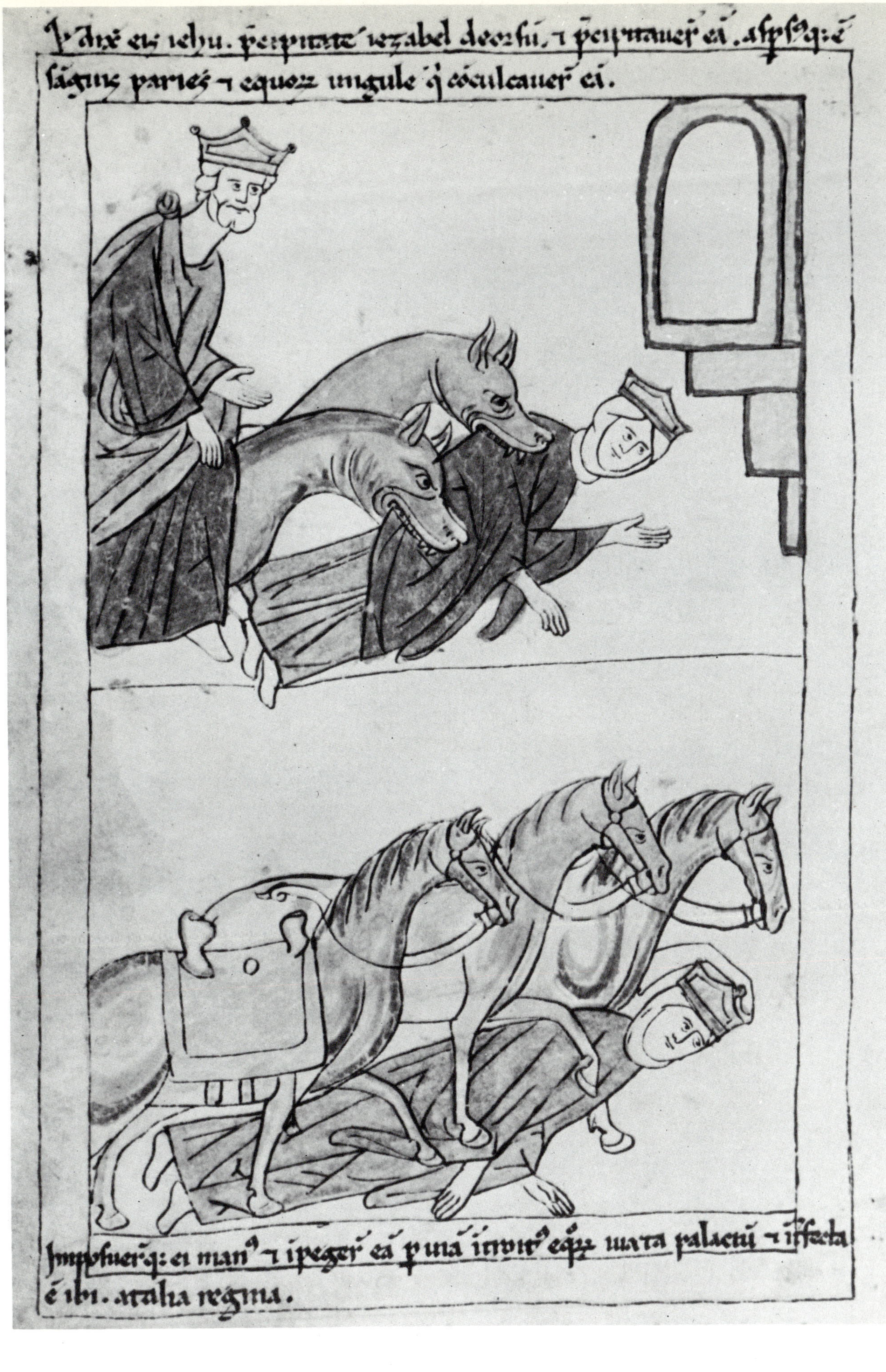

31

32

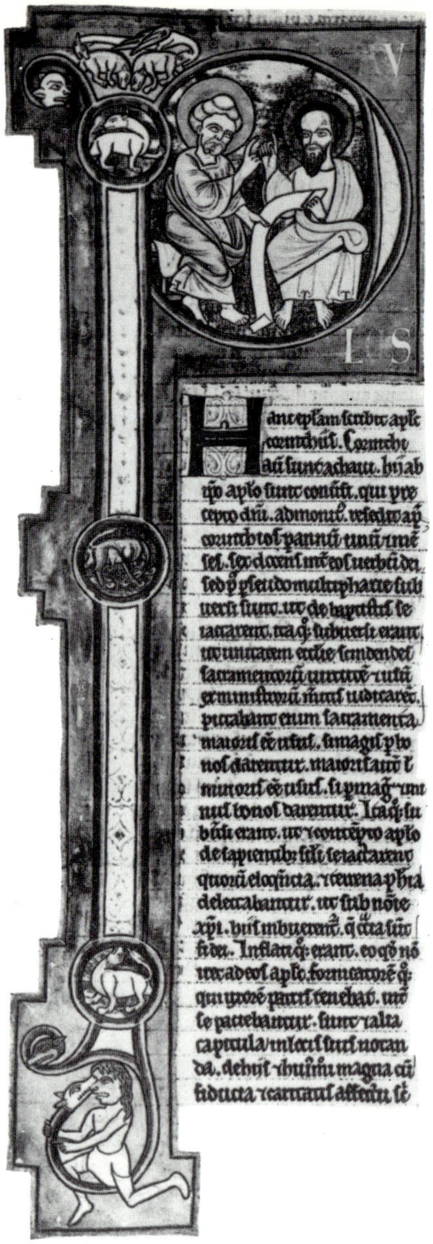

33

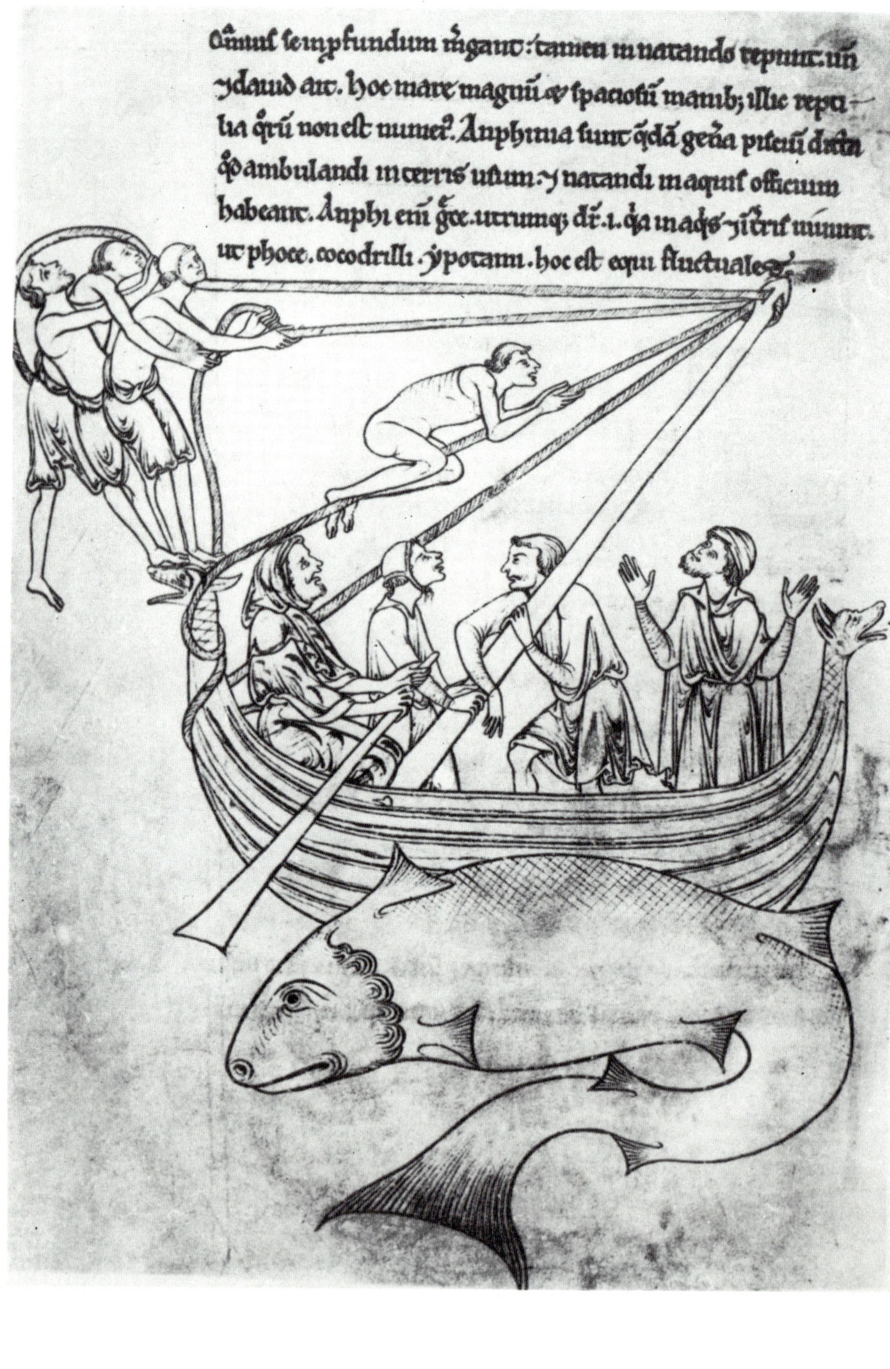

35

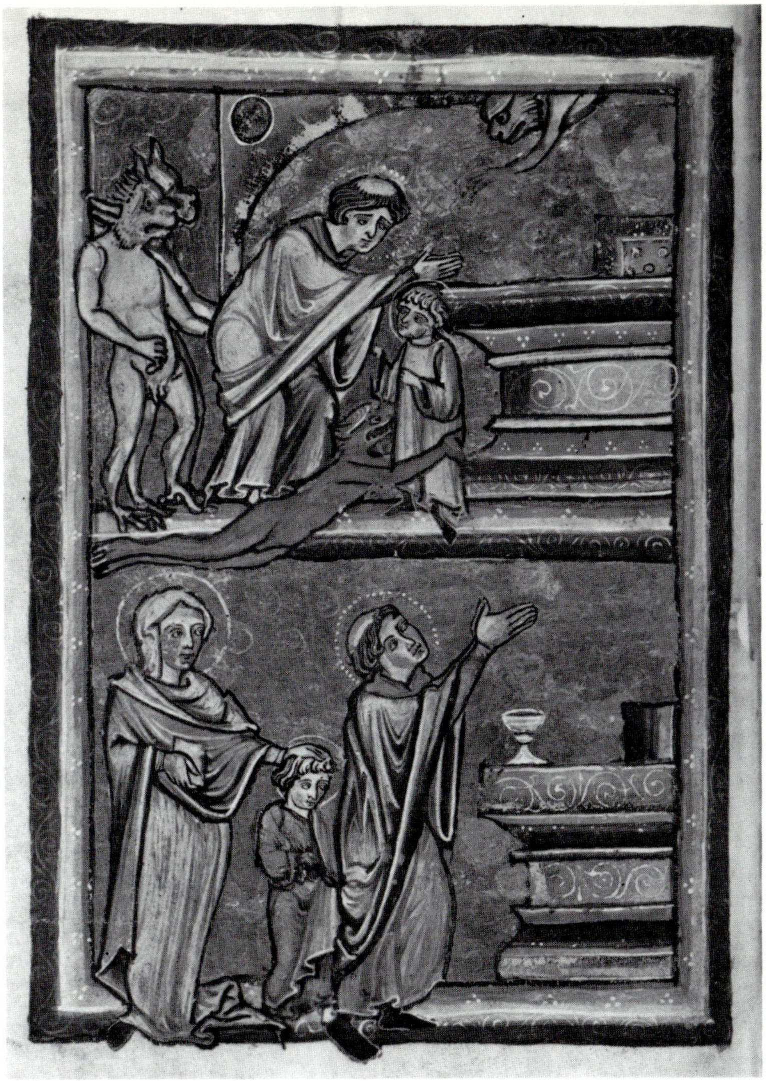

34

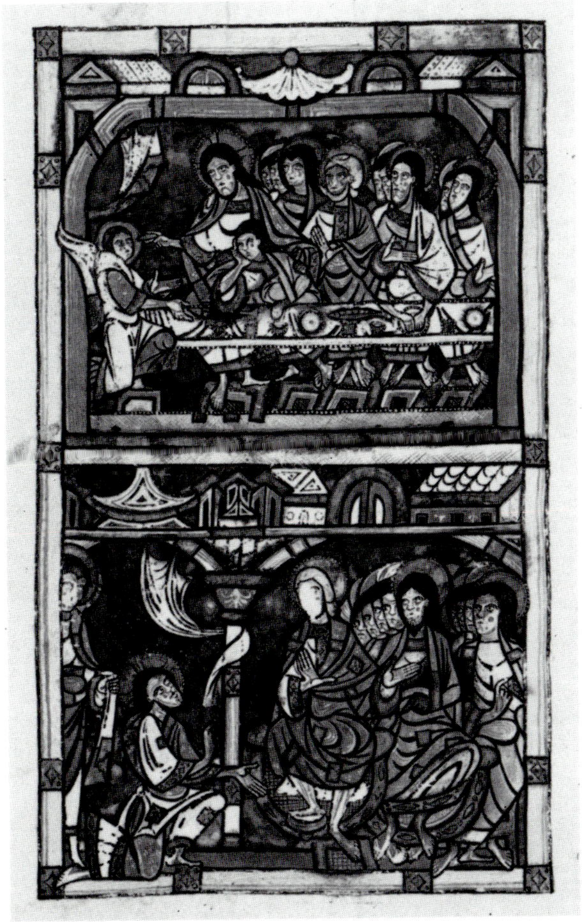

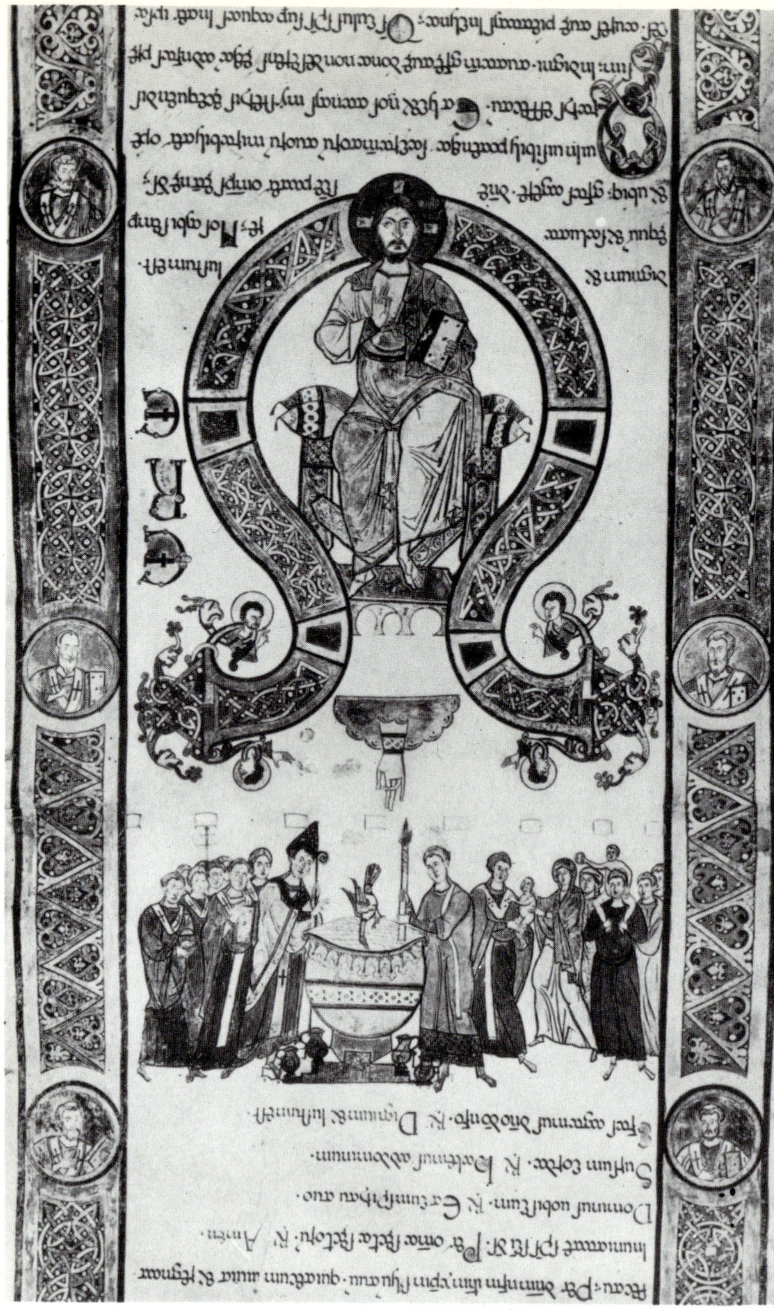

36

37

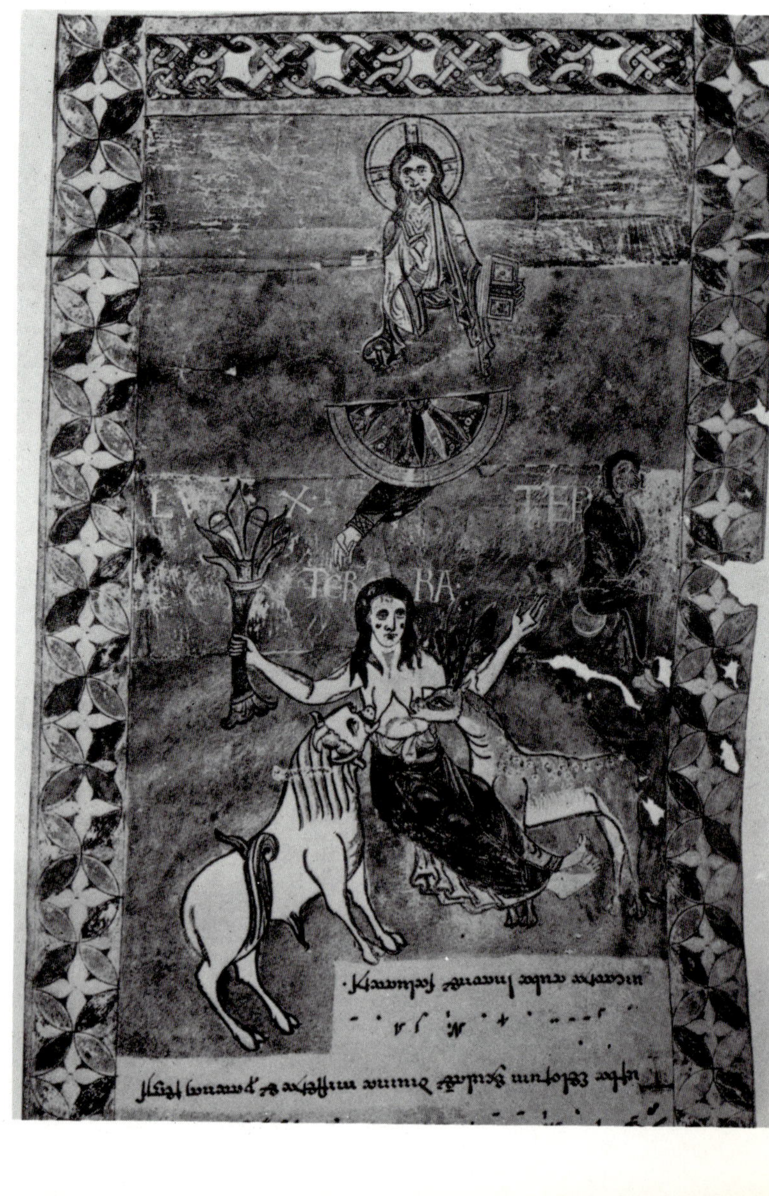

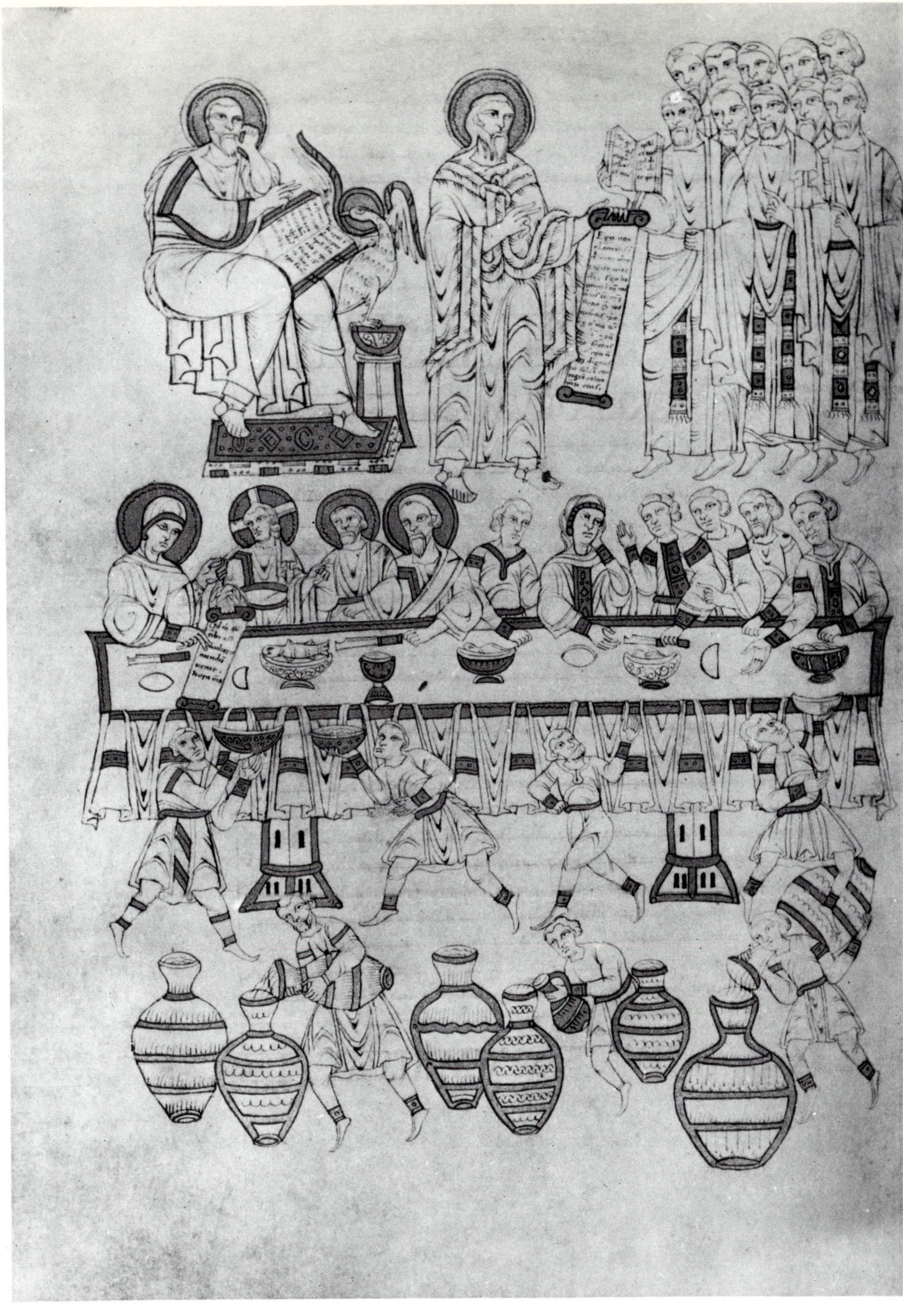

39

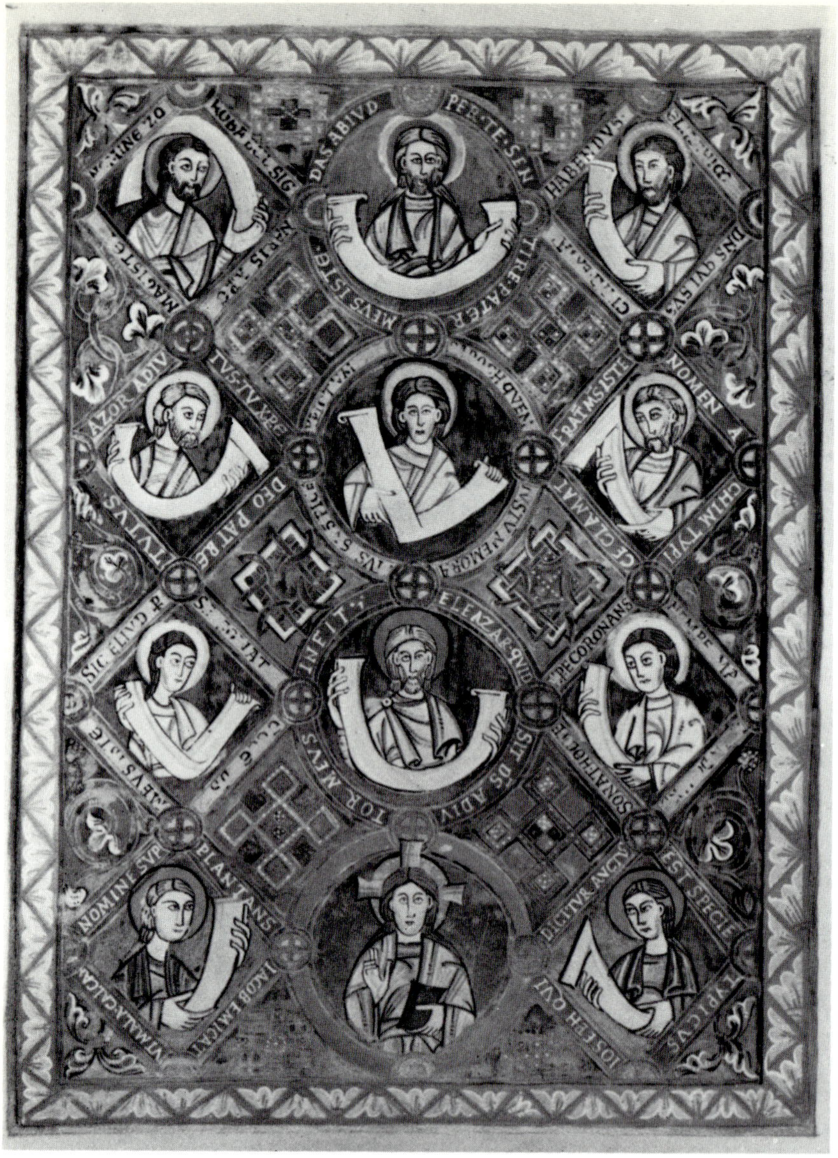

40

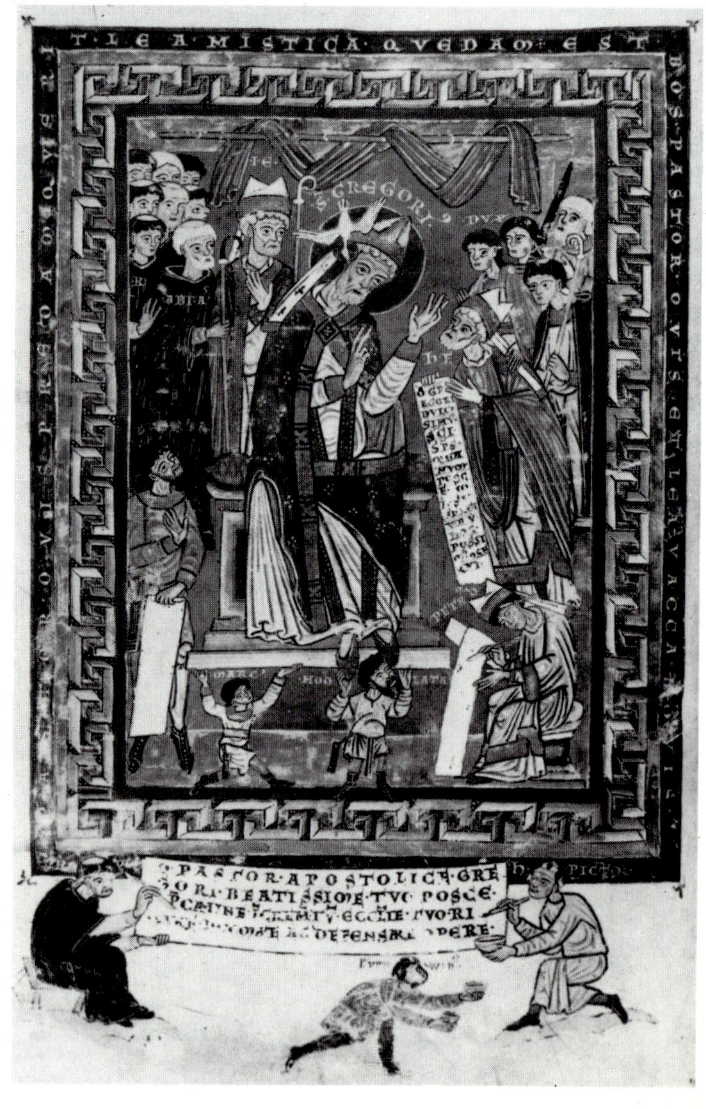

41

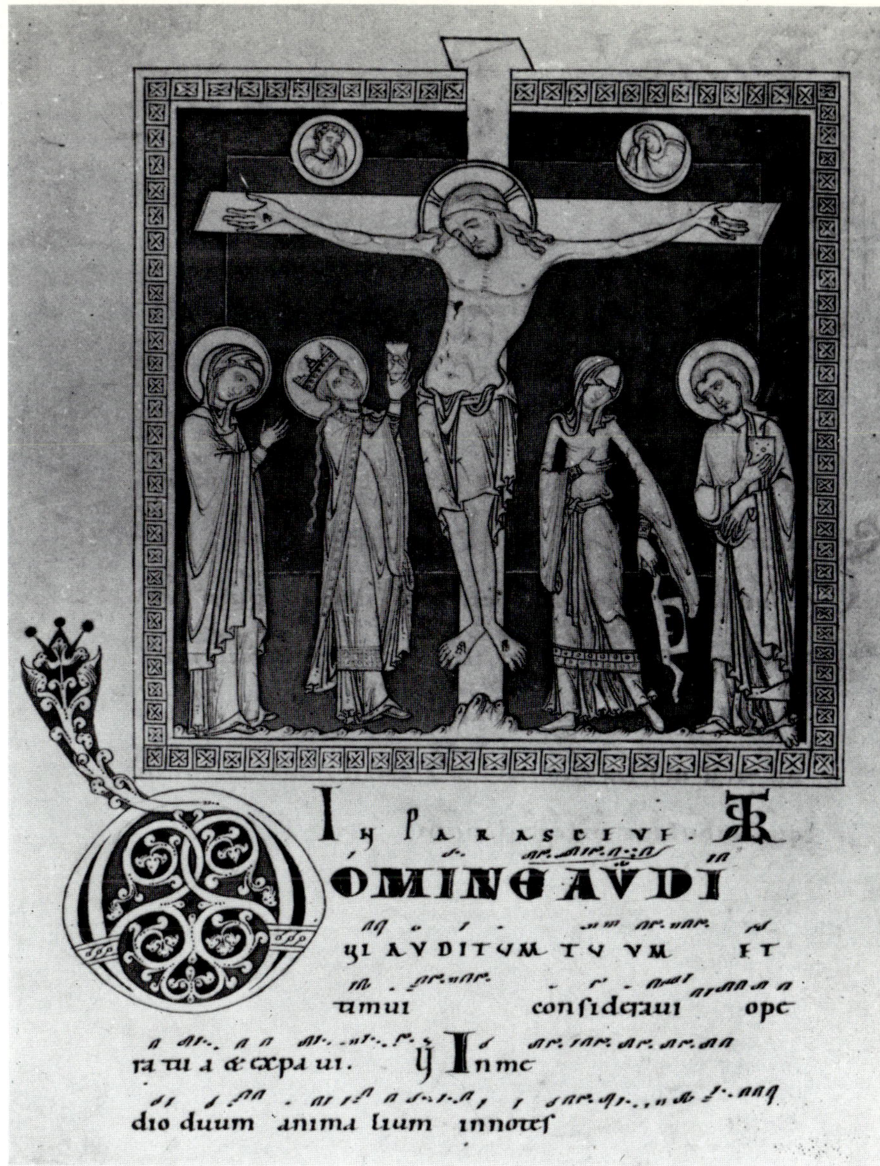
IN PARASCEVE.
DOMINE AUDI
QUI AUDITUM TUUM ET
timui consideraui ope
ra tua et expaui. V In me
dio duum animalium innotes

42

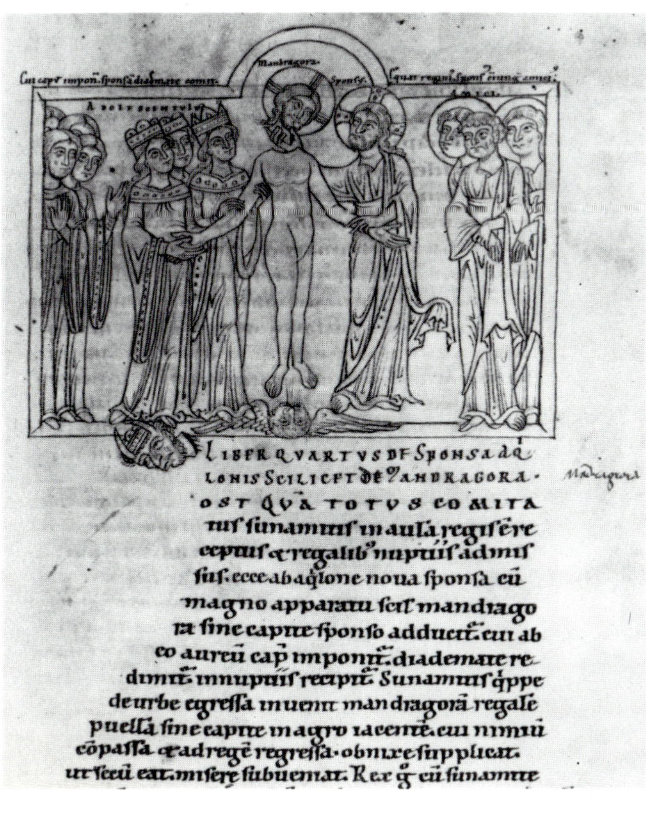

43

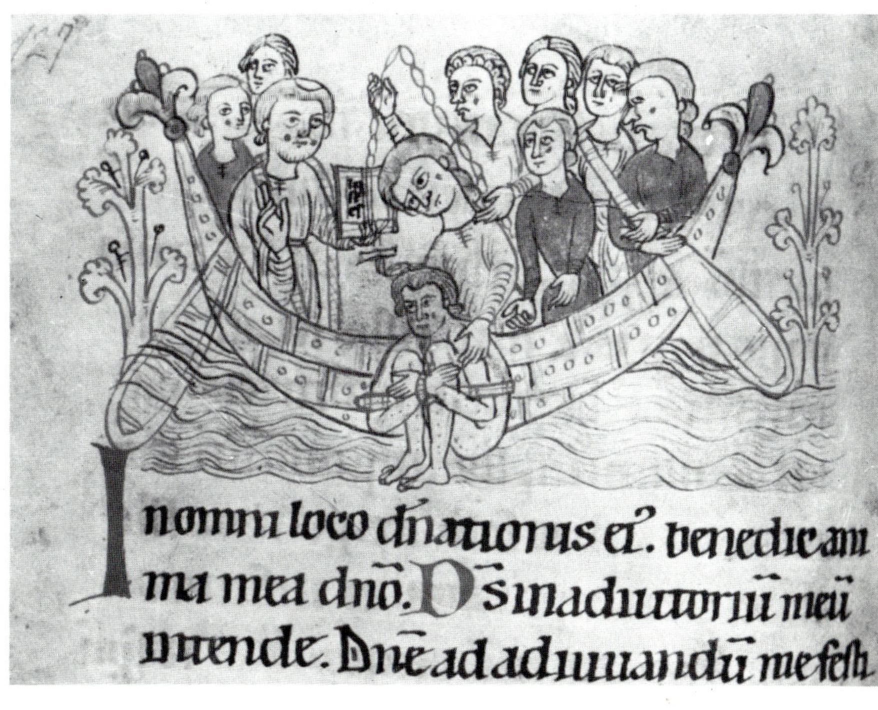
In omni loco dnationis ei. benedic ani
ma mea dno. Ds in adiutoriu meu
intende. Dne ad adiuuandu me festi

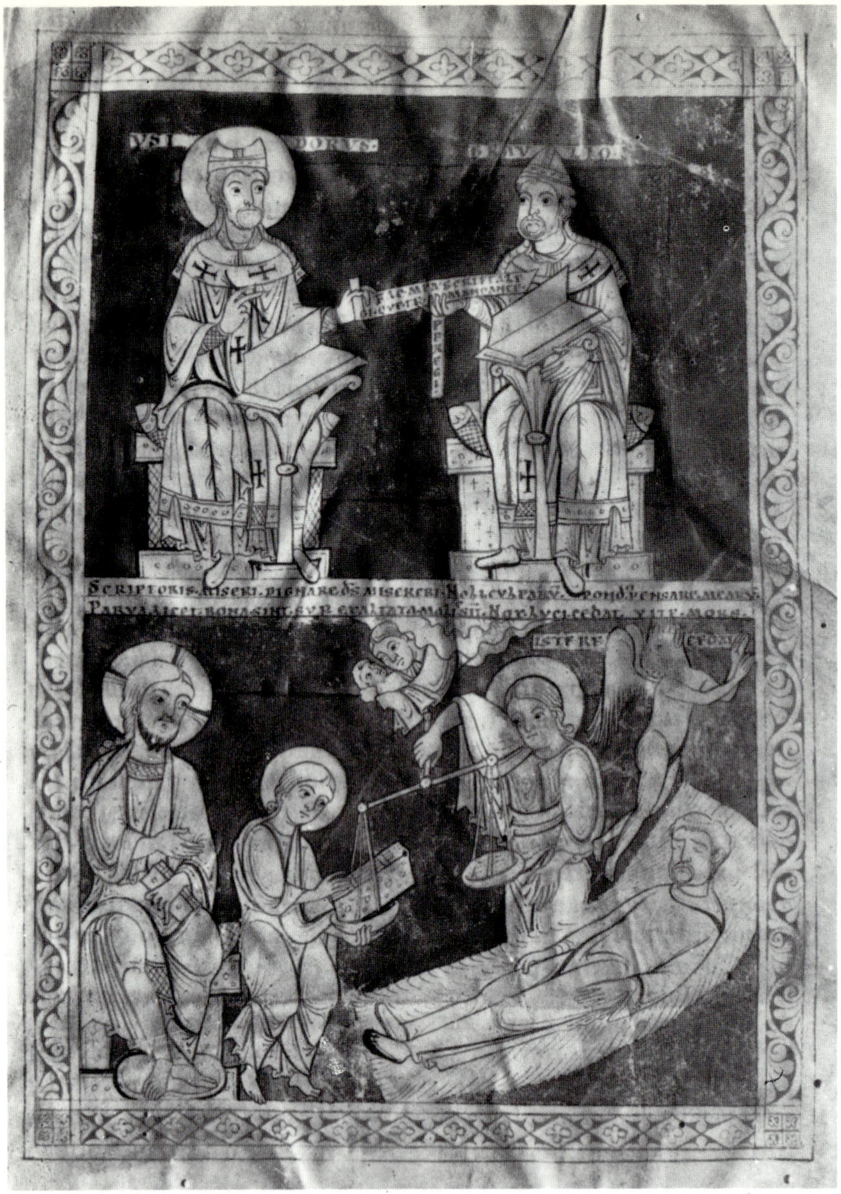

44

45

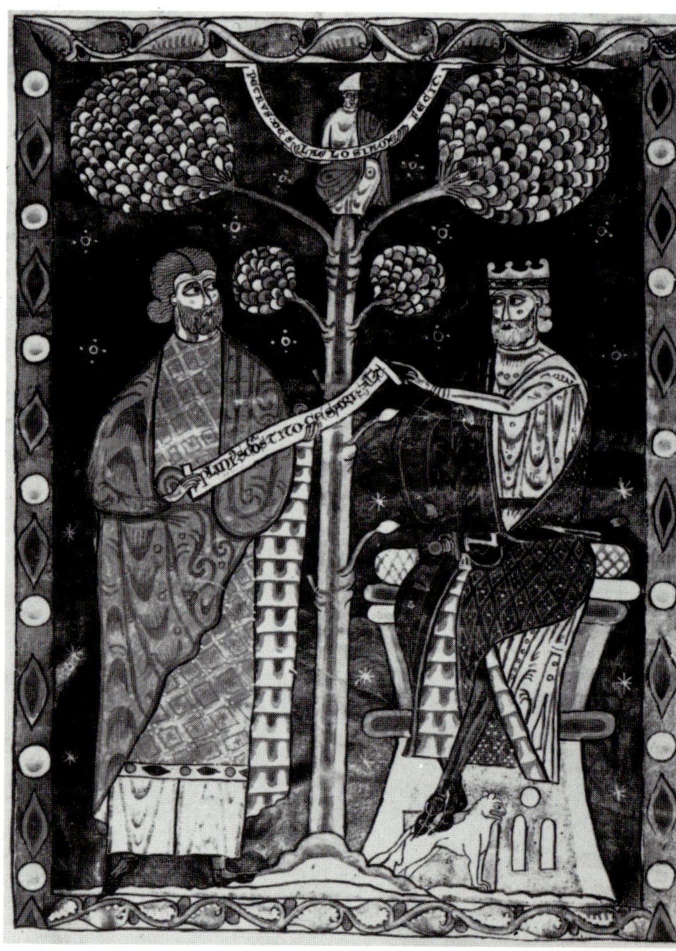

Die Zeit von 1200 bis 1450

Die europäische Buchmalerei ist bis zum Ende des 12. Jahrhunderts eine fast ausschließlich geistliche Kunst. Sie wird in Klöstern und an Bischofssitzen gepflegt, die Schreiber und Maler gehören dem geistlichen Stande an, und die Werke selbst sind für den Gottesdienst, für das Studium der Theologie und für die religiöse Unterweisung geschrieben. Die Idee der „Civitas dei“, des Gottesstaates, wie ihn der hl. Augustinus als Muster für die christliche Gemeinschaft dargestellt hatte, beherrscht das Bildungsstreben und greift auch auf das politische Gebiet über. In der Erneuerung des römischen Kaisertums, zuerst unter Karl d. Gr., dann unter den Ottonen und Staufern, wird nichts geringeres angestrebt als die Errichtung eines christlichen Imperiums unter der einträchtigen Doppelherrschaft von Kaiser und Papst. Einen geschichtlichen Augenblick lang schien diese Idee zur Verwirklichung zu kommen. Im Jahre 996 hatte der damals 15jährige deutsche Kaiser Otto III. seinen Vetter Bruno von Kärnten, der 24 Jahre zählte, zum Papst erhoben (Gregor V., 996–999). „Wenn nun sie, der Kaiser und der Papst, sich in jenen Tagen in den Gemächern des Lateran ohne Zeugen fanden, so mochten sie einander ewige Freundschaft schwören und schwärmerische Pläne gemeinsamer Weltherrschaft oder der Beglückung des Menschengeschlechtes fassen. Allein die Welt ist ein zu gewaltiger Stoff für glühende Knaben...“ (Gregorovius).

Zusammen mit den Büchern, die sie schmückt, ist die Buchmalerei ein Spiegel der Geistesgeschichte. Die fortdauernden Kämpfe zwischen geistlicher und weltlicher Gewalt, nicht nur in Deutschland und Italien, sondern auch in Frankreich und England, wie sie für das 12. Jahrhundert bezeichnend sind, mußten sich auch auf die bis dahin einheitliche Form der Bildung auswirken. War sie bisher auf das geistliche Gebiet beschränkt gewesen, so wurde nun dieses Bildungsmonopol gebrochen. Die profanen Wissenschaften und eine umfangreiche profane Dichtkunst entstanden neben der theologischen Literatur, und auch diese wurde nicht mehr nur in der Stille von Klöstern gepflegt und geschrieben. Das Schreiben und die künstlerische Ausstattung von Büchern wurde in zunehmendem Maße zu einem Laienberuf. Fürsten und Ritter, bald auch wohlhabende Bürger, wurden zu Auftraggebern für Bilderhandschriften. Auch wissenschaftliche Bücher, wie sie in großer Anzahl an Universitäten wie Paris oder Bologna geschrieben wurden, erhielten für anspruchsvollere Kunden Initialen und Bilder.

Dieser Prozeß einer allmählichen Säkularisierung der Buchmalerei läßt sich nicht mit konkreten Jahrzahlen datieren. Er setzt „um“ 1200 ein, gewinnt unmerklich immer breiteren Boden und ist um die Mitte des 15. Jahrhunderts abgeschlossen.

Im 13. Jahrhundert gehört noch die Großzahl der Miniaturen dem geistlichen Bereich an, und auch im 14. und 15. Jahrhundert sind Bilderbibeln und Andachtsbücher die bevorzugten Objekte der Buchmalerei. Daneben beginnt die Illustration der französischen Ritterromane und Chroniken, der großen deutschen höfischen Epen und Liederhandschriften. Der allmähliche Wandel in der Buchmalerei wird aber nicht nur vom Inhalt der Bücher bestimmt, sondern auch von der Art der

Darstellung und von ihrer letzten Zielsetzung. War die Buchmalerei bisher vornehmlich eine Kunst klösterlicher Schreibstuben gewesen, wo die Maler nach bildlichen Vorlagen und nach eigenen Vorstellungen eine ideale Welt von heiligen Gestalten schufen, so begann nun langsam eine genauere Beobachtung der realen Wirklichkeit. Als Vorlagen dienten nicht mehr ausschließlich schon vorhandene Bilder, sondern lebende Menschen in ihrer alltäglichen Umgebung. Kleider und Werkzeuge, Waffen und Rüstungen zeigen die Umwelt, in der die Maler leben. Die statische Ruhe der sakralen Welt wird von bewegten Szenen abgelöst, wie sie sich im wirklichen Leben abspielen.
Wichtiger als dieser neue Realismus, der nach vielen Vorstufen erst nach 1400 voll zum Durchbruch kam, war die geänderte Zielsetzung der Buchmalerei, wie sie schon vor 1400 sichtbar wird. Der letzte Zweck der frühmittelalterlichen Kunst war die Verherrlichung Gottes, die würdige Ausstattung des Gottesdienstes. Das galt in gleicher Weise für die Prachthandschriften karolingischer und ottonischer Kaiser wie für die Werke aus Kloster- und Domschulen. Die rein menschliche Freude an den Miniaturen, die nicht ausbleiben konnte, war für das Kunstwollen nebensächlich. Diese Einstellung änderte sich aber nach 1200 in zunehmendem Maße. Ähnlich wie etwa in der Bauplastik der gotischen Kathedralen zeigte sich auch in der Bilderwelt der Miniaturen eine solche Fülle künstlerischer Werte, daß diese allein, auch ohne genauere Kenntnis ihres Inhaltes, den Beschauer fesseln mußte. Im 13. und 14. Jahrhundert wurden noch zahlreiche Werke geschaffen, deren Bilder in eindringlicher Weise die christlichen Wahrheiten predigen. Was an diesen Werken aber die Benützer interessierte – abgesehen von den wenigen theologisch Gebildeten – war ihre künstlerische Qualität. Deshalb wurden Maler und Schreiber beauftragt, ähnliche Werke herzustellen. Vor allem waren es Bibeln und Gebetbücher, die für Fürsten und ihre Hofleute geschrieben wurden. Das entsprach der offiziellen und selbstverständlichen christlichen Lebenshaltung der Zeit. Die Ausstattung dieser Bücher hatte aber nicht mehr die größere Ehre Gottes zum Ziel, sondern das Wohlgefallen der Besteller und ihr Repräsentationsbedürfnis gegenüber ihrer Umwelt.
Hatte im frühen Mittelalter die Buchkunst auch profane Wissensgebiete in den sakralen Bereich einbezogen, so war nun das Gegenteil eingetreten: die rein profane Freude des Bibliophilen am schönen Buch ließ auch seine Bibel und sein Gebetbuch zu einem bloßen Objekt der Ästhetik werden, gleichberechtigt neben einem illustrierten Boccaccio oder Terenz.

Frankreich

Die Buchmalerei war nie eine für sich bestehende Kunstart, sondern sie konnte nur in organischer Verbindung mit der Gesamtheit des Geisteslebens existieren, das in ihr zum Ausdruck kam. Das wird kaum anderswo so deutlich sichtbar wie in der französischen Kunst des 13. Jahrhunderts. Es ist die Zeit, in der die großen Kathedralen in Frankreich gebaut werden, deren Architektur in ihrem sinnvoll vielfältigen System ein Gegenstück zu den „Summen" bildet, den umfassenden theologisch-philosophischen Gesamtdarstellungen des damaligen Wissens.
Die verwandten Züge zwischen gotischer Architektur und Buchmalerei in Frankreich sind so zahl-

reich, daß es schwer ist, die jeweilige Priorität festzustellen. Schon die Form der Buchstaben ist in ihrem schlanken Vertikalismus nicht nur Abbild, sondern wahrscheinlich eher Vorbild für die schlanke, schwebende Architektur der Kathedrale. In beispielhafter Weise zeigt sich das Zusammenwirken verschiedener Kunstarten im Paris des 13. Jahrhunderts. In einem Psalter für König Ludwig den Heiligen (1226–1270) sind die Szenen von den gleichen Baldachinen bekrönt wie die Figuren an den Kathedralen, Radfenster und Galerien gehören ebenso zur gemalten Architektur wie zur wirklichen aus Stein. In den großen Glasfenstern der Kathedralen sind die Bilder in Medaillons angeordnet, die symmetrisch die ganze Höhe der Fenster ausfüllen. In gleicher Weise sind die Medaillons auf den Buchseiten einer «Bible moralisée» zusammengestellt. Es handelt sich um ein theologisches Werk, das im 13. Jahrhundert in Frankreich verfaßt wurde: die ganze Bibel, von
der Schöpfungsgeschichte bis zur Geheimen Offenbarung, wird in Bildpaaren mit kurzem Begleit- *47*
text zur Darstellung gebracht. Das Gesamtwerk, von dem mehrere Handschriften hergestellt wurden, enthält mehr als 5000 Bildmedaillons.

Am Ende des 13. Jahrhunderts begegnet uns am französischen Königshof auch ein namentlich bekannter «enlumineur», Honoré, der eine Werkstatt mit mehreren Gehilfen betrieb. Die zahlreichen Aufträge, die den Buchmalern nicht nur in Paris sondern auch in anderen Städten erteilt wurden, riefen an vielen Orten solche Ateliers ins Leben, in denen Meister und Gehilfen für die verschiedenen Arbeiten am Buch zusammenwirkten: die Schreiber, die Maler der Initialen und der Rankenverzierungen, die Maler der selbständigen Bilder und der Bilder in den Initialen. Diese gemeinsame Arbeit am gleichen Werk macht es oft schwer, die Hand des Meisters von der Hand eines Gehilfen zu unterscheiden. Die häufigen Wanderungen der Gehilfen von Stadt zu Stadt oder von Atelier zu Atelier trugen dazu bei, daß sich verschiedene stilistische Eigenheiten mischten. Ein sicheres Werk
des Meisters Honoré ist ein Brevier vom Ende des 13. Jahrhunderts, das wahrscheinlich für König *48*
Philipp den Schönen (1285–1314) geschrieben wurde.

Für denselben König bestimmt, aber erst nach seinem Tode fertiggestellt und seinem zweiten Sohn
im Jahr 1317 überreicht wurde eine Lebensbeschreibung des hl. Dionysius, die im Auftrage des *VII*
Abtes von St-Denis mit vielen Bildern geschmückt worden war. Die Miniaturen dieser Handschrift sind zweigeteilt: in der oberen Hälfte wird eine Szene aus dem Leben des Heiligen geschildert, darunter eine Szene aus dem Volksleben von Paris, mit reichem architektonischem Hintergrund.

Das 14. Jahrhundert brachte im ganzen Land eine reiche Fülle von Buchmalereien, besonders im Umkreis der Bischofssitze und Kathedralen, wie Laon, Soissons, Reims. Für den Norden des Landes blieb weiterhin der Stil der Pariser Buchmalerei maßgebend, während im Süden auch italienische
Motive Eingang fanden. Wenn auch nach wie vor Bücher mit geistlichem Inhalt illustriert wurden, *50*
so vollzog sich doch in diesem Jahrhundert der Wandel vom Gebrauchsbuch zum Luxusbuch, das nicht mehr der ernsthaften, innerlichen Andacht diente, sondern dessen kostbare Ausstattung Selbstzweck wurde. Dieselben Maler schufen die Miniaturen in den «Livres d'heures» und in rein profanen Werken wie dem Roman vom Gral und von der Tafelrunde, den Büchern über die Jagd

VII Vie de Saint-Denis

Paris, 1317 von Abt Gilles de Pontoise vollendet und König Philipp V. geschenkt, für dessen Vater Philipp d. Schönen die Handschrift begonnen worden war. Sie enthält zahlreiche ganzseitige Darstellungen aus der Dionysius-Legende, verbunden mit Darstellungen von Szenen des täglichen Lebens.

Christus bringt dem gefangenen Heiligen selbst die Kommunion. Unten eine Brücke von Paris, links Bärentreiber, rechts Lastträger, im Fluß ein am Pfeiler angebundenes Schiff mit vier Personen.

Pergam., 250 × 155 mm. Paris, Bibl. Nat., Ms. fr. 2092, fol. 33 v

VIII Wolfram v. Eschenbach und Ulrich v. Türheim: Willehalm

1387 in Prag für König Wenzel geschrieben, in den Folgejahren von Meistern der „Wenzelswerkstatt“ mit 247 Miniaturen ausgestattet, das früheste bekannte Werk dieser Prager Schule.

Große Initiale (R), darin Szene, wie Rennewart mit seiner Mutter zusammentrifft.

Pergam., 540 × 365 mm. Wien, Österr. Nat. Bibl., Cod. Ser. n. 2643, fol. 201 r

67 und über die Wunderdinge ferner Länder, den Chroniken von Frankreich und der Geschichte von
Troja. Den nachhaltigsten Einfluß auf die ästhetische Lebenshaltung der gebildeten Kreise Frankreichs vom Ausgang des 13. bis weit ins 15. Jahrhundert übte der «Roman de la Rose» aus. Er wurde um 1240 von Guillaume de Lorris begonnen und von Jean de Meun um 1280 vollendet,
49 und er schildert in allegorischer Form die Abenteuer des Liebenden, der, vom Gott Amor geführt,
den Garten der Liebe betritt, um zuletzt mit Hilfe der Göttin Venus alle Hindernisse überwinden und die Rose der Liebe pflücken zu können. Das Werk ist in zahlreichen Handschriften erhalten, die fast alle auch mit Miniaturen geschmückt sind.

Die Regierungszeit König Karls VI. (1380–1422) brachte für die französische Buchmalerei eine Periode höchster Blüte. Die Fülle der Aufträge von zahlreichen Bibliophilen am königlichen Hof zog Maler aus dem ganzen Lande an. Auch aus den Niederlanden und aus Italien wurden die Talente angelockt. Der berühmteste Sammler und Auftraggeber in diesem Kreise war Jean Duc de Berry (1340–1416), ein Oheim Karls VI. Einige Maler in seinem Dienste sind mit Namen bekannt: André Beauneveu, Jacquemart de Hesdin, die drei Brüder aus Limburg (Geldern). Die Bücherleidenschaft des Duc de Berry war die Ursache dafür, daß er seinen Erben nur Schulden hinterließ. Die Meisterwerke seiner Maler aber sind der Nachwelt zum großen Teil erhalten geblieben. Dazu
65 gehören vor allem eine Reihe von «Livres d’heures», die ihre Bezeichnung teils vom Format,
teils von der Ausstattung erhalten haben: «Petites Heures», «Grandes Heures», «Très riches Heures», «Très belles Heures».

Die künstlerische Ausstattung dieser Werke besteht nicht nur in den großen Bildern, sondern sie erstreckt sich auch auf die Rahmungen, in deren Ranken oder Leisten Figuren verschiedenster Art erscheinen, Wappen und Devisen, die auf den Besitzer hinweisen. Die figuralen Szenen werden naturalistischer, die neutralen Hintergründe – Gold oder Schachbrettmuster – fallen weg und werden durch Architekturen oder Landschaften ersetzt.

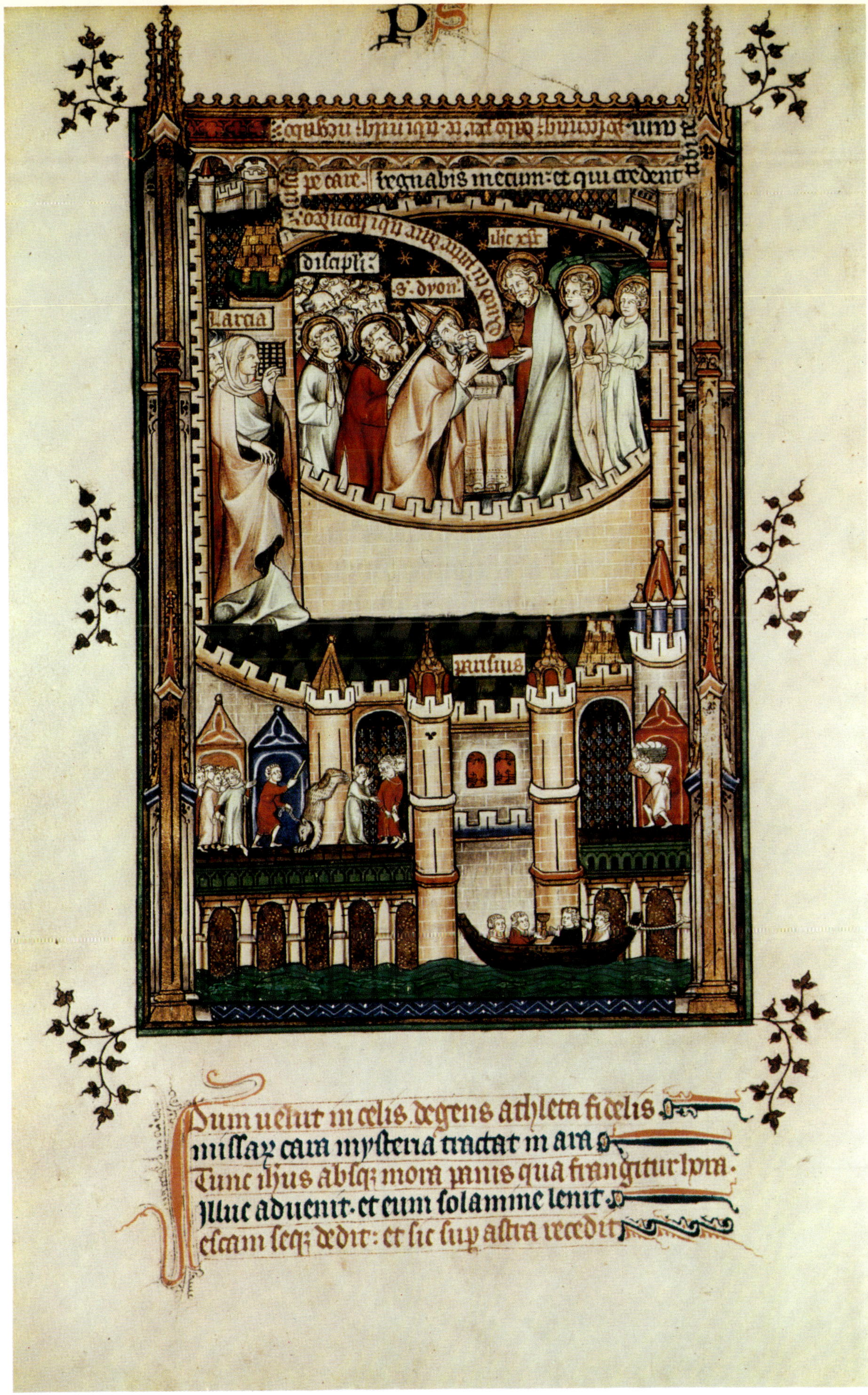
discipli:
s. dyon
parisius
Dum uelut in celis degens athleta fidelis
missaz cara mysteria tractat in ara
Tunc ihus absq; mora panis qua frangitur hora.
Illuc aduenit et eum solamine lenit
escam seq; dedit: et sic sup astra recedit

VII

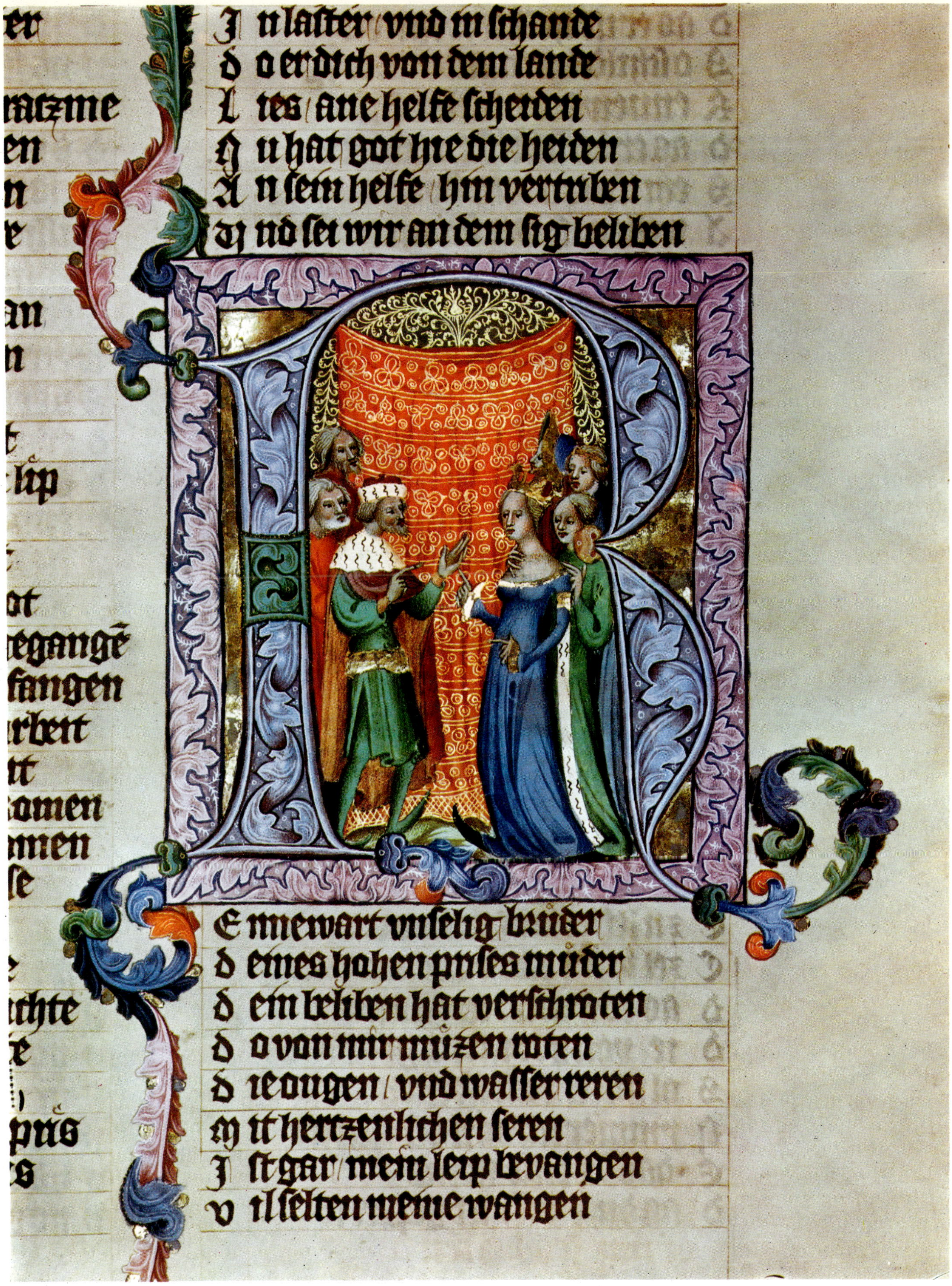
J n laster vnd in schande
d o er dich von dem lande
l tes ane helfe scheiden
g u hat got hie die heiden
a n sein helfe hin vertriben
v nd sei wir an dem sig beliben
E inne wart vnselig bruder
d eines hohen prises muder
d em beliben hat verschroten
d o von mir muzen roten
d ie ougen vnd wasser reren
m it hertzenlichen seren
J st gar mein leip bevangen
v il selten meine wangen

VIII

Ein Werk von außerordentlicher Kraft ist ein Gebetbuch, das unter dem Namen «Heures de Rohan» bekannt ist, das aber wahrscheinlich für Jolantha von Aragon, die Witwe König Ludwigs II. von Sizilien, um 1418 ausgeführt wurde. Die Bilder zeigen eine tiefe religiöse Inbrunst, die weit über die konventionelle Schönheit der anderen gleichzeitigen Andachtsbücher hinausgeht. *66*

Spanien

Das spanische Geistesleben wurde entscheidend angeregt und gefördert durch König Alfons X. (den Weisen) von Kastilien (1252–1284), der nach entscheidenden Siegen über die Araber eine Neuordnung seines Reiches in Angriff nahm. In den „Siete Partidas" schuf er ein allgemeines Gesetzbuch, von dem eine Handschrift in der zweiten Hälfte des 14. Jahrhunderts mit Bildern ausgestattet wurde, die unter dem Einfluß des Florentiner Malers Gerardo Starnina entstanden sind. Alfons war selbst ein Bibliophile, der dafür Sorge trug, daß Werke aus dem Griechischen und Arabischen übersetzt wurden. Ein astronomisches Werk, die „Alfonsinischen Sterntafeln", das in seinem Auftrage von Isaac ibn Said in Toledo verfaßt wurde, bildete mit seinen Miniaturen das Vorbild für zahlreiche Bilderhandschriften in verschiedenen Ländern.

Für die Buchmalerei aus der Zeit Alfons' X. ist das Hauptwerk „Las Cantigas", eine Sammlung von Gedichten und Legenden zu Ehren der Jungfrau Maria. Im Auftrag des Königs wurde eine *46* Handschrift hergestellt, die zu jedem Gesang ein ganzseitiges Bild erhielt. Die Handschrift vermachte er der Kirche, in der er begraben werden sollte, unter der Bedingung, daß dort die Cantica an den Marienfesten gesungen würden. Die Handschrift ist das Werk spanischer Maler, die sich an französischen und italienischen Werken geschult haben. Einzelheiten, wie die Hufeisenbögen, erinnern auch an die maurische Kunst in Spanien.

England

Länger als in anderen Ländern blieben Klöster und Kathedralskriptorien in England die Pflegestätten der Buchkunst. Erst in der zweiten Hälfte des 14. Jahrhunderts traten auch berufsmäßige Buchmaler auf. St. Alban und Peterborough waren die wichtigsten Klöster, unter den Kathedralen sind vor allem Salisbury und Canterbury zu nennen.

Sowohl inhaltlich als auch stilistisch wurde noch bis ins 14. Jahrhundert die frühere Tradition fortgesetzt. Neben den Psalterien wurden im 13. Jahrhundert auch Apokalypsen mit Miniaturen versehen. In den Psalterien erfolgte langsam ein Wandel in der Art der Bilder. Sie wurden nicht mehr in den Text eingefügt, sondern erfaßten die ganzen Seiten. Die Rahmendekoration an den Seitenrändern und zwischen den Schriftspalten behandeln in kleinen Figuren das gleiche Thema, das im größeren Initialbild dargestellt wird. Ein Beispiel dafür ist der „Tickhill-Psalter", der am *50* Anfang des 14. Jahrhunderts vom Mönch John Tickhill im Kloster Worksop (bei Nottingham) geschrieben und gemalt wurde, wie er selbst es in seinem Buch bezeugt. Die Psalterien erhielten auch, ähnlich wie in Frankreich, zusätzliche Bildseiten mit Szenen aus der Bibel oder mit allegorischen

Darstellungen. So zeigt ein Psalter, der vor 1339 in Ostengland für Robert de Lisle geschrieben wurde, die aufeinander folgenden Lebensstufen des Menschen unter dem Blicke Gottes, für den es nur die ewige Gegenwart gibt.

Die Nähe des französischen Festlandes brachte viele Anregungen aus Frankreich nach England. Mehrere Buchmaler sind auch dem Namen nach bekannt: im 13. Jahrhundert Matthew Paris, William
de Brailes, im 14. Jahrhundert John Tickhill, John Siferwas, um 1400 Hermannus Scheerre. Un-
64 bekannt sind die Maler, die am Ende des 14. Jahrhunderts eine Reihe von Psalterien für Mitglieder
der Familie Bohun mit zahlreichen Miniaturen ausstatteten.

Deutschland – Böhmen – Österreich

Während in Frankreich schon vom 13. Jahrhundert an die königliche Residenz in Paris zu einem maßgebenden Mittelpunkt der Buchmalerei wurde, fehlte dem deutschen Reich ein solches Zentrum, da es keine Hauptstadt gab. Erst in der zweiten Hälfte des 14. Jahrhunderts wurde Prag für einige Jahrzehnte kaiserliche Residenz, die den Buchmalern umfangreiche Aufträge zukommen ließ.

Im 13. Jahrhundert waren die Pflegestätten der Buchmalerei im deutschen Sprachgebiet zunächst
57 noch Klöster und bischöfliche Schreibschulen. Nach wie vor wurden Bücher geistlichen Inhalts
mit Bildern geschmückt. Aber es waren nicht mehr ausschließlich Werke für den liturgischen Gebrauch, sondern auch Psalter und Andachtsbücher für Laien, wie den Landgrafen Hermann von Thüringen († 1217).

Eine neue Art von Büchern begegnet uns in den zahlreichen „typologischen“ Bilderhandschriften des 14. Jahrhunderts, besonders im südlichen Deutschland. Es sind Handschriften, in denen zusammen mit dem Leben Jesu die gesamte christliche Heilsgeschichte dargestellt wird, zu der auch das Alte Testament herangezogen wird. Denn dieses bietet in seinen Personen und Ereignissen die
Vorbilder (=Typen) für die Personen und Ereignisse des Neues Testamentes. Die wichtigsten
60 Werke dieser Art sind die „Biblia Pauperum“ (Armenbibel) und das „Speculum humanae salva-
tionis“ (Spiegel des menschlichen Heiles). Während sonst in den Büchern die Malerei Ergänzung und Schmuck des Textes ist, wird in diesen Büchern die Malerei zum Hauptinhalt, der durch einen knappen Text erklärt und ergänzt wird.

Neben den Büchern mit geistlichem Inhalt werden im 13. Jahrhundert auch schon weltliche Dichtungen mit Bildern ausgestattet. Die Handschrift der berühmten „Carmina burana“, um 1230 in
Kärnten oder Tirol geschrieben, besitzt sogar schon eine Landschaftsdarstellung. Szenen aus den
59 großen höfischen Epen, dem Tristan, Parzifal, Willehalm, sind den Handschriften dieser Werke
eingefügt. Das große Sammelwerk der höfischen Lyrik, die „Manessische Liederhandschrift“, erhielt ganzseitige Porträts der Dichter; sie ist wahrscheinlich im Gebiet von Zürich entstanden.

Die Länder am Oberrhein und um den Bodensee setzen sich durch das Beibehalten schwererer Formen deutlich vom nördlichen Rheingebiet um Köln ab, wo die französische Gotik schon in der ersten Hälfte des 13. Jahrhunderts übernommen worden war. In den süddeutschen Klöstern

wurde der Salzburger Stil des 12. Jahrhunderts weiter gepflegt. Im mittleren Deutschland war der Hof der Landgrafen von Thüringen ein Mittelpunkt für Dichtkunst und Malerei. Weiter im Norden war im Gebiet um Magdeburg bald nach der Mitte des 13. Jahrhunderts eine Malerschule tätig, die mehrere „Perikopenbücher“ (Bücher mit den Schriftlesungen zur Messe) mit Bildern ausstattete. *58*
Ein gemeinsames Kennzeichen dieser vielfältigen lokalen Schulen ist der „Zackenstil“: die Gewandumrisse und -falten geraten in Bewegung und sind zackig gebrochen. Die menschliche Gestalt verschwindet hinter der kunstvoll drapierten Gewandung. Es ist der Anfang eines stilistischen Ausdrucksmittels, das um und nach 1400 zur vollen Entfaltung kommen sollte.

Unter den über das ganze Land verstreuten Orten, an denen die Buchmalerei gepflegt wurde, ist am Beginn des 14. Jahrhunderts vor allem das österreichische Augustinerkloster St. Florian zu nennen. Unter dem Einfluß der Pariser Gotik, wie sie unter dem Illuminator Honoré ausgebildet war, wurde „die Malerschule von St. Florian als erste und zunächst einzige des südöstlichen Deutschland von jener rein gotischen Stilwelle erfaßt, die in ganz Mitteleuropa den Grund für die Kunst des 14. Jahrhunderts legt“ (G. Schmidt).

Hatten Buchmaler am Anfang des Jahrhunderts in St. Florian Aufnahme gefunden, so waren die gleichen Maler und ihre Schüler in der Folgezeit an anderen Orten Österreichs und Böhmens tätig. Der gleiche Stil der aquarellierten Federzeichnung begegnet uns auch in einer Hedwigslegende, die *61*
1353 in Schlesien im Auftrag des Herzogs Ludwig von Liegnitz geschrieben wurde und 60 Szenen aus dem Leben der Heiligen enthält.

Zum Mittelpunkt der deutschen Buchmalerei wurde in der zweiten Jahrhunderthälfte der Hof des deutschen Kaisers in Prag. Kaiser Karl IV. (1346–1378) war ein Freund und Förderer der Humanisten, an dessen Hof Gelehrte aus Frankreich und Italien zu Gast waren, unter ihnen auch Petrarca. Sein Kanzler, Johannes von Neumarkt (in Schlesien), zuletzt Bischof von Olmütz († 1380), ließ für sich mehrere Handschriften schreiben und ausmalen, deren Vorbilder am ehesten in Italien zu suchen sind, wenn er nicht selbst von seiner Reise nach Italien im Gefolge des Kaisers Lehrmeister mitbrachte.

Zur vollen Entfaltung kam diese böhmisch-deutsche Malerei unter dem Sohn und Nachfolger Karls IV., dem deutschen König Wenzel, der 1400 von den Kurfürsten abgesetzt wurde. In der Geschichte hat sein Name keinen guten Klang („Wenzel der Faule“). Die Buchmalerei aber verbindet mit dem Namen „Wenzelswerkstatt“ die Vorstellung reichsten Schaffens innerhalb eines kurzen Zeitraumes von kaum zwanzig Jahren. Das früheste Werk ist eines Riesenhandschrift des
„Willehalm“, 1387 datiert, mit zahlreichen Bildern in den großen Initialen, figürlichen Randdeko- *VIII*
rationen und reichem Fleuronné-Schmuck der reinen Textseiten. Bibeln, astronomische und geographische Handschriften, ein Martyrologium mit hunderten von Bildmedaillons, eine Prachtkopie der „Goldenen Bulle“ Karls IV. wurden in einem Maleratelier hergestellt, das zahlreiche Meister beschäftigte, die aus den italienischen und französischen Anregungen aus der Zeit Karls IV. ihren eigenen Stil schufen. Das Hauptwerk ist eine (jetzt in sechs Bänden aufbewahrte) deutsche

46 Alfons X., König von Kastilien: Las Cantigas (Gesänge zu Ehren der Jungfrau Maria). Nach 1252 vom König gesammelt und auf seine Anordnung geschrieben, jeder der 194 Gesänge mit 6 Miniaturen. Legende von einem Mann, der ein eifriger Verehrer der Jungfrau Maria ist, der in große Gefahr gerät, von einem wütenden Stier getötet zu werden, aber durch die Fürbitte der Jungfrau gerettet wird. Pergam., 490 × 326 mm. *El Escorial, Cod. T-I-1, Cant. CXLIV*

47 Bible moralisée, Paris, um 1220/1230. Darstellung von biblischen Szenen mit moralisch-allegorischer Auslegung in 1980 Bildmedaillons. Die abgebildete Seite enthält die Geschichte des ägyptischen Josef. Pergam., 430 × 295 mm. *Wien, Österr. Nat. Bibl., Cod. 1179, fol. 16r*

48 Brevier für Philipp d. Schönen. Paris, Ende des 13. Jhs., vielleicht vom Maître Honoré. David und Goliath. Pergam., 205 × 135 mm. *Paris, Bibl. Nat., Ms. lat. 1023, fol. 7v*

49 Roman de la Rose. Paris, um 1370. Links: Franchise (Freimut) spricht mit Bel-Accueil (Willkomm); rechts: Bel-Accueil führt den Liebenden zum Rosenstrauch. Pergam., 300 × 212 mm. *Wien, Österr. Nat. Bibl., Cod. 2592, fol. 25r*

50 Tickhill-Psalter. Um 1314 von Johann Tickhill, Prior des Klosters Worksop (bei Nottingham) geschrieben und illuminiert, am unteren Rande jeder Textseite kleinfigurige Szenen, der Inhalt der Szenen auf Spruchbändern erklärt. Links: Saul auf dem Krankenbett weigert sich zu essen. Rechts: Saul läßt sich überreden, etwas zu essen; nachher macht er sich auf den Weg zur Hexe von Endor. Pergam., 330 × 223 mm. *New York, Public Library, Spencer-Collection, Ms. 26*

51 Kaiser Friedrich II., De arte venandi cum avibus. Das Werk des Kaisers wurde am Hofe seines Sohnes, des Königs Manfred von Sizilien (1258–1266) geschrieben und illuminiert. Falkner mit Vögeln. Pergam., 350 × 250 mm. *Bibl. Vatic., Cod. Vat. Pal. lat. 1071, fol. 92r*

52 Petrus de Ebulo: Die Bäder von Puteoli. Süditalien, drittes Viertel des 13. Jhs. Schwitzbad. Pergam., 184 × 140 mm. *Rom, Bibl. Angelica, Ms. 1474, fol. 2r*

53 Antike medizinische Werke. Um 1250/1260 wahrscheinlich am staufischen Hofe in Palermo von antiken Vorlagen kopiert. Zahlreiche Bilder von Heilpflanzen und Heilbehandlungen. Autorenporträt: Plato. Pergam., 275 × 168 mm. *Wien, Österr. Nat. Bibl., Cod. 93, fol. 119r*

54 Decretum Gratiani, Bologna, 3. Viertel des 14. Jhs. Christus als oberster Gesetzgeber, links der Papst als Vertreter des kanonischen, rechts der Kaiser als Verwalter des profanen Gesetzes. Pergam., 437 × 275 mm. *Wien, Österr. Nat. Bibl., Cod. 2060*, fol. 8r*

55 Die freien Künste. Toscana, um 1340. Links: Musik, darunter „Tubal“; im Alten Testament wird *J*ubal als Vater der Zither- und Orgelspieler genannt, *T*ubalkain als Meister der Schmiede. Rechts die Astrologie, darunter Ptolemäus, als König dargestellt. Pergam., 480 × 340 mm. *Wien, Österr. Nat. Bibl., Cod. Ser. n. 2639, fol. 36r*

56 Tacuinum sanitatis. Um 1390 im Gebiet von Verona entstanden. Das „Tacuinum“ enthält 206 ganzseitige Bilder mit Darstellungen von Heilpflanzen, Speisen und anderen Dingen des täglichen Lebens. Das Bild trägt den Titel „Carnes sufryxe“ und zeigt die Herstellung eines Fleischgerichtes. Pergam., 333 × 233 mm. *Wien, Österr. Nat. Bibl., Cod. Ser. n. 2644, fol. 75v*

57 Evangeliar. Mainz, um 1260, eines der schönsten Werke der deutschen Buchmalerei des 13. Jhs. Christus und die Samariterin. Pergam., 325 × 270 mm. *Aschaffenburg, Schloßbibl., Ms. 13, fol. 82r*

58 Perikopenbuch. Um 1250, wahrscheinlich in Hildesheim entstanden. Letztes Abendmahl. Pergam., 315 × 215 mm. *Wien, Österr. Nat. Bibl., Cod. Ser. n. 12760, fol. 60v*

59 Wolfram von Eschenbach, Willehalm. Westdeutschland, 1320. Beispiel für die Illustration höfischer Epen. Landung von Rittern vor einer Stadt. Pergam., 315 × 215 mm. *Wien, Österr. Nat. Bibl., Cod. 2670, fol. 182r*

60 Biblia Pauperum. Klosterneuburg, um 1330/31. Bilderfolge mit Szenen aus dem Leben Jesu, zusammengestellt mit Vorbildern aus dem Alten Testament und Prophetensprüchen. Kreuzigung Christi mit Vorbildern. Pergam., 365 × 250 mm. *Wien, Österr. Nat. Bibl., Cod. 1198, fol. 7r*

61 Hedwigslegende. 1353 in Lüben im Auftrage des Herzogs Ludwig I. von Liegnitz geschrieben und mit vielen Bildern ausgestattet. Lagerplatz der Wallfahrer zur Heiligsprechung Hedwigs. Pergam., 338 × 245 mm. *Aachen, Sammlung Dr. Peter Ludwig, fol. 137*

62 Wenzelsbibel. Deutsche Bibel, zwischen 1390 und 1400 für König Wenzel in Prag geschrieben und mit mehr als 600 Miniaturen und zahlreichen Randverzierungen ausgestattet. Porträt des Königs Wenzel und seiner Gemahlin. Pergam., 530 × 365 mm. *Wien, Österr. Nat. Bibl., Cod. 2759, fol. 2r*

63 Wenzelsbibel. Randfiguren: König Wenzel von Bademädchen bedient (*fol. 10v*)

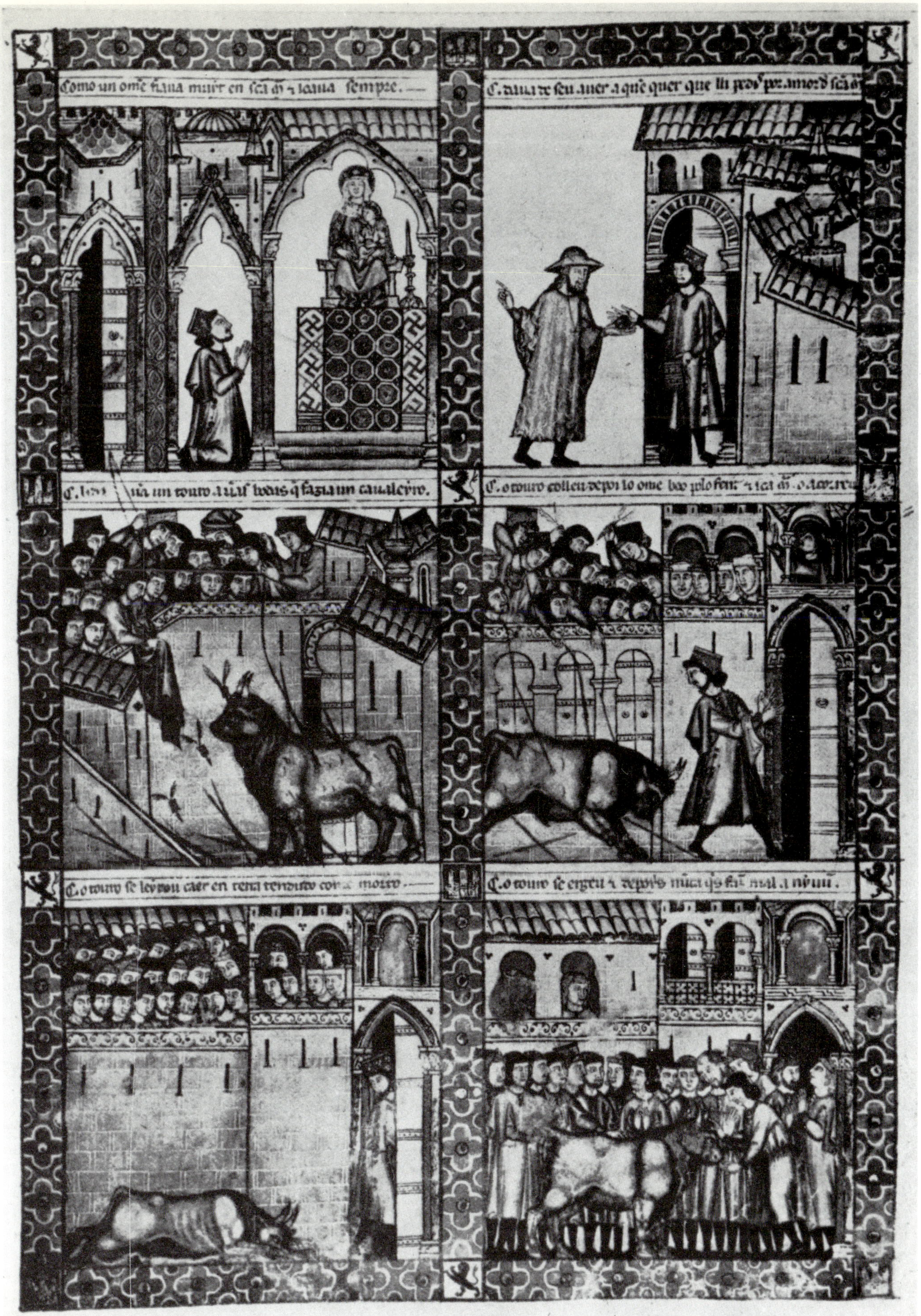

47

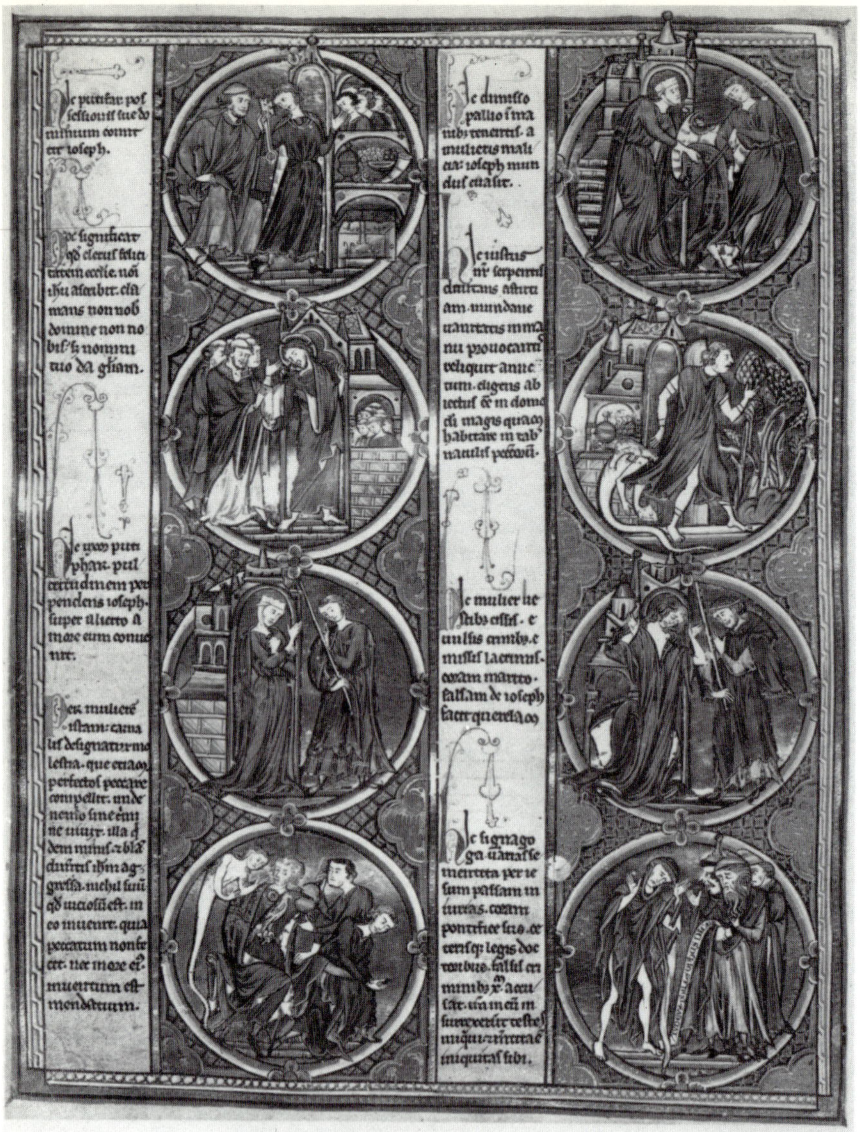

48

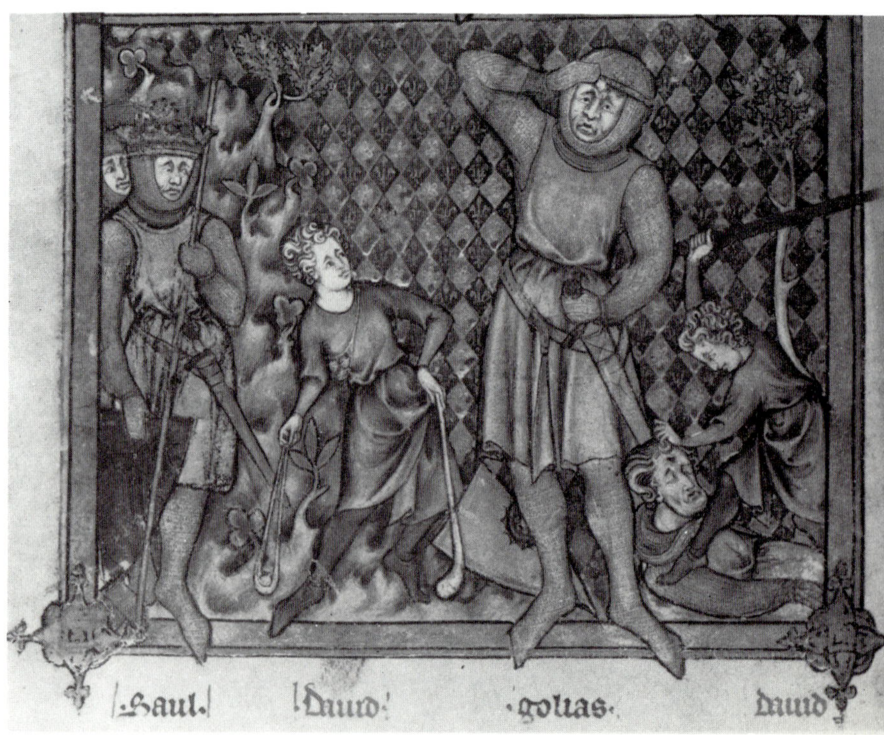

49

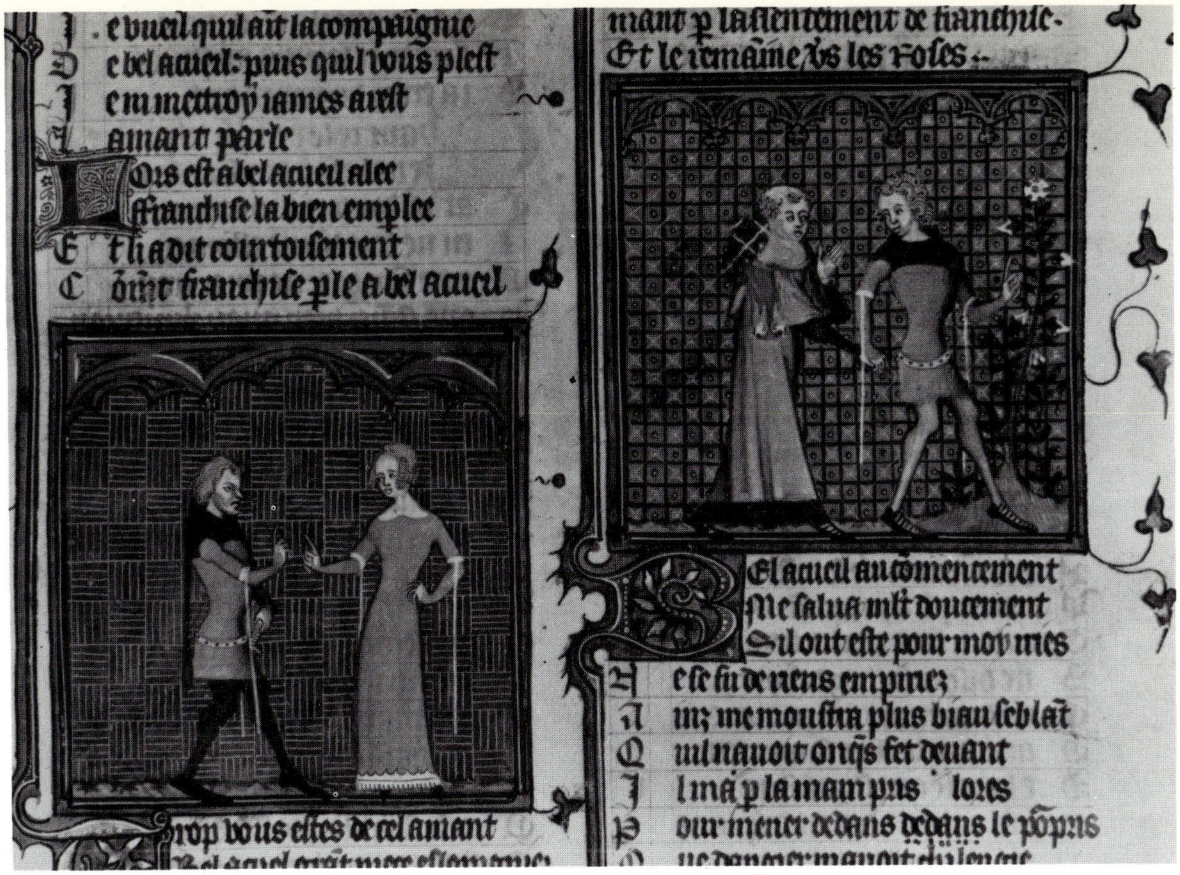

50

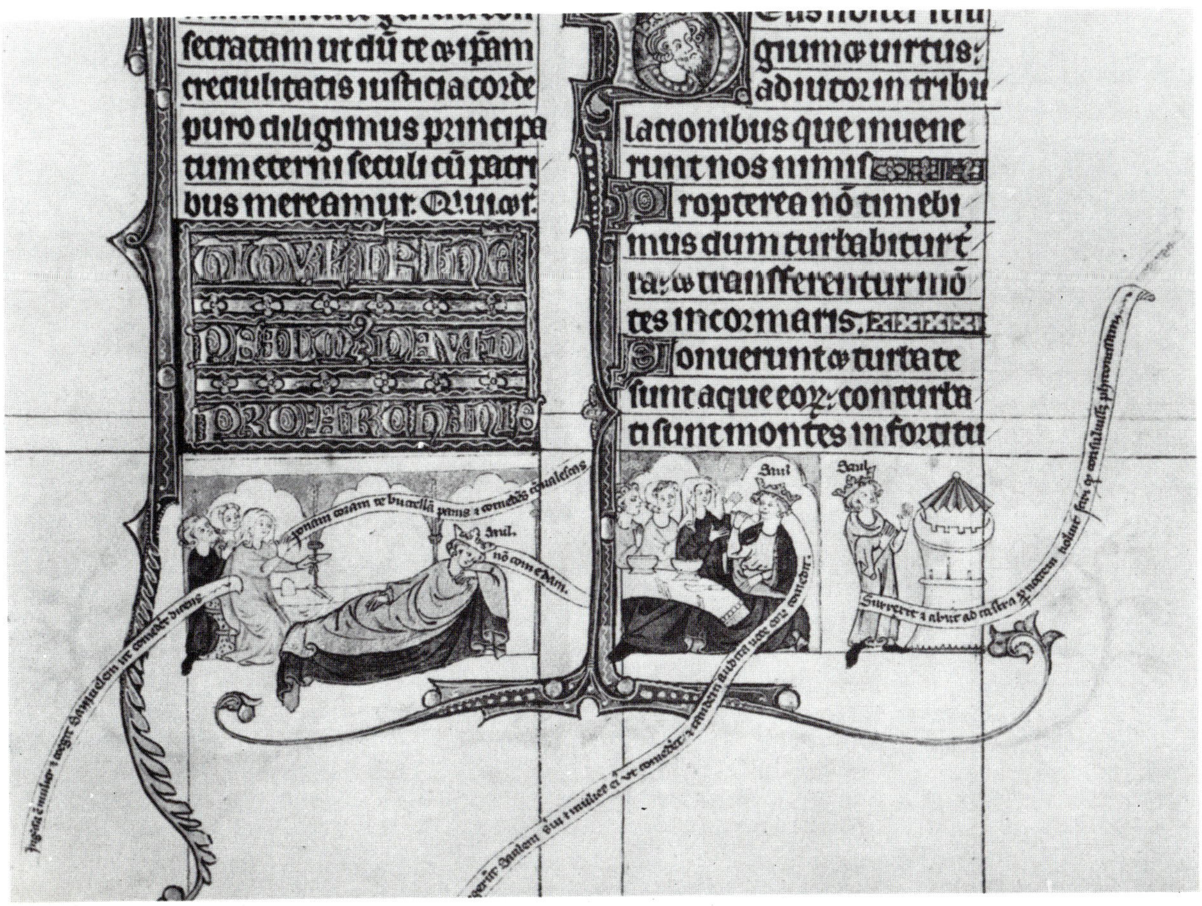

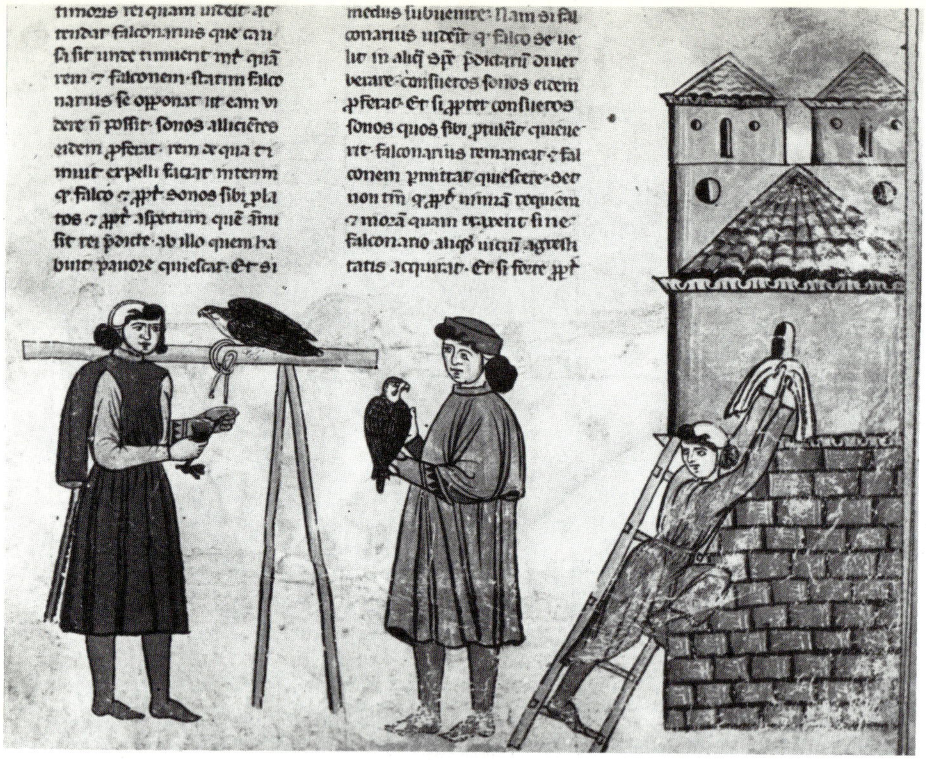

51

52

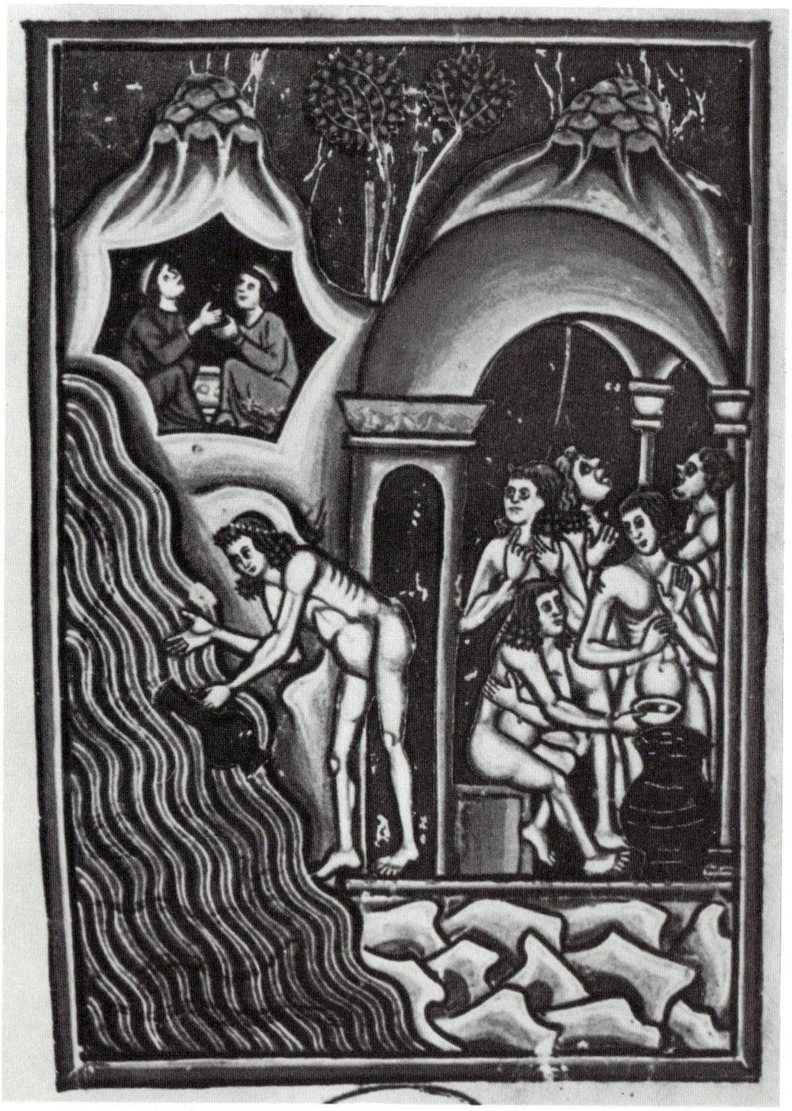

53

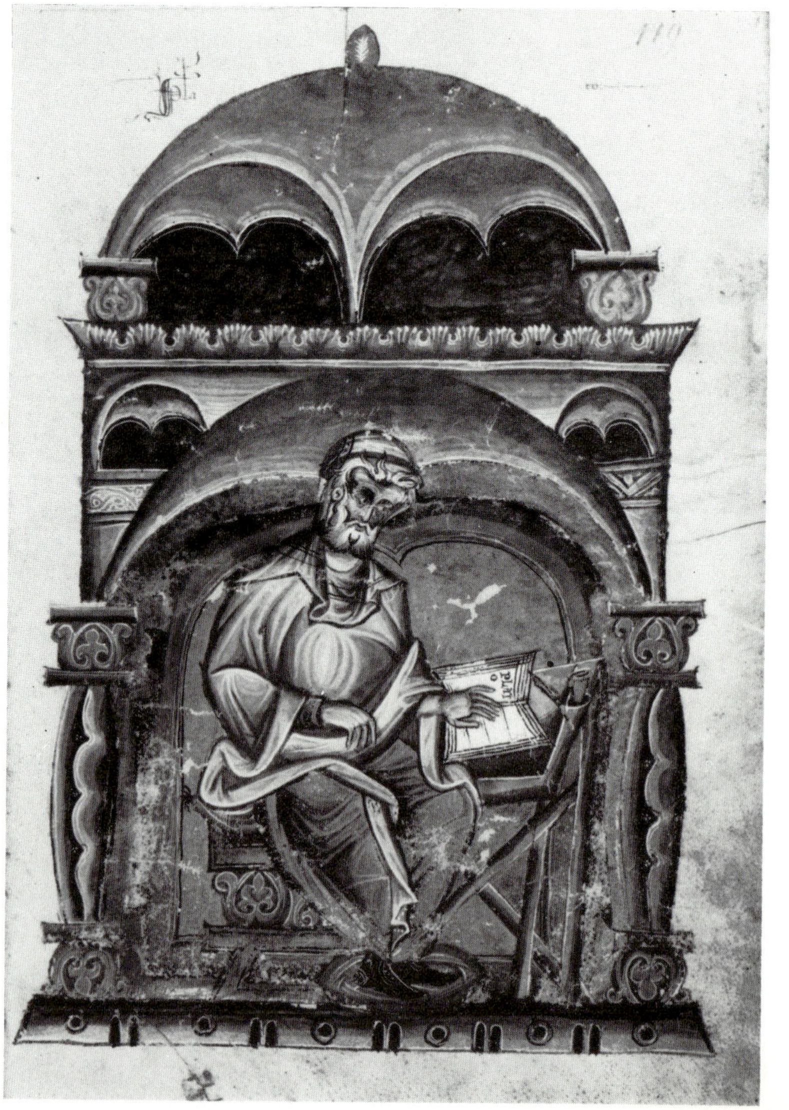

54

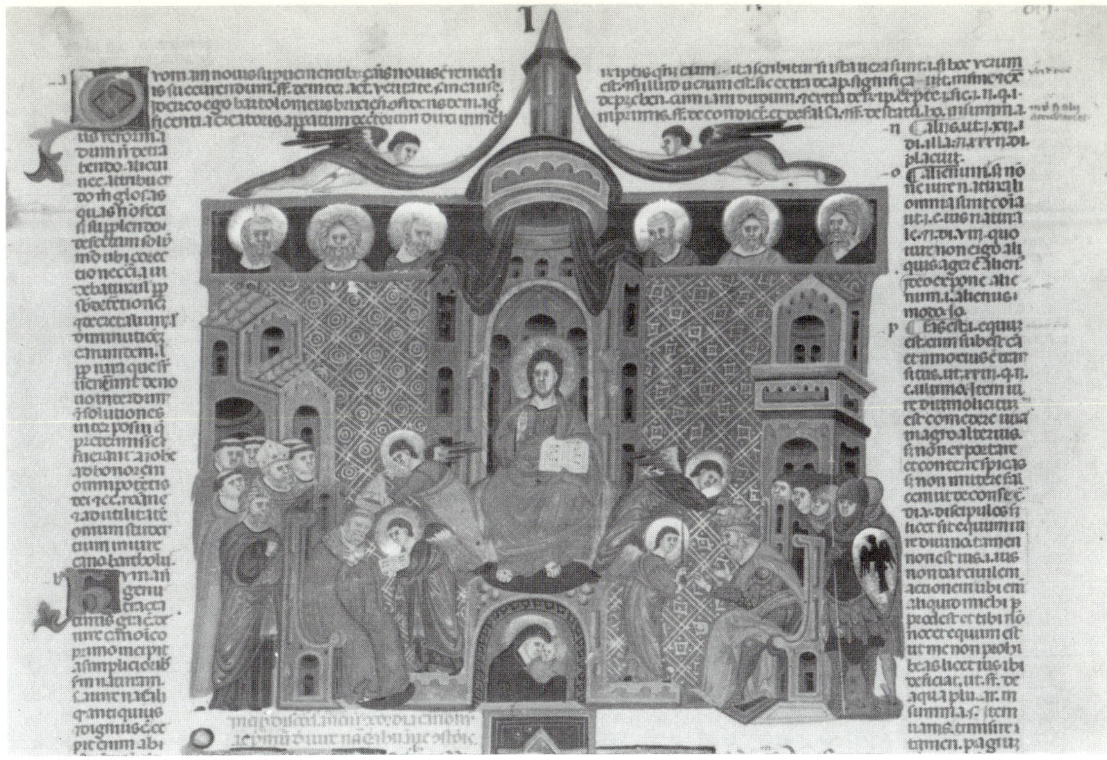

55

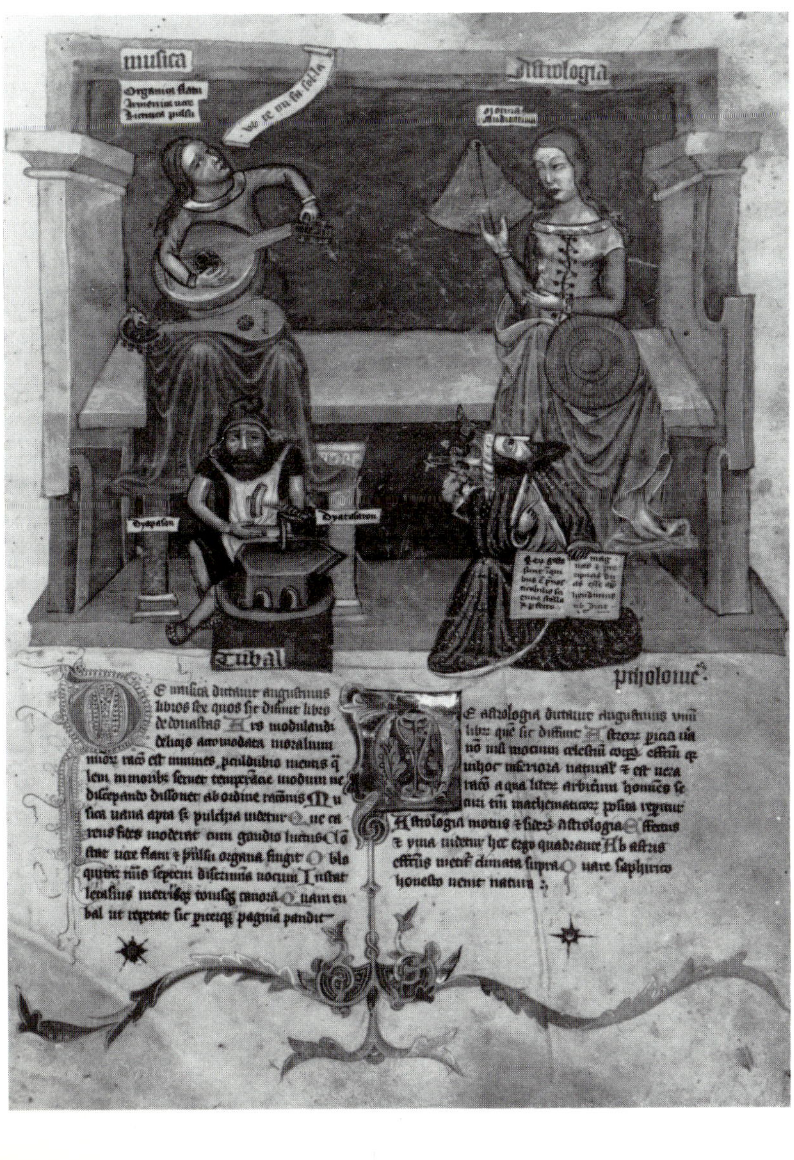

56

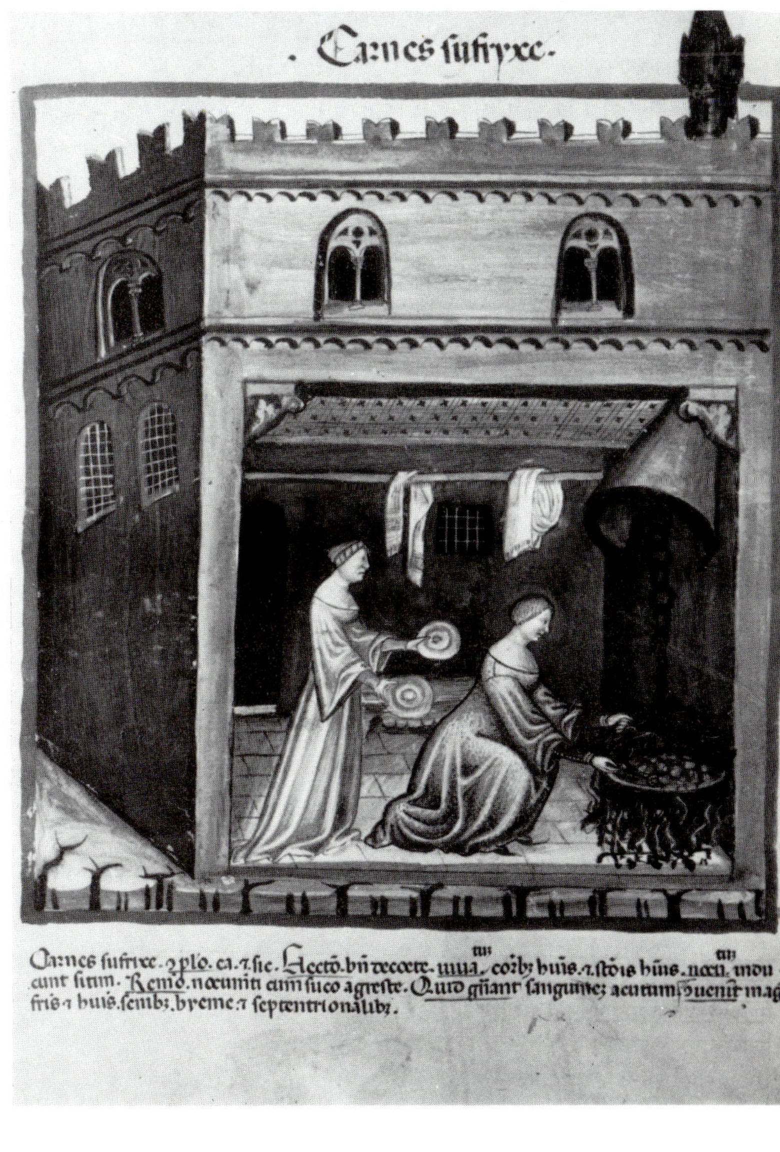

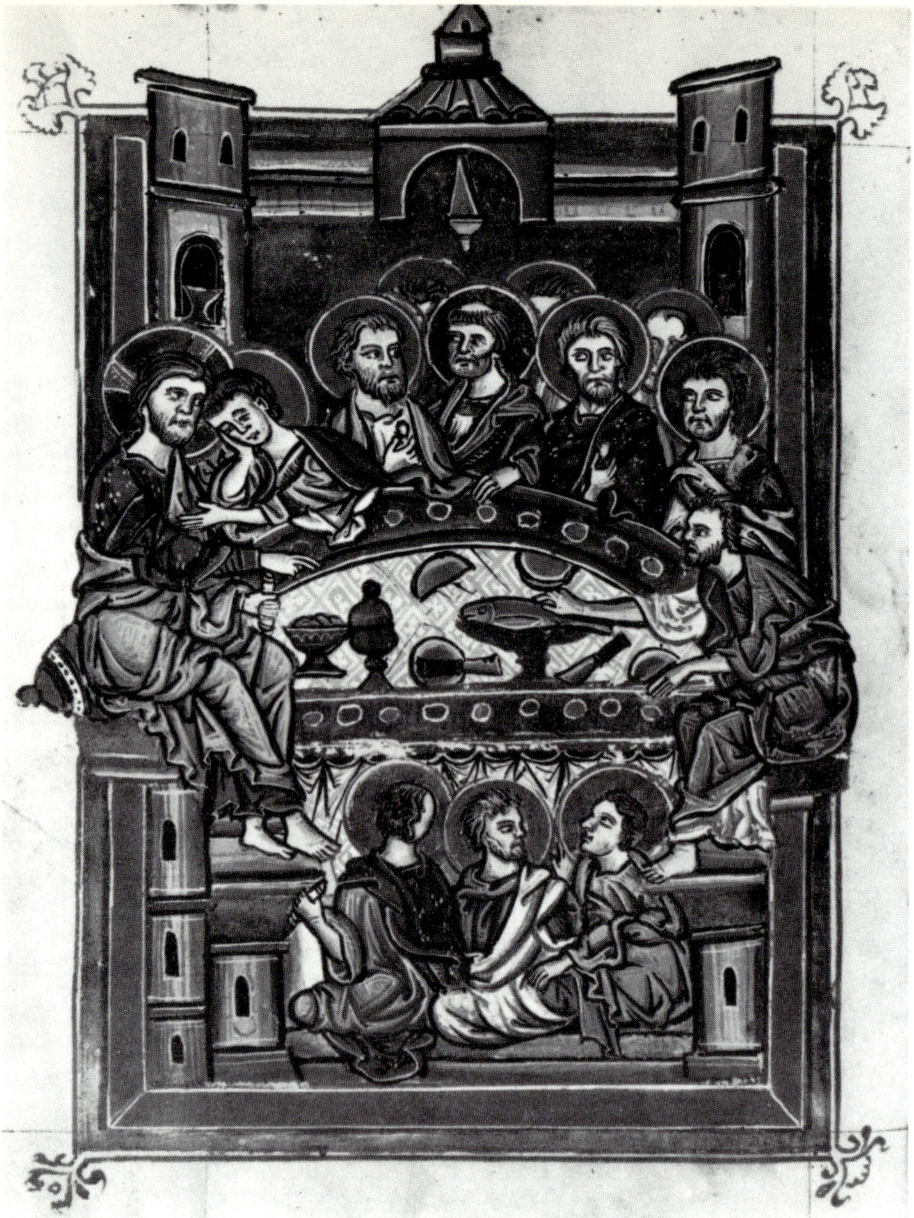

58

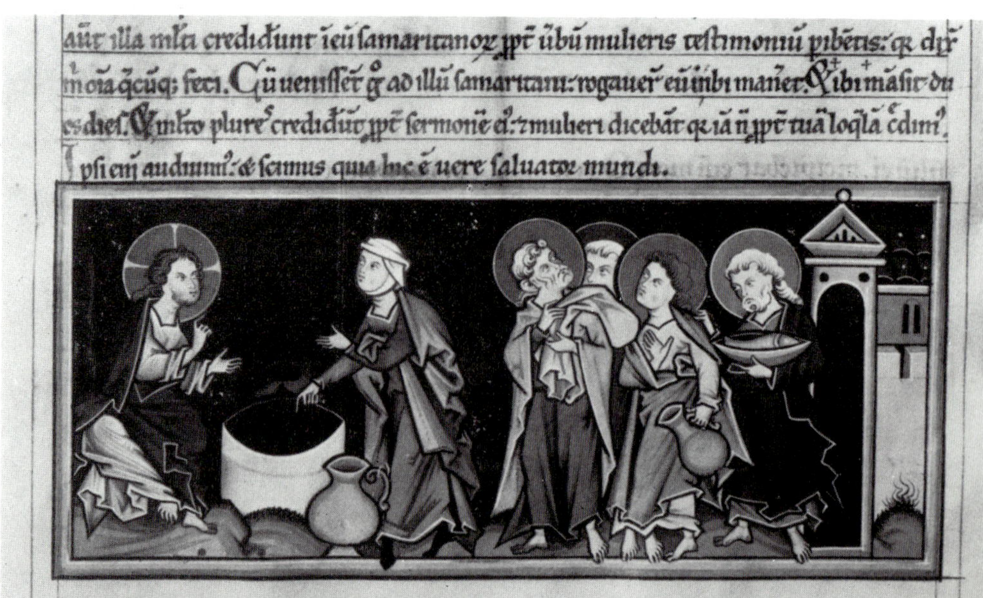
aut illa multa crediderunt in eum samaritanorum propter uerbum mulieris testimonium perhibentis: quia dixit
mihi omnia quecumque feci. Cum uenissent ergo ad illum samaritani: rogauerunt eum ut ibi maneret. Et ibi mansit du
os dies. Et multo plures crediderunt propter sermonem eius: et mulieri dicebant quia iam non propter tuam loquelam credimus.
Ipsi enim audiuimus: & scimus quia hic est uere saluator mundi.

57

59

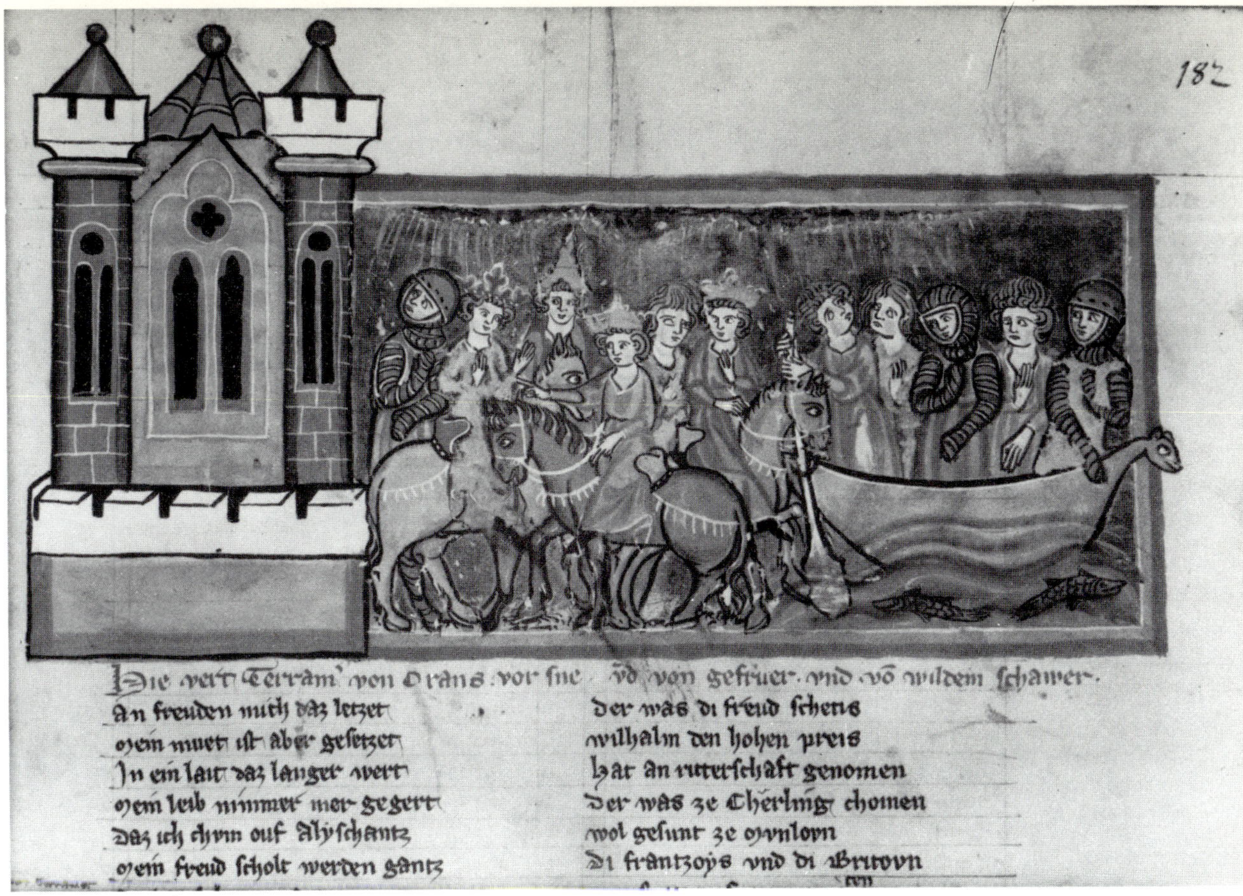

60

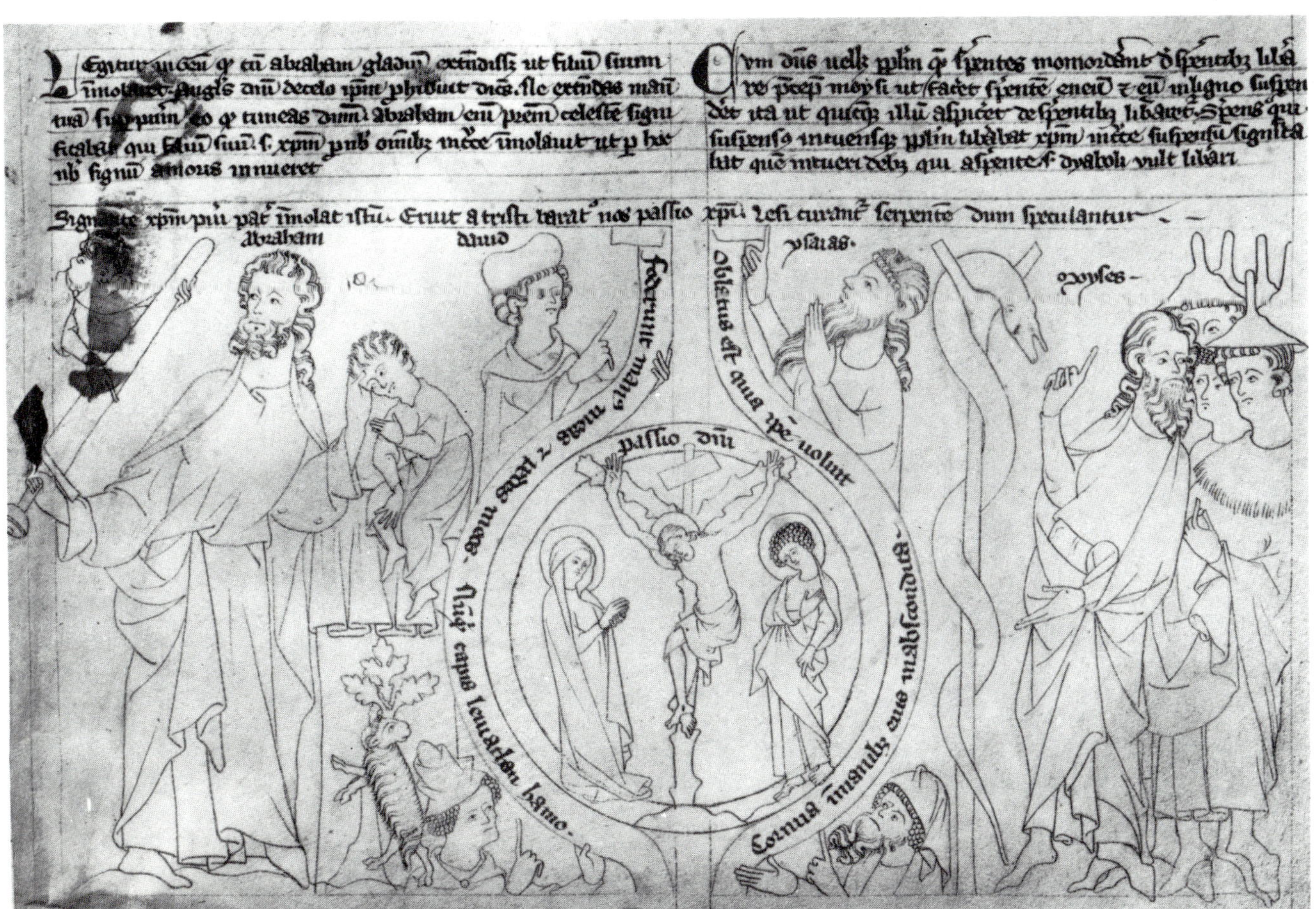

61
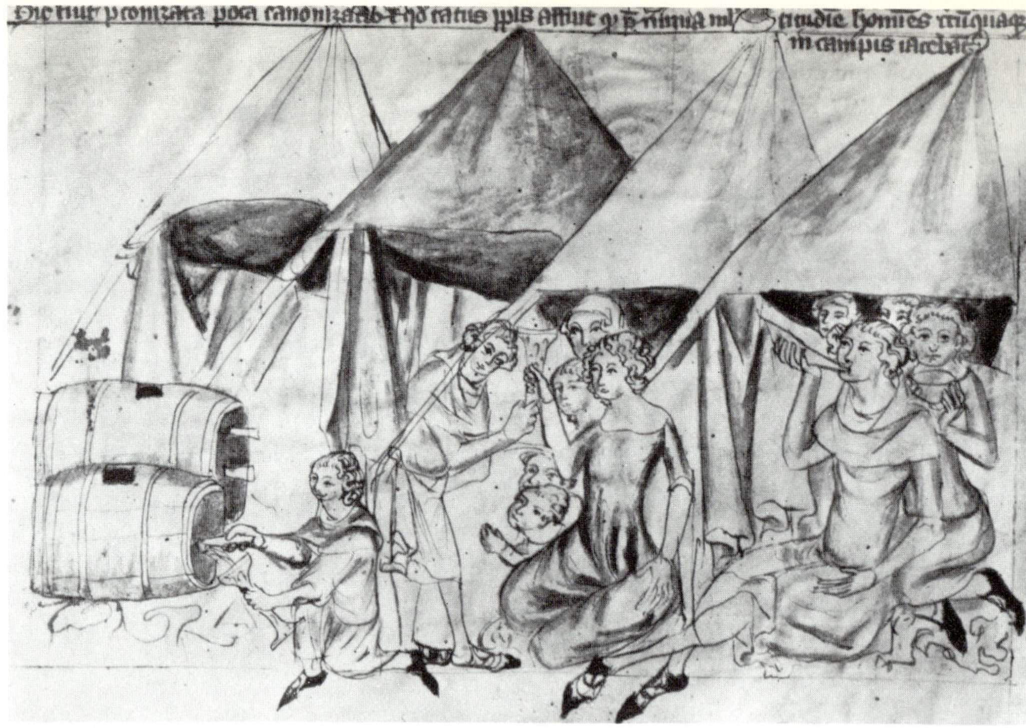

62
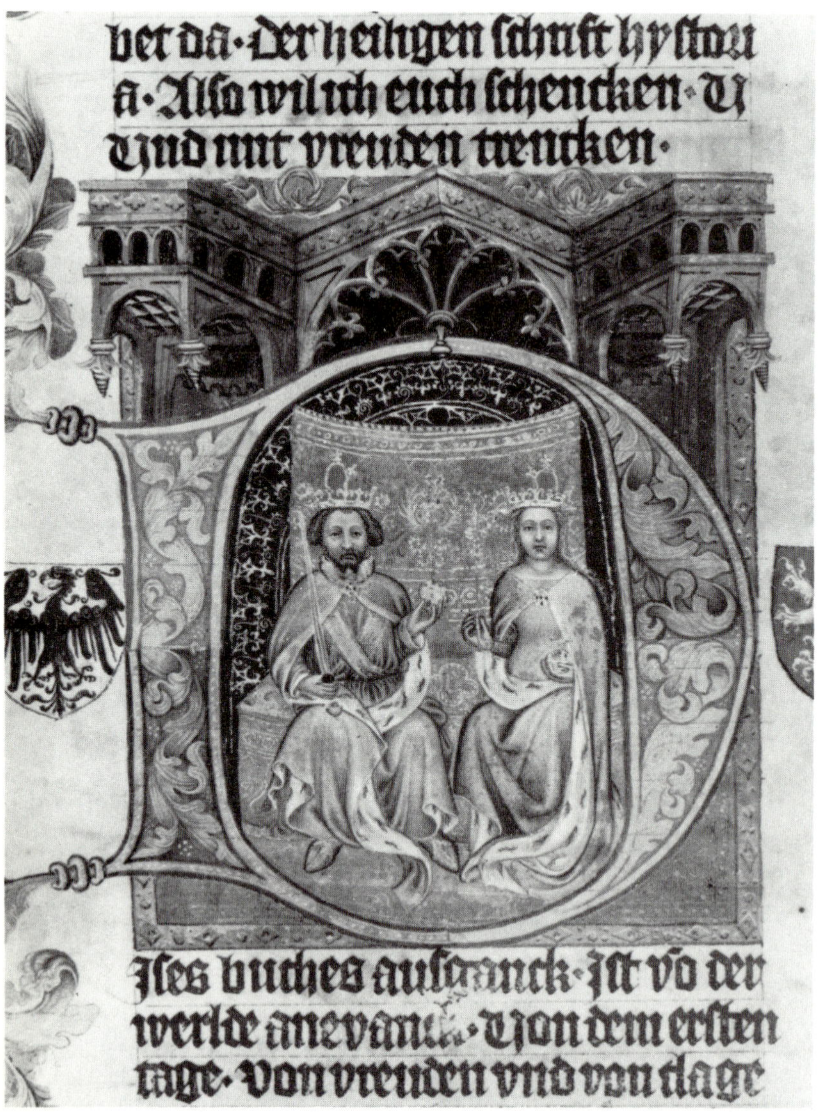
ver da · Der heiligen schrift hystori
a · Also wil ich euch schencken · U
Und mit vreuden trencken ·
Ises buches ausganck · Ist vō der
werlde
tage · von vreuden und von clage

63
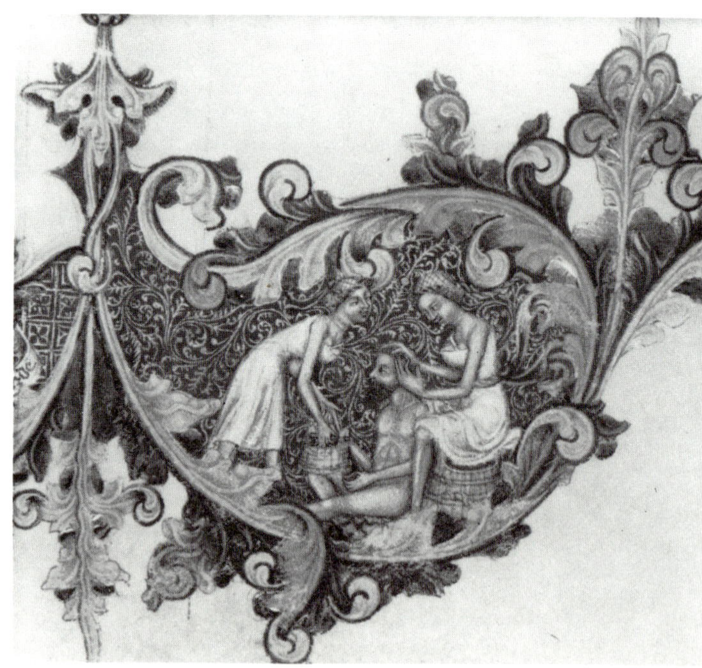

Bibel, eine der ersten Übersetzungen der Bibel ins Deutsche. Die Ausmalung dieses Riesenwerkes wurde nie vollendet, obwohl überall am Rande die Vorschreibungen erhalten sind, was der Maler darstellen soll. Immerhin enthalten die Bände mehr als 600 Miniaturen mit biblischen Szenen im Text, aber noch weit mehr Miniaturen in den Ranken der Seitenränder. Gerade diese Randminiaturen sind ein Zeugnis für die schon vollzogene völlige „Säkularisierung" der Buchmalerei, die nicht mehr der religiösen Erbauung oder Belehrung dient, sondern nur noch dem ästhetischen Gefallen des Bestellers. Die Figuren in der Wenzelsbibel haben nichts mehr mit geistlicher Symbolik zu tun, sondern es handelt sich um eindeutige Minnesymbole, dazwischen häufig die porträtähnliche Darstellung des nackten Königs Wenzel, der von halbnackten Bademädchen bedient wird. In solchen Werken hat sich eine radikale Funktionsänderung der Buchmalerei vollzogen, die nicht mehr in sinnvoller Ergänzung des Textes besteht, sondern Selbstzweck geworden ist. In diesem speziellen Fall wird sie selbst zu einer eindrucksvollen Illustration weltgeschichtlicher Ereignisse: die frivole Geisteshaltung des Hofes war es, gegen die sich die Predigten des Johannes Hus richteten, dessen Person und Lehre für Böhmen und seine Nachbarländer jahrhundertelange Wirren brachte. *62, 63*

In rein künstlerischer Hinsicht sind die „Wenzelshandschriften" Gegenstücke zu den gleichzeitigen Meisterwerken der Pariser Buchmalerei. Beide brachten Spitzenleistungen der Miniatur, in denen die Möglichkeiten dieses Kunstzweiges voll ausgeschöpft wurden. Die französische Kunst war vielseitiger und eleganter, die böhmische kraftvoller und in ihrem Stil einheitlich. Die Meister der Prager Werkstatt waren Einheimische, wohl mehr Tschechen als Deutsche. Ihre Tätigkeit für den Hof hörte bald nach 1400 auf. Sie selbst und ihre Schüler fanden Aufnahme und Arbeitsmöglichkeiten bei kirchlichen Stellen und in der Folge am österreichischen Hofe in Wien und in österreichischen Klöstern.

Für den Herzog von Österreich hatte schon 1368 der Brünner Domherr Johannes von Troppau ein Evangeliar in Gold geschrieben und mit Miniaturen geschmückt. Am Ende des 14. und bis in die Mitte des 15. Jahrhunderts war in Wien eine größere Gruppe von Hofminiatoren am Werk, deren Stil die österreichische Tradition fortführte. Es wurden auch italienische Anregungen aufgenommen, nach der Jahrhundertwende solche aus Böhmen. Neben Bibeln und Gebetbüchern für Kaiser Albrecht II. und Friedrich III. ist ein Hauptwerk dieser Schule eine deutsche Geschichte des Trojanischen Krieges mit mehr als 300 Miniaturen im Text. „Martinus opifex", wie sich der *80*
Maler auf der ersten Seite vorstellt, hat in diesem Werke neben neutralen Goldhintergründen auch einzelne Landschaften gemalt. Er scheint die oberrheinische Malerei gekannt zu haben, vielleicht einzelne Werke des Konrad Witz.

Für die Buchmalerei im süddeutschen Raum sind in der ersten Hälfte des 15. Jahrhunderts Werke in einem volkstümlichen Stil bezeichnend. Weltchroniken wurden mit zahlreichen aquarellierten Federzeichnungen anschaulich gemacht, Lehrgedichte, wie „Der Edelstein" von Ulrich Boner, „Der Renner" von Ulrich von Trimberg wurden illustriert, letzteres von Michael Althaymer aus

Augsburg. Der „Bellifortis“ von Kyeser, ein Kriegsbuch mit der Darstellung von Waffen und Kriegsgerät, war für König Wenzel in einer Prachthandschrift hergestellt worden. Es gab davon aber auch „Volksausgaben“ in anspruchsloserer Ausführung. In Tirol wurde im Jahr 1432 eine
81 Liederhandschrift Oswalds von Wolkenstein, des letzten Minnesängers, mit einem Porträt des damals noch lebenden Dichters ausgestattet.

In Handschriften dieser Art vollzieht sich wieder ein Wandel im Wesen der Buchmalerei. Sie war nicht mehr nur dem sakralen Bereich vorbehalten, war auch nicht mehr Luxusartikel für reiche Bibliophile, sondern wandte sich in leicht verständlicher Form auch an das einfache Volk.

Italien

Die enge stilistische Verwandtschaft zwischen Schrift und Malerei in einem Buch zeigt sich bei einem Vergleich zwischen der französischen und der italienischen Buchkunst des 13. und 14. Jahrhunderts. In Frankreich bringt die schlanke, hochstrebende Form der Buchstaben auch eine Streckung der Figuren mit sich, die Ornamente spitzen sich zu und übernehmen viele Motive von der gotischen Architektur. In Italien hingegen bildet sich um die gleiche Zeit die sogenannte „Rotunda“ (Rundschrift) aus, deren Formen abgeschliffen sind. Auch die Figuren der Miniaturen behalten ihre natürlichen Proportionen, und die Ornamente bestehen aus reichem Blattwerk, ohne die eckigen Konturen der französischen Ranken.

Die Maler, die an zahlreichen Orten Bücher illuminierten, waren in Italien schon vom 13. Jahrhundert an fast ausschließlich Laien, manche davon für längere Zeit oder ihr ganzes Leben lang am gleichen Ort, andere je nach den Aufträgen auf Wanderschaft. In Oberitalien war Bologna die Heimat einer ausgedehnten Buchproduktion, die im Dienste der dortigen Universität stand. Die Bücher mit Sammlungen von geistlichen und weltlichen Gesetzen und mit ihren weitläufigen Kommentaren boten vom Text aus wenig Anregung zu künstlerischem Schmuck. Aber die Maler haben es trotzdem verstanden, in großen allegorischen Szenen den göttlichen Ursprung der Gesetze
54 und ihre Verteilung auf die Gesetzeshüter darzustellen, oder passende Bilder zu konkreten Fällen einzufügen. Aus dem 13. und 14. Jahrhundert sind viele solche Handschriften erhalten, deren Malereien von byzantinischen Vorlagen ausgehen, aus denen sich aber bald ein typischer Bologneser Stil entwickelte.

In Mittelitalien wurden im 13. Jahrhundert noch weitere Riesenbibeln geschrieben. In Florenz erhielten am Ende des 14. Jahrhunderts Dante-Handschriften bildlichen Schmuck. In Siena stand
55 die Buchmalerei im 14. Jahrhundert unter dem Einfluß der Freskomalerei eines Simone Martini, wie überhaupt im italienischen „Ducento“ und „Trecento“ oft dieselben Meister neben der Wand- und Tafelmalerei auch die Buchmalerei pflegten. Die sienesische Buchmalerei wurde im 14. Jahrhundert auch am Hofe der Anjou in Neapel übernommen.

In Unteritalien und Sizilien wurden unter Kaiser Friedrich II. († 1250) und seinem Sohn, König Manfred († 1266), verschiedene Werke mit naturwissenschaftlichem und medizinischem Inhalt

verfaßt. Ganz neu in seiner Methodik war das Werk Kaiser Friedrichs „De arte venandi cum avibus“ *51*
(Die Kunst der Vogeljagd). Es nahm als einzige Grundlage für die Forschung die genaue Beobachtung zu Hilfe, im Gegensatz zur spekulativ-allegorischen Naturkunde des Mittelalters. Das Ergebnis solcher Beobachtung sind auch die Malereien in der ältesten erhaltenen Handschrift, die für König Manfred hergestellt wurde.

Die schon seit dem 11. Jahrhundert bestehende medizinische Schule in Salerno wurde von den staufischen Herrschern besonders gefördert. Nach antiken Vorlagen wurden nicht bloß Abbildungen
von Heilpflanzen kopiert, sondern auch Darstellungen von Heilverfahren. Zahlreich waren auch *52, 53*
die Übersetzungen von medizinischen Werken aus dem Arabischen, wobei oft auch die arabischen Bildvorlagen mitkopiert wurden. Eines dieser Werke, jedoch ohne Bilder, war das „Taqwim es-sihha“ (Übersicht über die Gesundheit) eines arabischen Arztes aus dem 11. Jahrhundert. Es wurde unter König Manfred ins Lateinische übersetzt, wobei die arabische Bezeichnung „Taqwim“ in der latinisierten Form „Tacuinum“ beibehalten wurde. War es in dieser ursprünglichen Form nur eine Zusammenstellung von übersichtlichen Tabellen gewesen, die dem Benützer bei der Auswahl
von Pflanzen, Früchten und vielen anderen Dingen des täglichen Gebrauches für gesundheitliche *56*
Zwecke behilflich sein sollten, so wurde in der zweiten Hälfte des 14. Jahrhunderts daraus ein Bilderbuch mit mehr als 200 Darstellungen. Diese Bildfassungen des Tacuinum sind in Oberitalien entstanden, hauptsächlich in der Lombardei und im Gebiet von Verona–Venedig. Stilistisch setzen sie die Tradition der hohen Kunst der italienischen Wandmalerei fort, inhaltlich aber nehmen sie die bunte Welt des Alltags zum Vorbild. In sehr realistischer Form erzählen sie von den täglichen Arbeiten der Bauern und Handwerker, gewähren Einblick in die Wohnräume mit ihrer Einrichtung.
Es gab in Italien neben dieser profanen Buchmalerei auch weiterhin die Ausschmückung von liturgischen Büchern, besonders von den großen Chorbüchern. Für den Mailänder Hof der Sforza-Visconti wurden Gebetbücher illuminiert. Aber eine ähnliche „Säkularisierung“ der sakralen Kunst wie in Frankreich oder am böhmischen Hofe ist in Italien nicht zu beobachten. Dafür hatte sich die profane Kunst auf ihrem eigenen Gebiete entwickelt, ähnlich den Buchmalereien in den Werken der Literatur und Volkspoesie in Deutschland und in Frankreich.

Das letzte Jahrhundert der Buchmalerei

Runde Jahrzahlen sind ein Hilfsmittel zur Übersicht über die Geschichte oder Teilgebiete der Geschichte. Die Ereignisse selbst setzen sich über Jahrhundertgrenzen eigenwillig hinweg und lassen sich auch durch geographische Grenzen selten eindeutig klassifizieren. In unserem modernen Weltbild stellen Frankreich, Deutschland-Österreich, Italien klar umrissene Begriffe dar. Im Mittelalter bestanden diese Länder aus einer Unmenge von staatlichen oder staatsähnlichen Gebilden, die

64 BOHUN-PSALTER. Südengland, um 1370, für ein Mitglied der Familie Bohun. Geschichte des Propheten Jonas. Pergam., 283 × 192 mm. *Wien, Österr. Nat. Bibl., Cod. 1826*, fol. 58v*

65 „GRANDES HEURES" DES HERZOGS JEAN DE BERRY. Paris, um 1409 von Jacquemart und Beauneveu illuminiert. Hochzeit von Kana. Pergam., 400 × 300 mm. *Paris, Bibl. Nat., Ms. lat. 919, fol. 41r*

66 HEURES DE ROHAN. Paris, um 1418/1420. Der Tote vor seinem Richter, Engel und Teufel streiten um seine Seele. Pergam., 290 × 210 mm. *Paris, Bibl. Nat., Ms. lat. 9471, fol. 159r*

67 LIVRE DES MERVEILLES. Um 1410 in Paris vom „Boucicaut-Meister" illuminiert. Szene aus den Reiseberichten des Marco Polo: Totenfeier in China. Pergam., 430 × 300 mm. *Paris, Bibl. Nat., Ms. fr. 2810, fol. 23r*

68 KÖNIG RENÉ VON ANJOU, Livre du cuer d'amours epris. Miniaturen vom „René-Meister", vielleicht vom Verfasser selbst, um 1465. Pergam., 290 × 207 mm. *Wien, Österr. Nat. Bibl., Cod. 2597, fol. 31v*

69 „MÜNCHENER BOCCACCIO". Französische Übersetzung eines lateinischen Werkes von Boccaccio, nach 1458, Werkstatt des Jean Fouquet. Vor dem Glücksrad Kampf der Fortuna mit der Armut. Pergam., 400 × 290 mm. *München, Bayer. Staatsbibl., Cod. fr. 369, fol. 81r*

70 GASTON PHÉBUS, Le Livre de la chasse. Um 1450 von einem Maler illuminiert, der dem „René-Meister" nahesteht. Überreichung des Buches. Pergam., 285 × 225 mm. *Paris, Bibl. Nat., Ms. fr. 1291, fol. 2v*

71 CHRONIK VON JERUSALEM. Geschichte der Kreuzzüge, vor 1467 für Herzog Philipp von Burgund geschrieben und illuminiert. Gottfried von Bouillon wird vor seiner Ausfahrt zum Kreuzzug vom Bischof gesegnet. Pergam., Querformat 284 × 540 mm. *Wien, Österr. Nat. Bibl., Cod. 2533, fol. 2r*

72 MIRACLES DE NOTRE-DAME. Berichte und Abbildungen von Marienwundern, von Jean Miélot 1456 für Herzog Philipp von Burgund zusammengestellt. Pergam., 392 × 288 mm. *Paris, Bibl. Nat., Ms. fr. 9199, fol. 62*

73 GEBETBUCH FÜR WILHELM VON MONTFORT. Um 1450 in Holland geschrieben, die Bilder wahrscheinlich von Willem Vrelant. König David im Gebet. Pergam., 171 × 120 mm. *Wien, Österr. Nat. Bibl., Cod. Ser. n. 12878, fol. 76v*

74 GEBETBUCH FÜR MARIA VON BURGUND. Um 1482 in Gent oder Brügge vom „Meister der Maria von Burgund" illuminiert. Pergam., 103 × 70 mm. *Berlin, Kupferstichkabin., Ms. 78 B 12, fol. 220v*

75 „CROY-GEBETBUCH". Um 1510 von einem flämischen Maler illuminiert. Pfingstbild. Pergam., 195 × 135 mm. *Wien, Österr. Nat. Bibl., Cod. 1858, fol. 23v*

76 GEBETBUCH FÜR KARL V. Brüssel oder Mecheln, um 1516. Der Diakon Philippus tauft den äthiopischen Kämmerer. Pergam., 153 × 82 mm. *Wien, Österr. Nat. Bibl., Cod. 1859, fol. 82r*

77 WOLFRAM VON ESCHENBACH, Parzival. Um 1440 im Schreibatelier des Diebold Lauber in Hagenau im Elsaß mit volkstümlichen Bildern illustriert. Papier, 274 × 197 mm. *Wien, Österr. Nat. Bibl., Cod. 2914, fol. 280v*

78 WELTCHRONIK. 1463 von Gabriel Sattler in Pfullendorf geschrieben und von einem Maler in Urach illuminiert. Die Kinder Jobs beim Mahl, der Teufel zerstört ihr Haus. Papier, 288 × 207 mm. *Wien, Österr. Nat. Bibl., Cod. 2833, fol. 53r*

79 BIBEL. Erster Druck in deutscher Sprache. Straßburg, Joh. Mentelin, um 1466. In Süddeutschland oder Tirol mit Randdekorationen und figuralen Szenen ausgestattet. Judith mit dem Haupt des Holofernes. Papier, 394 × 282 mm. *Wien, Österr. Nat. Bibl., Ink. 3 C 6/I, fol. 159r*

80 GESCHICHTE DES TROJANISCHEN KRIEGES. Um 1445 in Wien von „Martinus opifex" mit mehr als 300 Miniaturen geschmückt. Totenfeier für Hektor. Pergam., 375 × 275 mm. *Wien, Österr. Nat. Bibl., Cod. 2773, fol. 163r*

81 OSWALD VON WOLKENSTEIN, Gedichte. 1432 in Tirol geschrieben, im persönlichen Besitz des Dichters, der 1445 starb. Porträt des Dichters. Pergam., 490 × 340 mm. *Innsbruck, Univ. Bibl.*

82 AMBRASER HELDENBUCH. 1504–1516 im Auftrag Maximilians I. geschrieben, 1517 von V F (=Ulrich Funk?) in Nordtirol mit Randminiaturen geschmückt. Frauenfigur mit Fiedel, Schild mit Jahrzahl und Monogramm. Pergam., 460 × 360 mm. *Wien, Österr. Nat. Bibl., Cod. Ser. n. 2663, fol. 215r*

83 „COLUMBA" (allegorisches Werk). Ende des 15. Jhs. im Gebiet von Venedig entstanden. Maria Verkündigung; Szene in illusionistischer Manier. Pergam., 250 × 172 mm. *Wien, Österr. Nat. Bibl., Cod. 1591, fol. 69v*

84 ARISTOTELES, Nikomachische Ethik. Um 1500 von Reginaldus Piramus aus Monopoli in Apulien mit mythologisch-allegorischen Miniaturen ausgestattet. Allegorien der Freundschaft: Die drei Grazien als Beschützerinnen der Freundschaft. Pergam., 421 × 285 mm. *Wien, Österr. Nat. Bibl., Cod. Phil. gr. 4, fol. 72r*

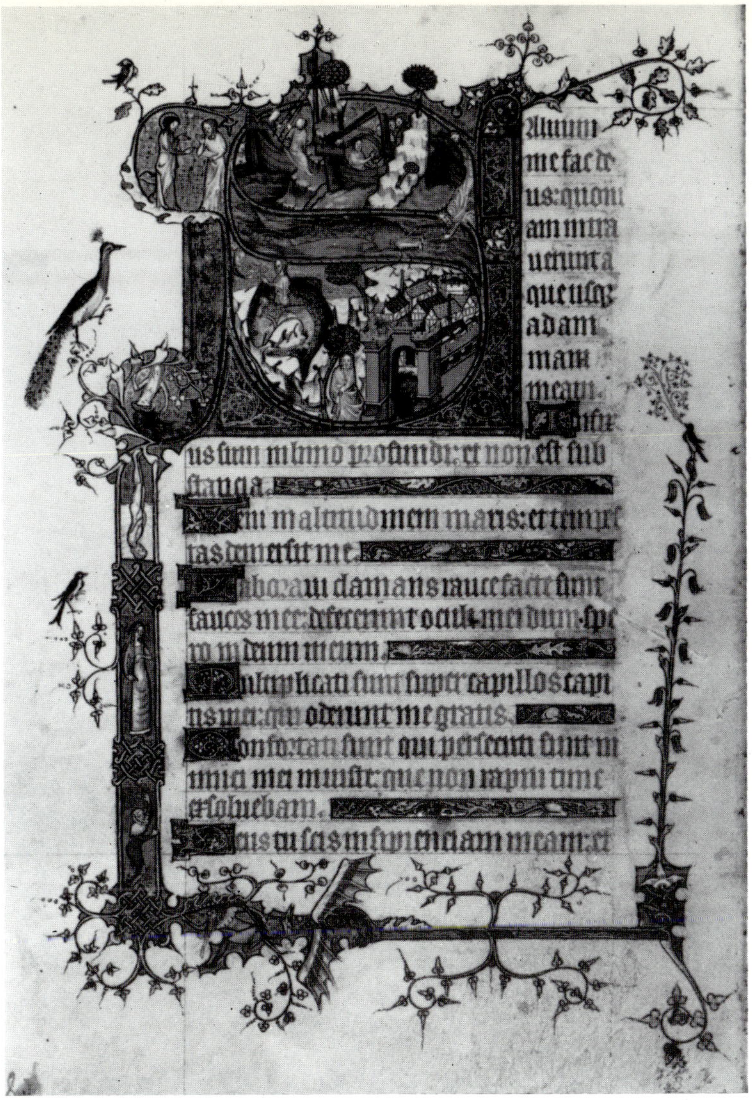

64

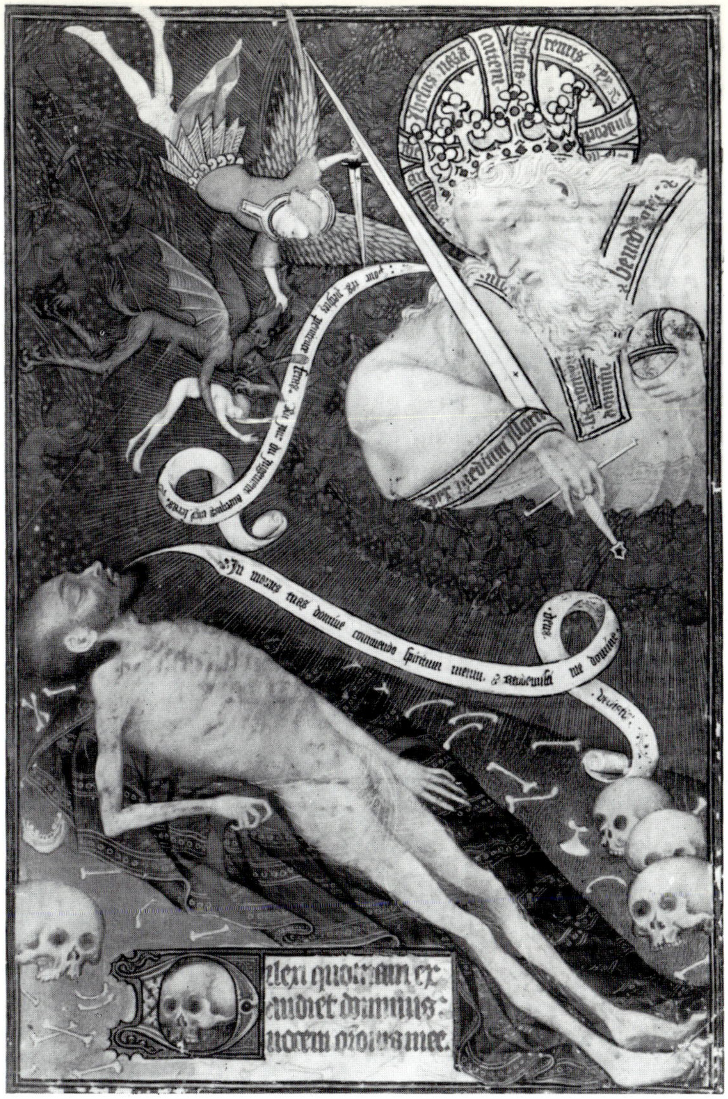

66

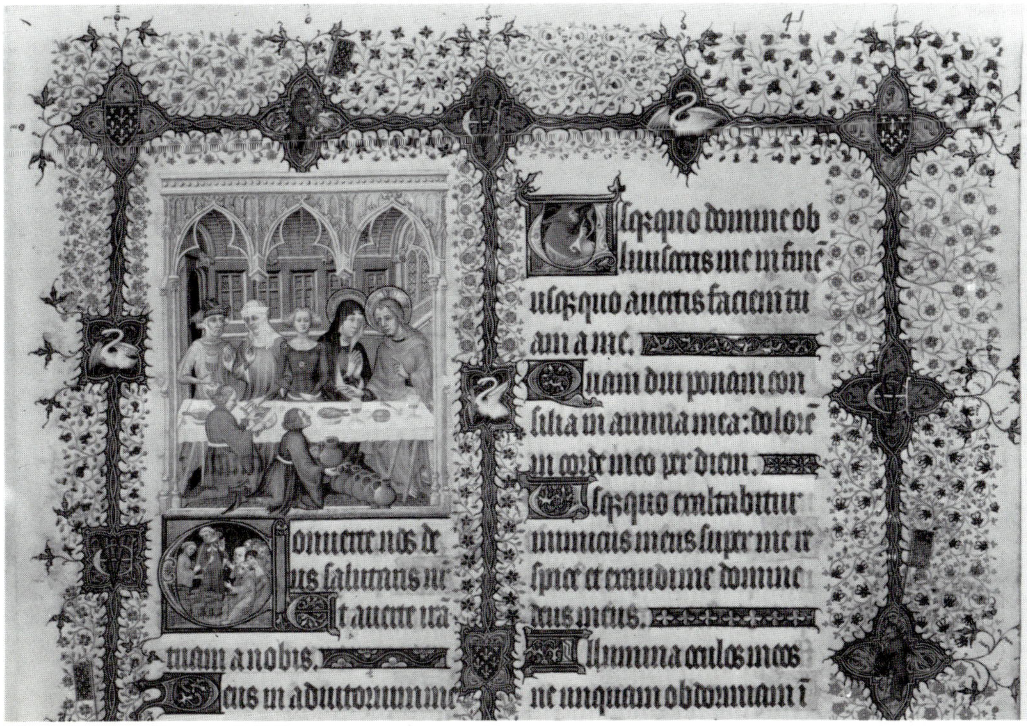

65

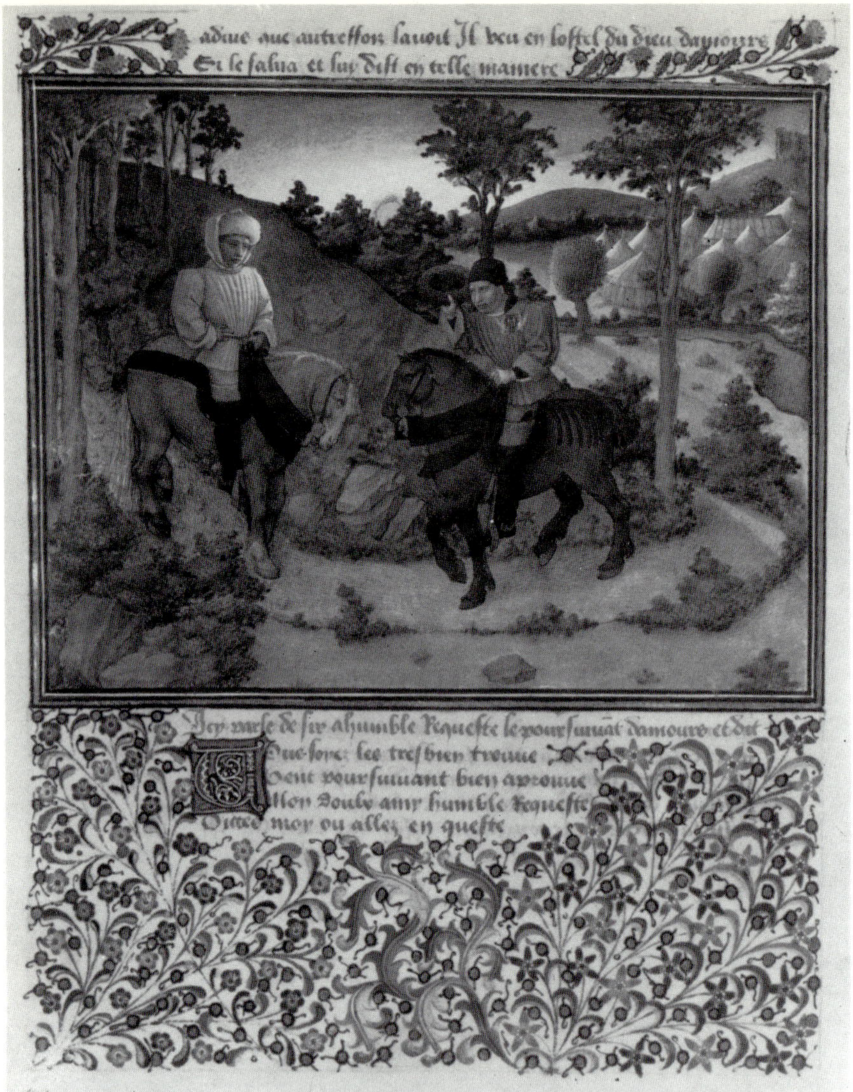

68

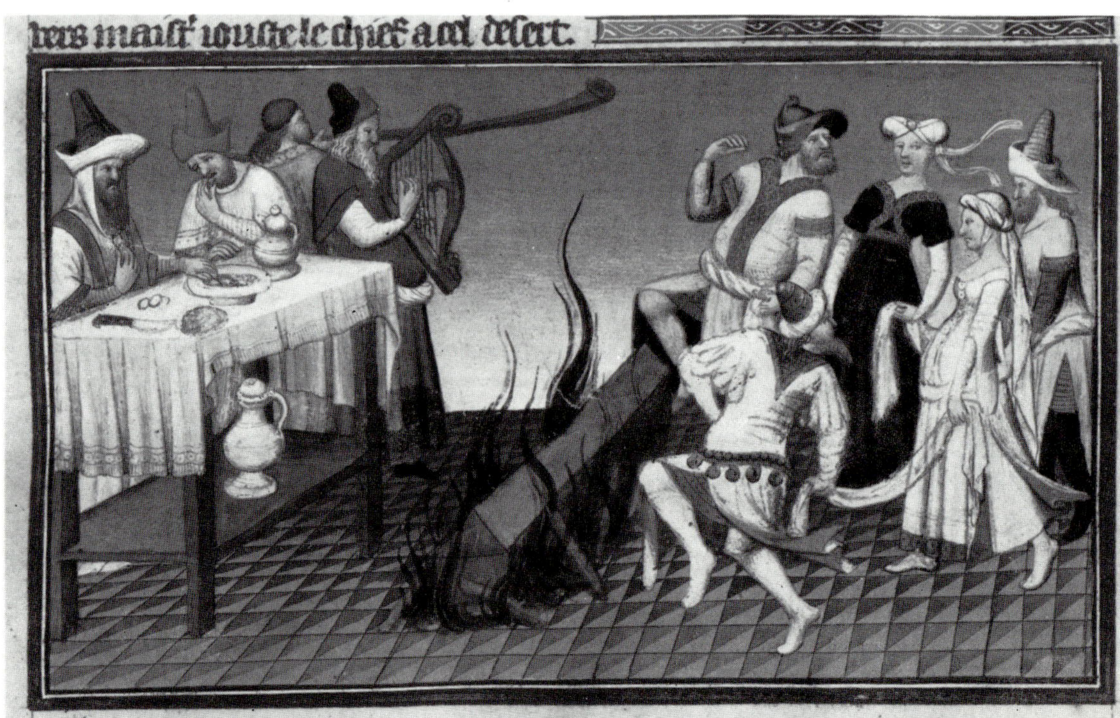

67

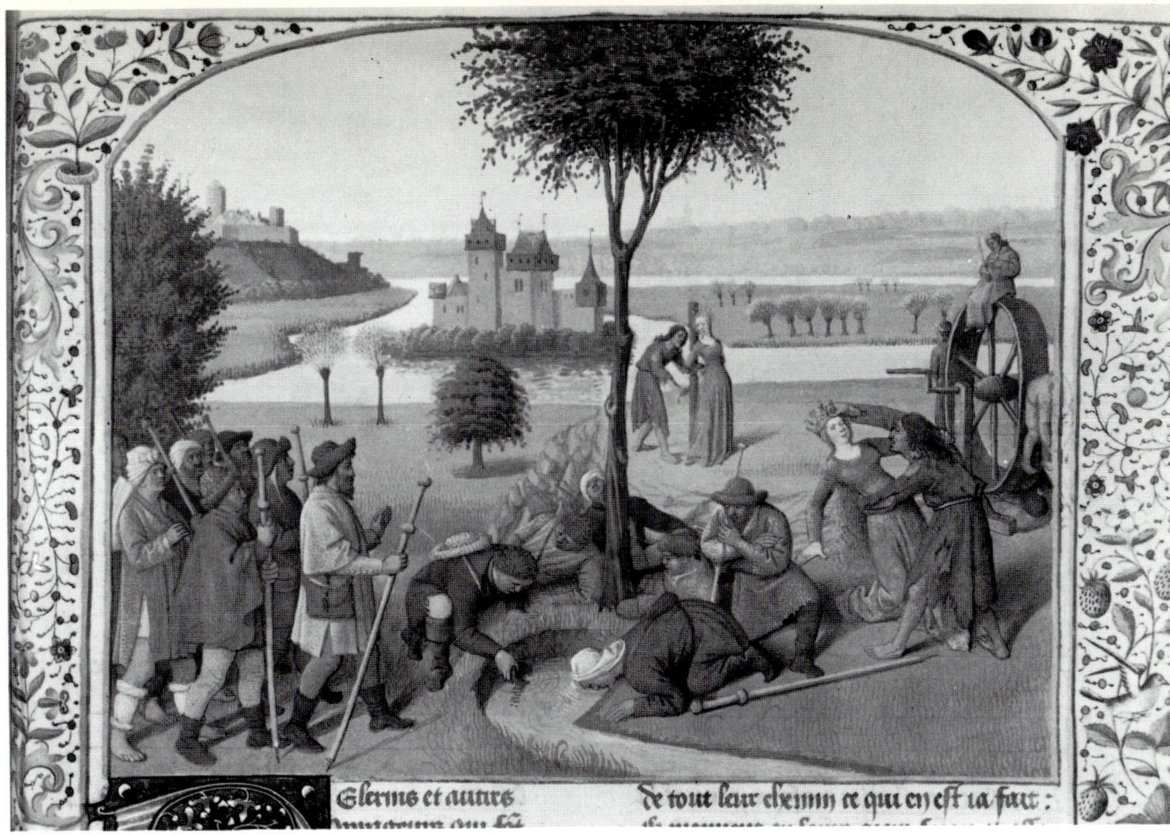

69

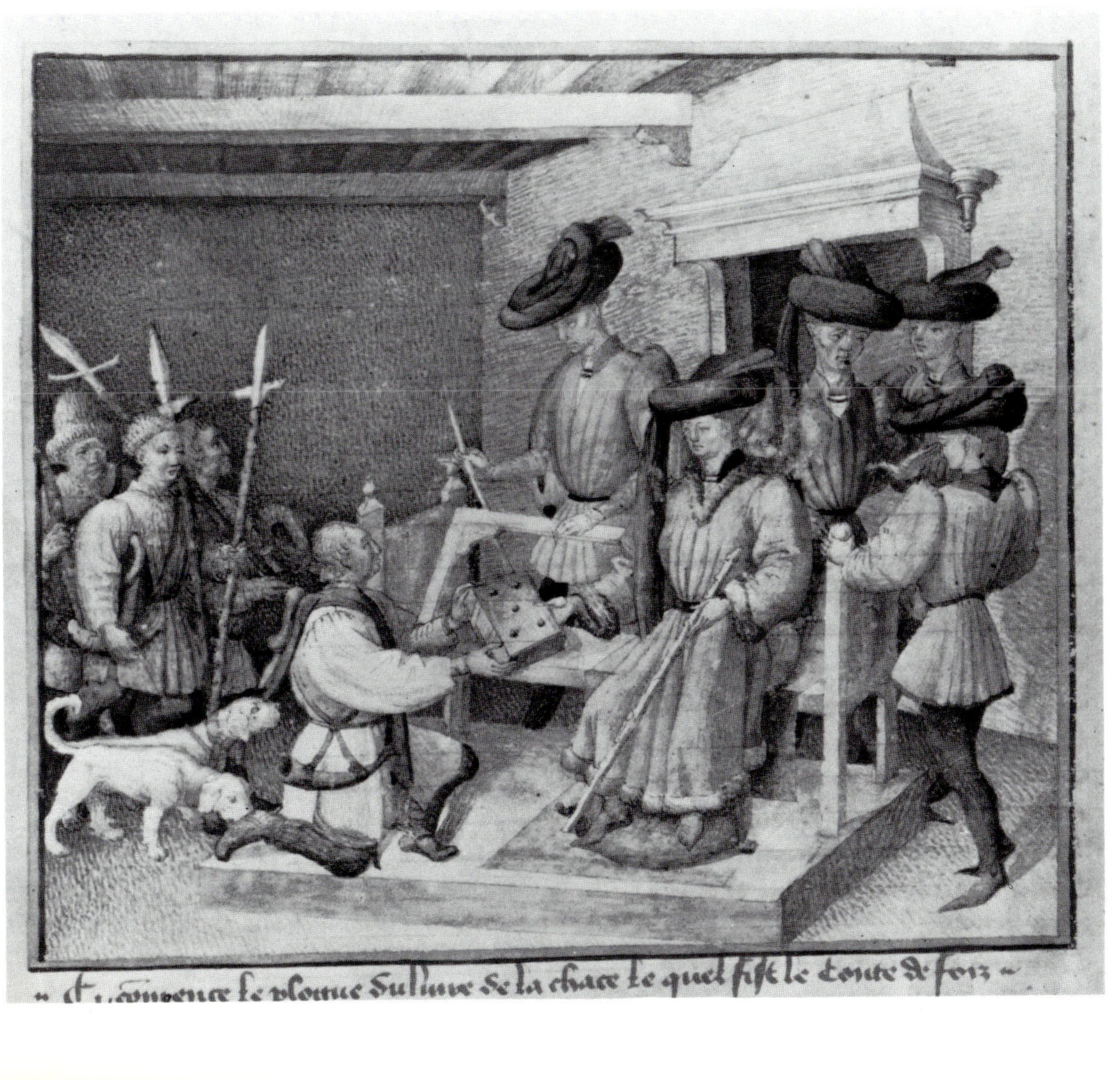

70

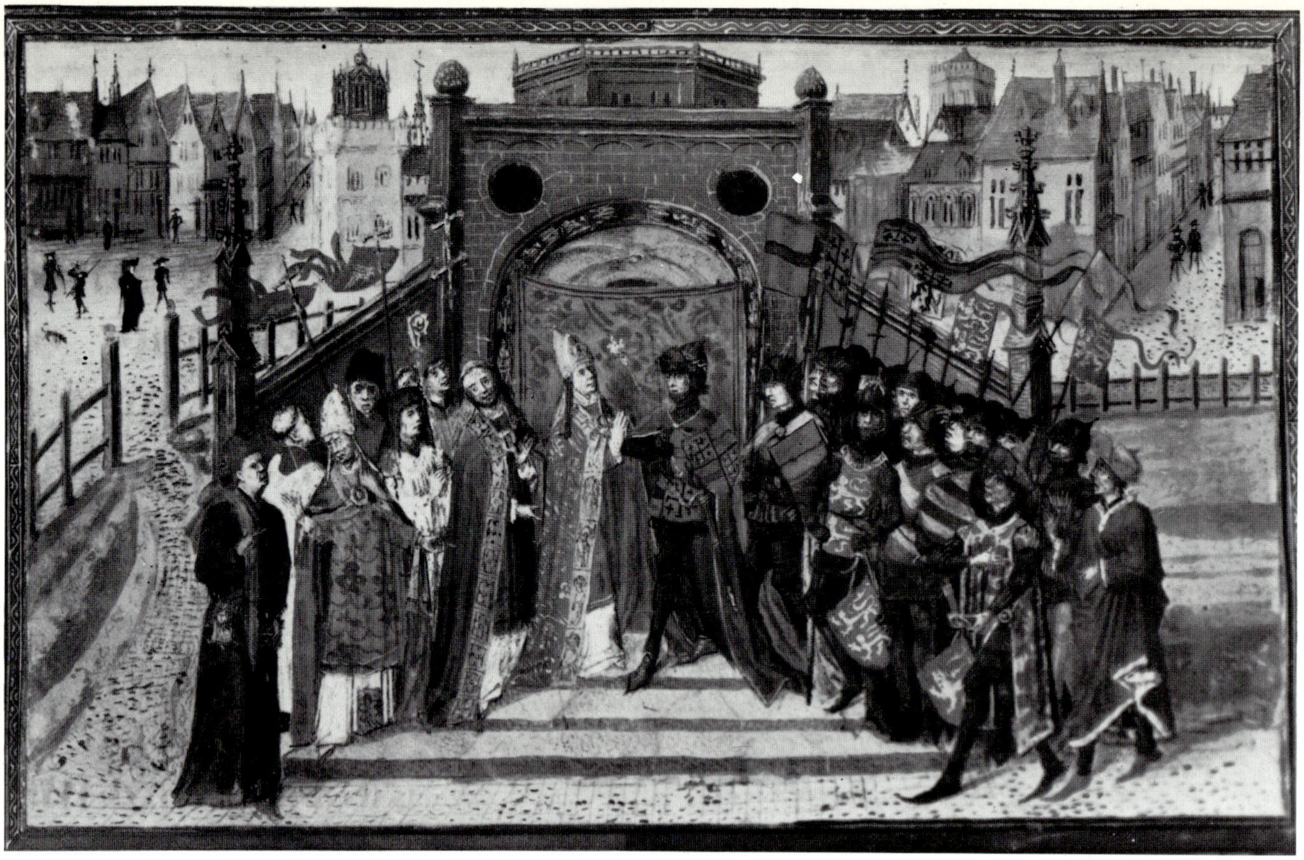

71

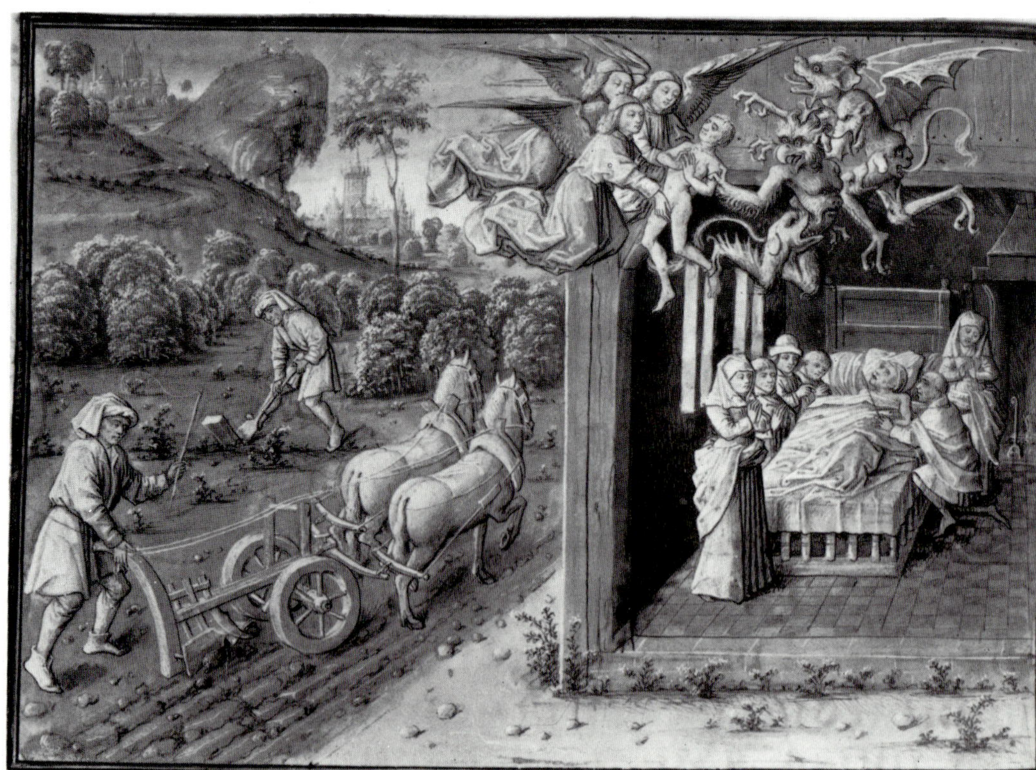

72

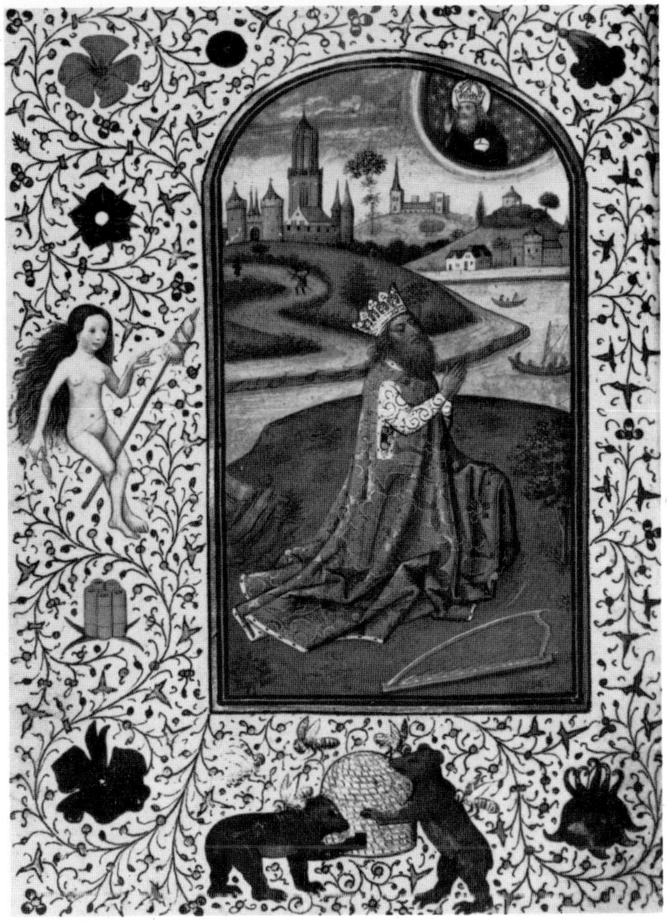

73

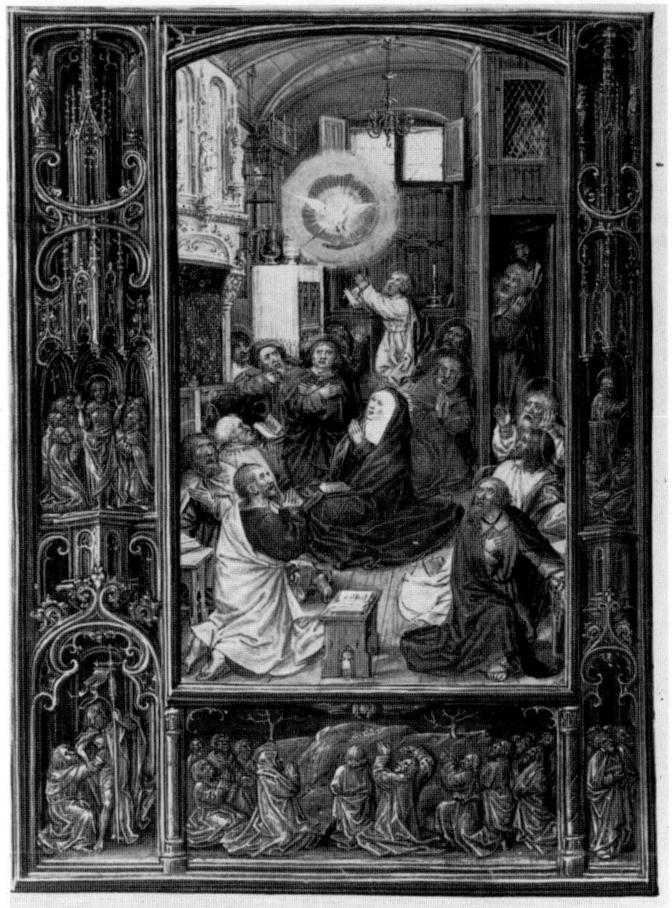

75

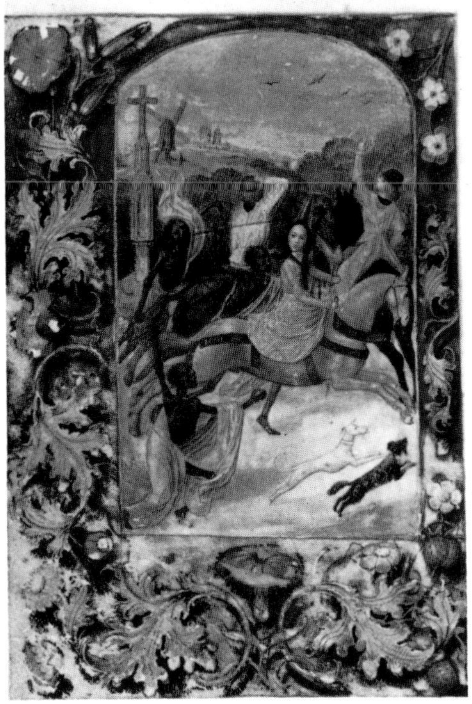

74

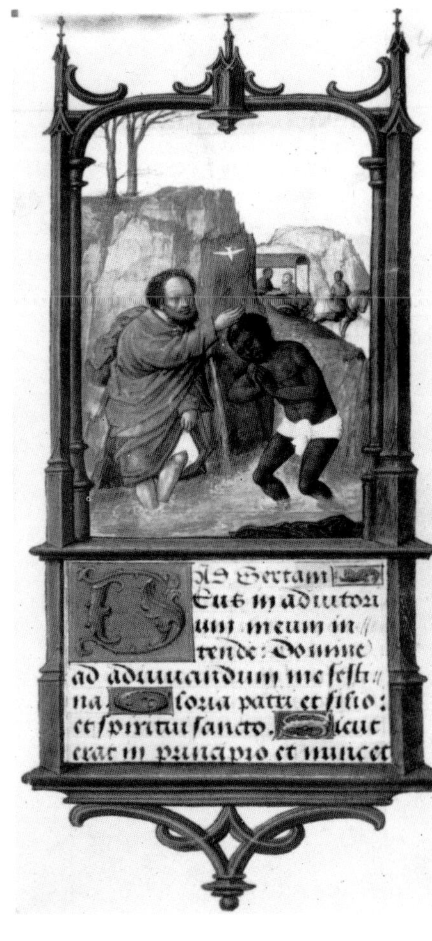
Ad Sextam
Eus in adiutori
um meum in
tende: Domine
ad adiuuandum me festi
na. Gloria patri et filio:
et spiritui sancto. Sicut
erat in principio et nunc et

76

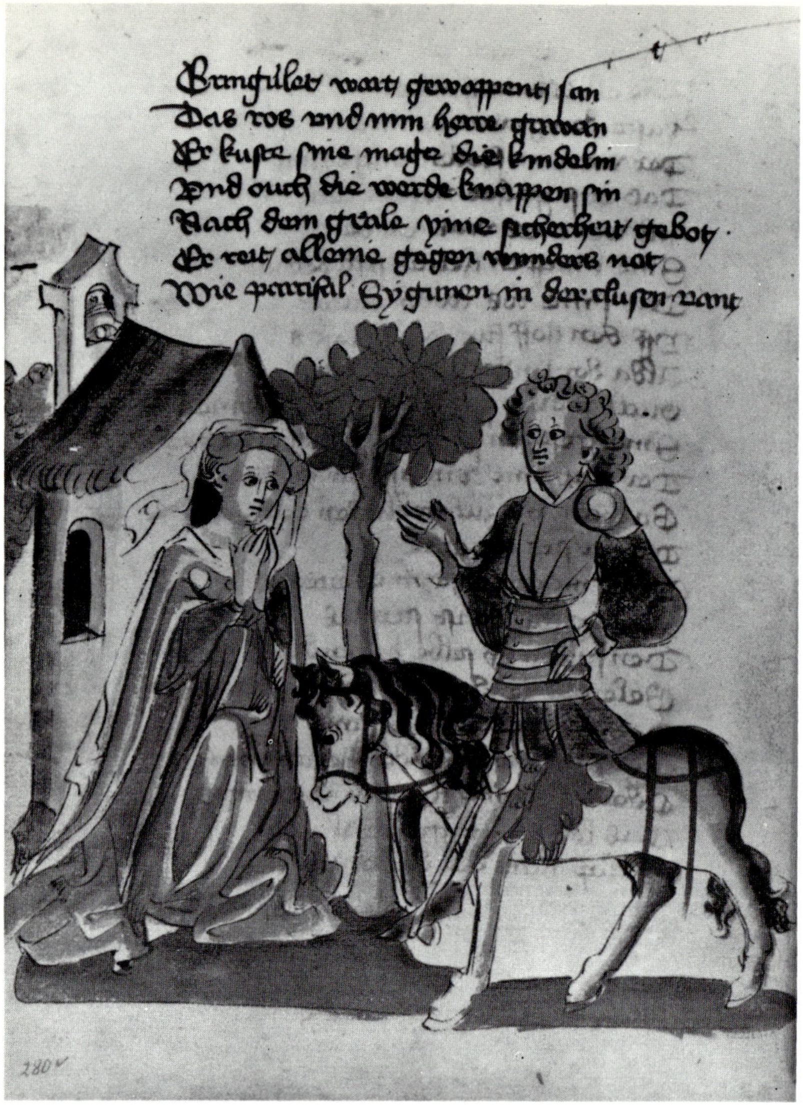
Gramflet waz gewappent san
Das ros vnd sin herre gewan
Er kuste sine mage die kindelin
Vnd ouch die werde knappen sin
Nach dem grale sine sicherheit gebot
Er reit alleine gegen wunders not
Wie parcifal Sygunen in der clusen vant
280v

77

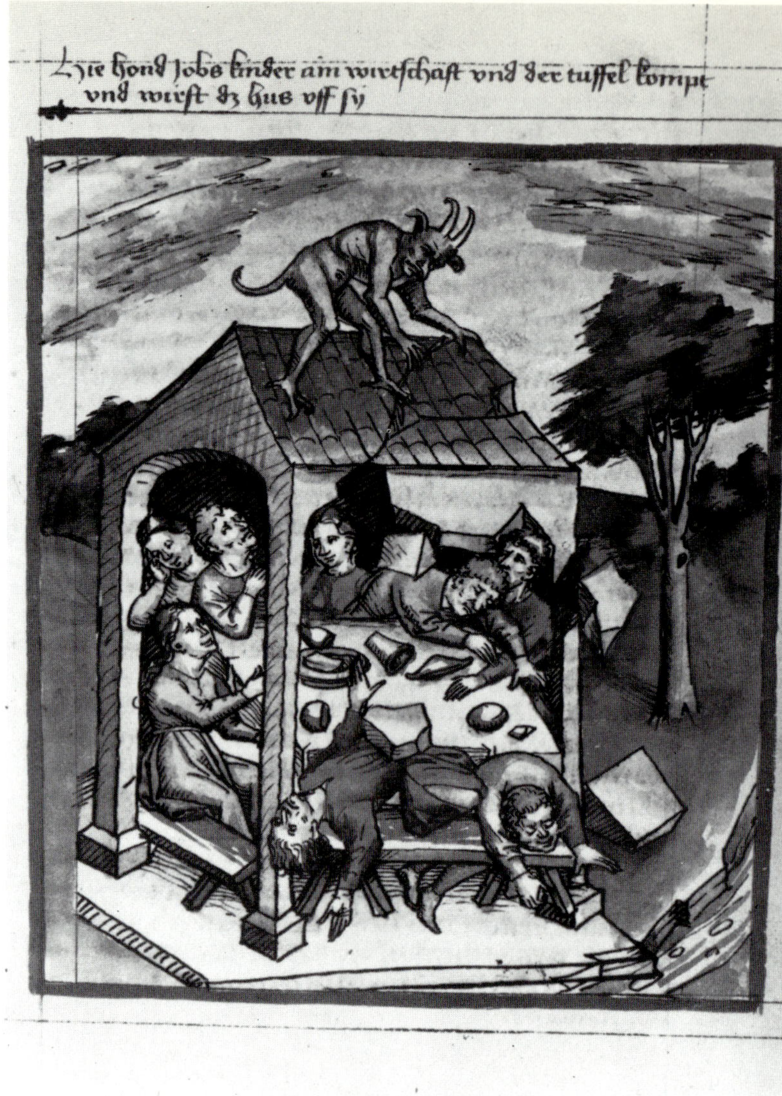
Hie sind Jobs kinder am wirtschaft vnd der tuffel kompt
vnd wirft dz hus vff sy

78

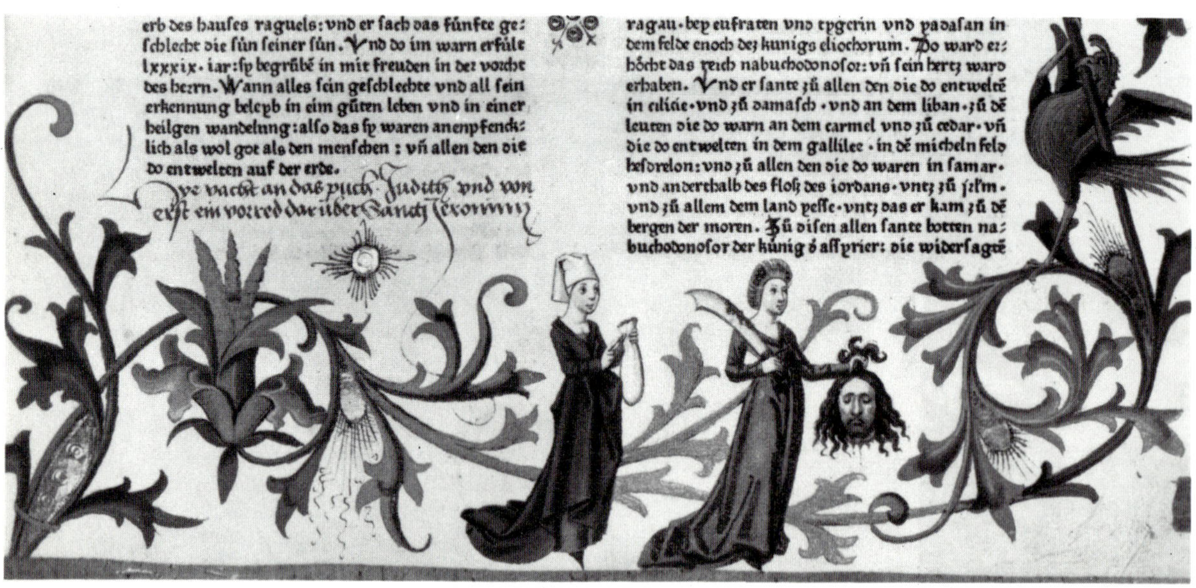
erb des hauses raguels: vnd er sach das fünfte ge:
schlecht die sün seiner sün. Vnd do im warn erfült
lxxxix. iar: sy begrübe in mit freuden in der vorcht
des herrn. Wann alles sein geschlechte vnd all sein
erkennung beleyb in eim güten leben vnd in einer
heilgen wandelung: also das sy waren anenpfenck:
lich als wol got als den menschen: vñ allen den die
do entwelten auf der erde.
Hye vacht an das puch Judith vnd von
erst ein vorred dar über Sanctj Jeronimj
ragau. bey eufraten vnd tygerin vnd padasan in
dem felde enoch der kunigs eliochorum. Do ward er:
höcht das reich nabuchodonosor: vñ sein hertz ward
erhaben. Vnd er sante zü allen den die do entwelté
in cilicie. vnd zü damasch. vnd an dem liban. zü dē
leuten die do warn an dem carmel vnd zü cedar. vñ
die do entwelten in dem gallilee. in dē micheln feld
hesdrelon: vnd zü allen den die do waren in samar.
vnd anderthalb des floß des iordans. vntz zü jrl'm.
vnd zü allem dem land pesse. vntz das er kam zü dē
bergen der moren. Zü disen allen sante botten na:
buchodonosor der künig ð assyrier: die widersagtē

79

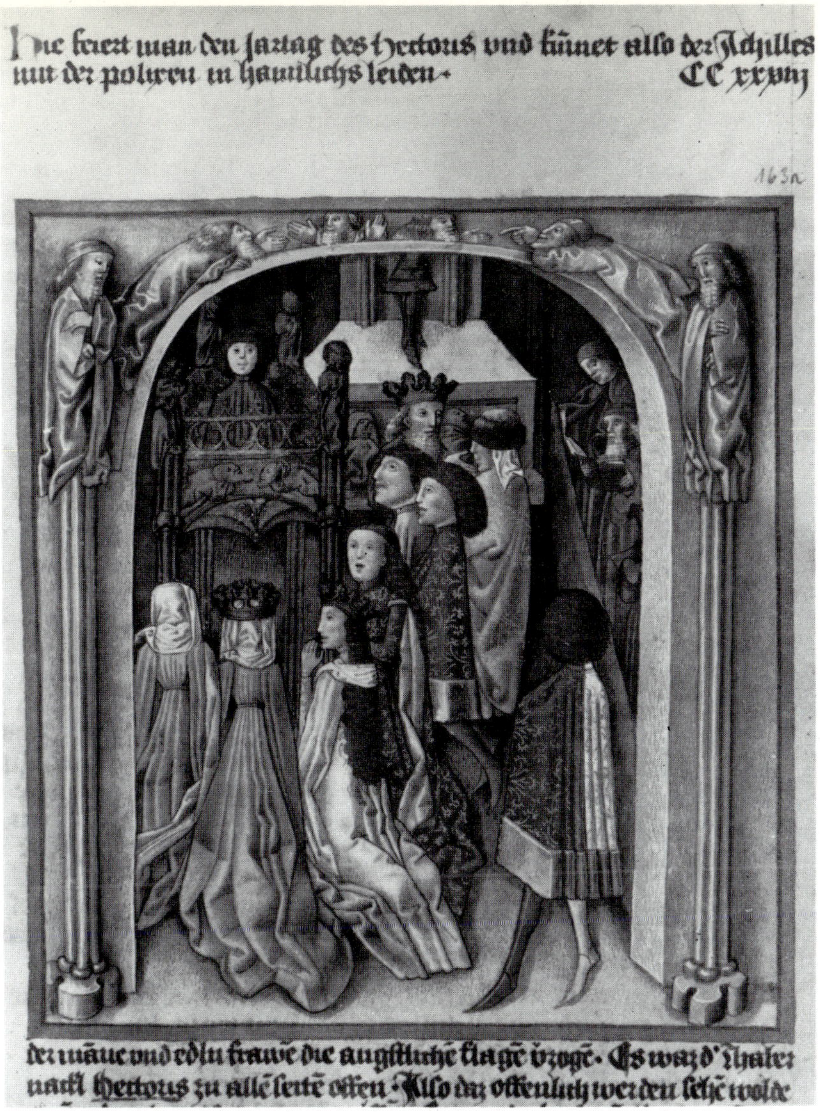

80

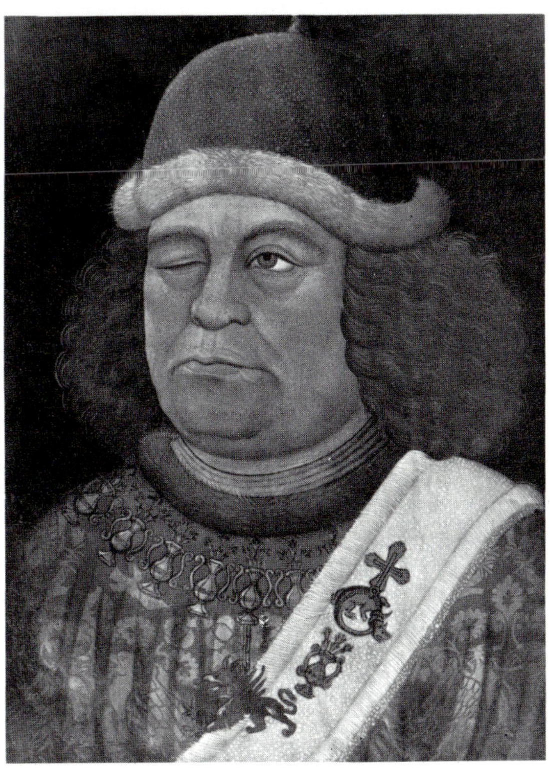

81

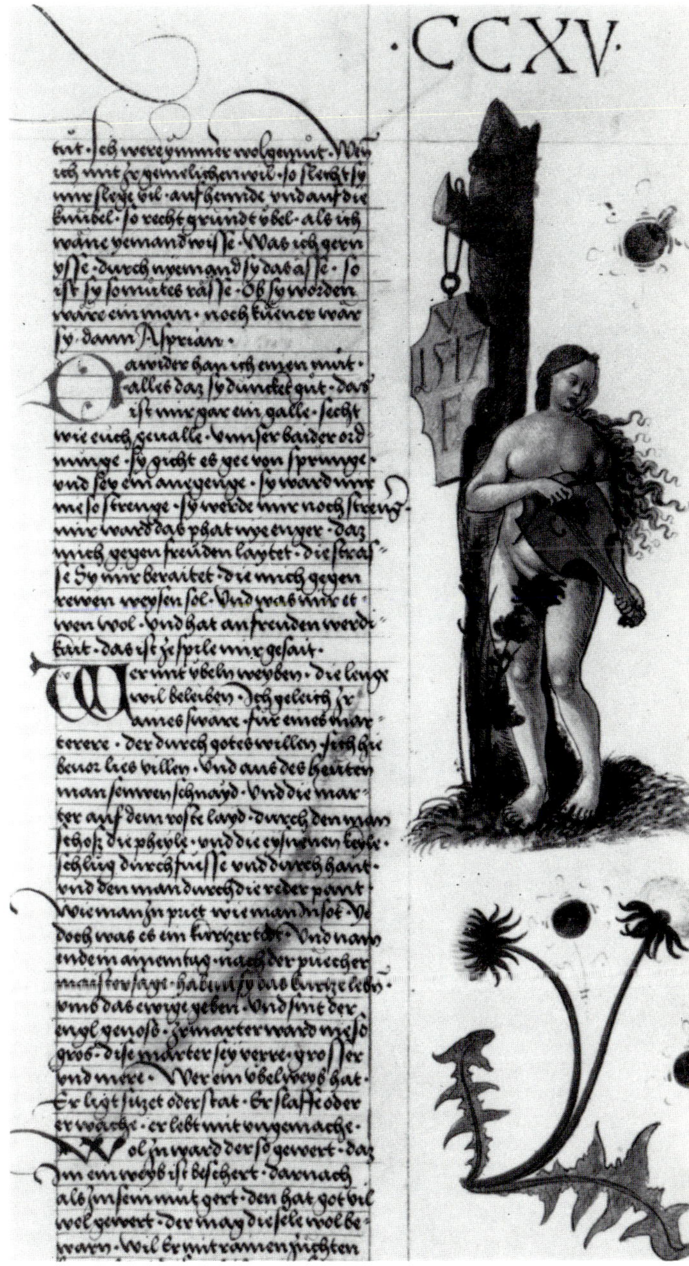

82

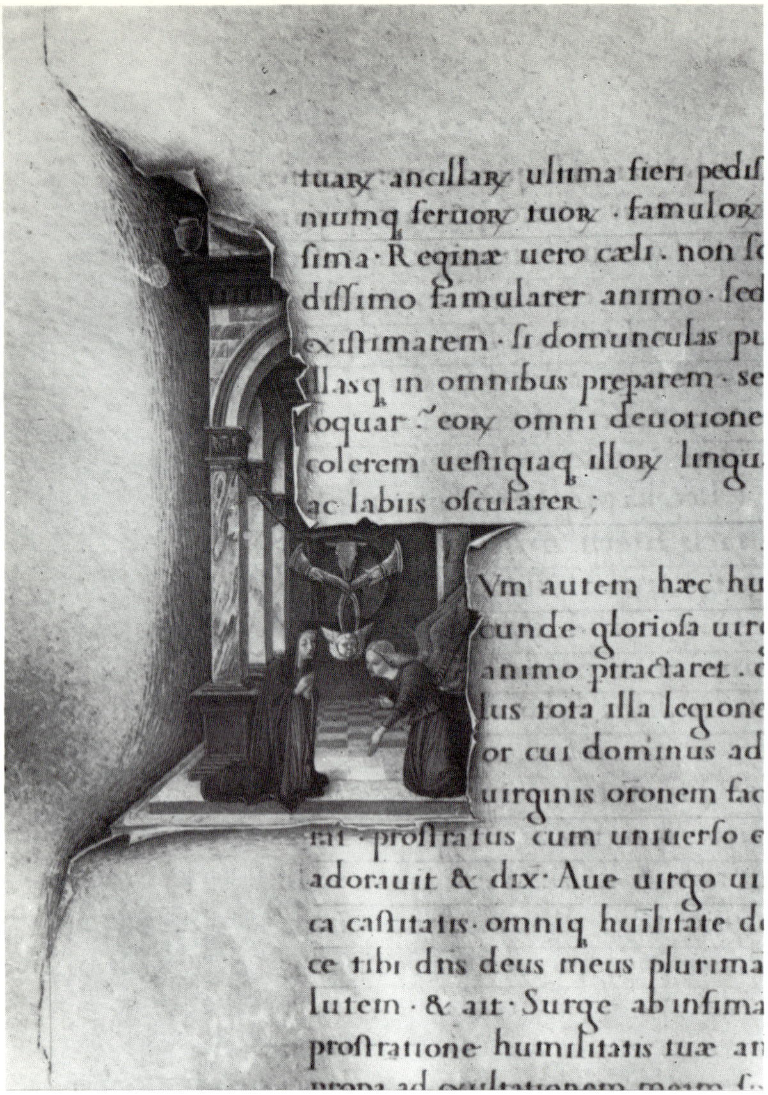
tuarẏ ancillarẏ ultima fieri pedis
niumq seruorẏ tuorẏ · famulorẏ
sima · Reginæ uero cæli · non s
dissimo famularer animo · sed
existimarem · si domunculas pu
llasq in omnibus preparem · se
loquar eorẏ omni deuotione
colerem uestigiaq illorẏ lingu
ac labiis oscularer ;
Vm autem hæc hu
eunde gloriosa uirg
animo pitractaret ·
lus tota illa legione
or cui dominus ad
uirginis oronem fac
rat · prostratus cum uniuerso e
adorauit & dix · Aue uirgo u
ca castitatis · omniq huilitate d
ce tibi dns deus meus plurima
lutem · & ait · Surge ab insima
prostratione humilitatis tuæ an

83

84

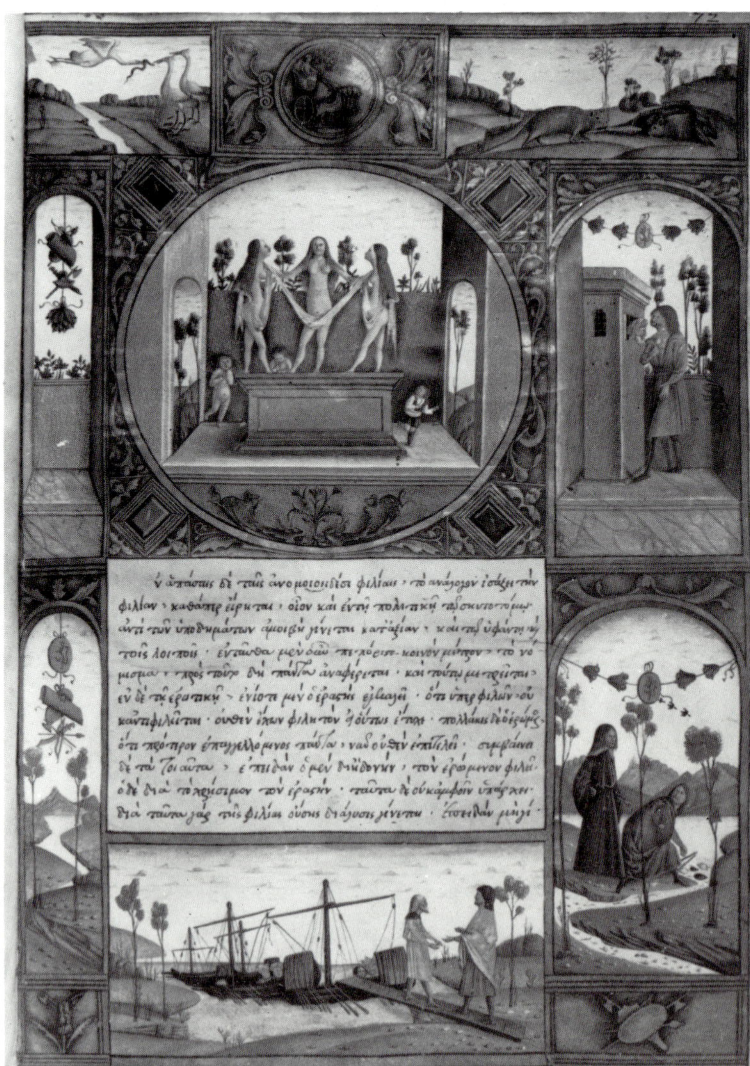

nicht nur in ihrer jeweiligen Macht, sondern auch in ihrer kulturellen Leistungsfähigkeit und gegenseitigen Einwirkung raschem Wechsel ausgesetzt waren.

Die Buchmalerei bietet ein eindrucksvolles Beispiel für diese Vielfalt im Ablauf der politischen und der Geistesgeschichte. Neue Bewegungen setzen nicht mit einer bestimmten Jahrhundertwende ein, sondern eher mit dem Erscheinen bestimmter Persönlichkeiten, mit der Tätigkeit eines Meisters, dessen Name selten bekannt ist, der aber das Glück hat, Auftraggeber zu finden, für die er arbeiten und weitere Helfer heranziehen kann. Diesen Impulsen von innen entsprechen andere, die von außen kommen: die Berührung mit der Welt des Orients in den Kreuzzügen, mit der byzantinischen Kunst, die Nachwirkung der Antike, um nur einige zu nennen. Die verschiedenen Zeiten und Orte, an denen solche Anregungen aufgenommen werden, bedingen auch ihre Wirksamkeit. Die in Frankreich schon um 1200 ausgebildete Gotik braucht mehr als ein Jahrhundert, um sich in ganz Deutschland durchzusetzen und wird in Italien nie voll wirksam. Dafür wird sie auf deutschem Boden noch bis weit ins 15. Jahrhundert beibehalten, während in Italien längst schon ein neuer Realismus herrscht.

Was in der durch die runden Jahrzahlen 1200 und 1450 begrenzten Zeit für die Buchmalerei in ganz Europa gilt, ist ihre Ausbildung zu einer selbständigen Kunstart, die in allen Ländern durch berufsmäßige Meister ausgeübt wird, und die in gleicher Weise Werken mit geistlichem und profanem Inhalt dient.

Im Jahre 1450 war die Buchmalerei noch in allen Ländern in voller Blüte, wenn auch auf jeweils verschiedenen Stilstufen. Es war eine Zeit, in der das Bedürfnis nach Büchern schon weite Kreise erfaßt hatte. Bilder, die sonst in ihrem kleinen Format nur in Büchern gemalt waren, wurden um diese Zeit schon im Holzschnitt vervielfältigt. Um 1450 wurden auch die ersten Bücher gedruckt, und damit begann die letzte Zeit des geschriebenen und mit handgemalten Miniaturen geschmückten Buches. Es ist daher berechtigt, mit dem Jahre 1450 das letzte Jahrhundert der Buchmalerei beginnen zu lassen. Auch der Begriff „Jahrhundert" darf dabei nicht mathematisch genau genommen werden. Denn schon um 1520 spielte das handgeschriebene Buch kaum mehr eine Rolle, hielt sich vereinzelt aber doch noch bis weit nach 1550.

Die reifen Meisterwerke der Buchmalerei in ihrer letzten Zeit sind ein Zeugnis dafür, daß diese Kunst nicht von innen her „am Ende" war. Sie mußte aber aufhören, als das Buch nicht mehr Einzelwesen war, sondern zum Massenprodukt wurde.

Frankreich

Auch in der zweiten Hälfte des 15. Jahrhunderts und noch bis ins 16. Jahrhundert waren in Frankreich die «Livres d'heures», die privaten Andachtsbücher, die bevorzugten Objekte für Buchmalerei, während die eigentlichen liturgischen Handschriften, Missalien und Breviere, nur selten noch mit Miniaturen geschmückt wurden. Wie beliebt illustrierte Gebetbücher waren, zeigt sich auch darin, daß sie in den letzten Jahrzehnten des 15. Jahrhunderts vom Buchdruck übernommen und in zahlreichen Auflagen hergestellt wurden, besonders in Paris und in Lyon. Diese gedruckten «Livres d'heures» besaßen alle Charakteristika der Handschriften: die ganzseitigen Bilder, die Rahmen mit ihrem ornamentalen und figuralen Schmuck. Viele waren auch auf Pergament gedruckt, und die Holz- und Stahlstiche wurden koloriert.

Neben den Andachtsbüchern, deren Themenkreis begrenzt war, wurden in größerem Umfang auch profane Werke illuminiert, deren Inhalt der künstlerischen Phantasie unbegrenzten Spielraum bot. Dazu gehörten historische Werke, wie Josephus Flavius, Livius, Cäsar, Orosius, historische Sammelwerke. Unter den Werken der erzählenden Literatur war Boccaccio besonders beliebt, dessen lateinische und italienische Werke mehrfach ins Französische übersetzt worden waren. Von den allegorischen Romanen bot der «Roman de la Rose» nach wie vor neue Anregungen.

Unter den zahlreichen Buchmalern, die in verschiedenen Städten Frankreichs tätig waren, sind einige auch mit Namen bekannt. Jean Fouquet (geb. in Tours um 1420, gestorben ebendort zwischen 1477 und 1481) ist ebenso als Tafelmaler wie als Buchmaler berühmt. Er hatte sich 1443–1447 in Rom aufgehalten, wo er die Werke der italienischen Kunst kennenlernte. Er liebte figurenreiche
69 Szenen, die er übersichtlich komponierte. Ein Hauptwerk ist der „Münchener Boccaccio" von 1458. Fouquet war der Lehrmeister von Jean Colombe und Jean Bourdichon, dessen Tätigkeit bis ins 16. Jahrhundert dauerte († 1521). Ein «Maître François», der um 1470 tätig war, ist vielleicht ein Sohn Fouquets.

Zu den besten Werken der französischen Buchmalerei gehören einige Handschriften, die am Hofe des Königs René, Herzogs von Anjou und Titularkönigs von Jerusalem und Sizilien (1409–1480) entstanden sind. Neben Gebetbüchern sind es vor allem allegorische Romane, die René selbst verfaßte. In seinem berühmten «Livre du Cœur d'amours épris» (Das Buch vom liebentbrannten
68 Herzen) ist es dem Maler gelungen, den Raum und die Personen nicht nur naturgetreu darzustellen, sondern darüber hinaus die Szenen mit jener Stimmung zu erfüllen, die dem romantisch-abenteuerlichen Inhalt entspricht. Das wichtigste Mittel zur Erreichung dieses Zieles ist die meisterhafte Behandlung des Lichtes: des Sonnenlichtes zu den verschiedenen Tageszeiten, des Kerzenlichtes im halbdunklen Raum, des nächtlichen Sternenlichtes unter freiem Himmel. Die Forschung hat sich schon lange bemüht, den Namen dieses „René-Meisters" zu finden. Die wahrscheinlichste Ant-
70 wort auf diese Frage ist, daß der König René selbst auch die Miniaturen in seinen Büchern gemalt hat.

Wie bei den Gebetbüchern ist auch bei profanen Werken oft ein Ineinandergreifen von Buchdruck und Buchmalerei zu beobachten. Viele gedruckte Bücher haben handgemalte Seitenrahmen oder Miniaturen. Es kommt auch vor, daß eingedruckte Holzschnitte nicht nur koloriert, sondern mit anderen Bildern völlig übermalt wurden. Trotz der großen Menge von gedruckten Werken gab es auch im 16. Jahrhundert noch Handschriften mit Buchmalerei. Aber solche Aufträge wurden nur noch von Bibliophilen erteilt. In Frankreich ist eines der letzten Werke der Buchmalerei ein «Livre d'heures» für König Heinrich III., der im Jahre 1574 für kurze Zeit auch König von Polen war, und der für seine Krönung in Krakau dieses Buch bestellt hatte.

Niederlande, Flandern, Burgund

In seiner langen Regierungszeit (1419–1467) hatte Herzog Philipp der Gute zu seinem Stammherzogtum Burgund im Südosten von Frankreich noch weite Gebiete im Norden dazugewonnen, die das nördliche Frankreich, Belgien und Holland umfaßten. Die Hofhaltung war ebenfalls mehr in die reichen Städte von Flandern und Brabant verlegt worden. Dieser burgundische Hof wurde in den Jahrzehnten nach 1430 zum Muster ritterlicher Kultur und zur Geburtsstätte des höfischen Zeremoniells der folgenden Jahrhunderte.

Das Wertvollste, das der Nachwelt aus der kurzen Blütezeit burgundischer Macht erhalten blieb, sind die illuminierten Handschriften, die für Philipp den Guten und für andere Mitglieder seines Hofes hergestellt wurden. Von den vierziger bis in die siebziger Jahre waren an mehreren Orten leistungsfähige Schreib- und Malateliers für den Herzog tätig: Mons, Lille, Valenciennes, Brüssel, Gent, Brügge waren die wichtigsten Städte. Der geographischen Lage entsprechend waren auch die Schreiber und Maler teils Franzosen, teils Niederländer. Wenn die Sprache dieser Bücher vorwiegend das Französische war, so war doch der künstlerische Stil der Bilder von den großen Niederländern geprägt, die schon im Dienste der Herzogs von Berry gestanden waren, von den Brüdern Van Eyck und den Brüdern von Limburg. Personen und Landschaften wurden in den richtigen Proportionen dargestellt, die menschliche Gestalt war nicht mehr hinter einer kunstvollen Kleiderdraperie verborgen, sondern wurde in lebendiger Bewegung gezeigt, sorgfältig beobachtete Details machten die Erzählungen anschaulich. Die Miniaturen erfüllten die Forderung nach einem „Maximum von Kunst auf kleinstem Raum“ (Friedländer).

Neben kleineren Gebetbüchern wurden für Herzog Philipp vornehmlich geschichtliche und lite- *72*
rarische Werke in großem Format hergestellt, die auch den Malern große Flächen für die Bilder boten. Oft wurde die Erzählung des Hauptbildes noch durch ergänzende Episoden in kleinen Rahmenbildern erweitert.

Manche Miniatoren sind mit Namen bekannt, so Simon Marmion, Jean le Tavernier, Loyset Liédet,
der Holländer Willem Vrelant. Aber die Maler der Hauptwerke sind nur nach den Büchern benannt, *73*
die sie illuminiert haben. Dazu gehört der „Meister des Girart de Roussillon“, der auch an der großen *IX*
Chronik von Hennegau und an einem Alexanderroman mitgewirkt hat. Sein Stil ist den Werken des Rogier von der Weyden († 1464) verwandt. Der „Meister der Chronik von Jerusalem“ ist vielleicht identisch mit Dreux Jean. Die Bilder des „Girart“ und der Chronik von Jerusalem vermitteln *71*
mit der Eleganz ihrer Darstellung vielleicht am besten den Stil der ritterlichen Lebenshaltung am burgundischen Hofe.

Der Sohn und Nachfolger Philipps, Karl der Kühne (1467–1477), hatte noch zahlreiche Aufträge für Buchmaler. Aber viele von ihnen, die in den Ateliers für Philipp gearbeitet hatten, erhielten ihre Aufträge auch von Adeligen und von reichen Bürgern. In der Zeit von 1470 bis 1520 brauchten die Ateliers der Buchmaler in Brüssel, Gent, Brügge und anderen Städten nicht erst auf Aufträge zu warten, sondern sie stellten Bücher für den Verkauf her, fast ausschließlich «Livres d'heures».

IX Roman des Girart von Roussillon
Prachthandschrift für Herzog Philipp d. Guten von Burgund, der Text 1447 in Mons vollendet, anschließend die Ausstattung mit 53 großen und 153 kleinen Miniaturen. Der Name des Meisters ist nicht bekannt, er wird als „Girart-Meister“ bezeichnet. — Girart von Roussillon war ein legendärer Herzog von Burgund, der im 9. Jahrhundert lebte.
Die Frau des Girart hilft beim Bau einer Kirche; sie will dieses gute Werk heimlich vor ihrem Mann vollbringen, wird aber von ihm beobachtet.
Pergam., 400 × 297 mm. Wien, Österr. Nat. Bibl., Cod. 2549, fol. 167v

X Didymus v. Alexandrien, Theologische Werke
1488 in Florenz von Sigismundus de Sigismundis geschrieben und von Gherardo und Monte del Fora illuminiert. Prachthandschrift für König Matthias Corvinus von Ungarn.
Anfangsseite mit Bild des hl. Hieronymus (Verfasser der Vorrede), im Hintergrund Domkuppel von Florenz. Seitlich im Rahmen links König Matthias, rechts seine Gemahlin Beatrix.
Pergam., 340 × 229 mm. New York, Pierpont Morgan Library, Ms. 496, fol. 2r

Die Beschränkung auf diese Art von Büchern ist nicht zuletzt auf die allmähliche Ausbreitung des Buchdruckes zurückzuführen, durch den Bücher aller Art zu billigen Preisen angeboten wurden.
Die flämische Buchmalerei hat gerade in diesen letzten Jahrzehnten, wie in einem Wettstreit mit dem Buchdruck, eine Reihe von Meisterwerken hergestellt, die zu den besten Leistungen der Buchmalerei gehören. Kennzeichnend für diese Spätzeit ist unter anderem die Ausstattung der Rahmen. An Stelle der früheren Akanthus- oder Dornblattranken traten Rahmen mit „Streublumenmuster“: auf dem farbigen Grund des Rahmens waren Blumen aller Art gemalt, dazwischen Früchte, Insekten, Schmetterlinge, Pfauenfedern, aber auch Juwelen und Schmuckstücke. Eine symbolische Bedeutung der Blumen und Tiere ist wohl manchmal noch zu ahnen, aber wichtiger ist ihr dekorativer Wert.
Unter den Hunderten von flämischen «Livres d'heures», die uns erhalten sind, zeichnen sich einige durch die Qualität der Ausführung und durch die Person des Bestellers besonders aus. Für die Erbtochter des letzten burgundischen Herzogs, Maria von Burgund († 1482), die erste Gemahlin Maximilians I., wurden mehrere Gebetbücher geschrieben und von einem der geistvollsten Illu-
74 minatoren ausgemalt, der als „Meister der Maria von Burgund“ bekannt ist. Die neueste Forschung konnte ihn mit Nikolas Spierinc identifizieren, der mit Liévin van Lathem zusammen arbeitete. Die Randfiguren eines Gebetbuches für ein Mitglied der Familie Croy (um 1510) stammen wahr-
75 scheinlich von Hieronymus Bosch. Viele Gebetbücher sind in Ateliers entstanden, in denen verschiedene Meister tätig waren. Eine der leistungsfähigsten Werkstätten war die der Familie Bening in Brügge, deren Leitung vom Vater Alexander (Sander) auf den Sohn Simon überging. Die berühmtesten Werke aus diesem Atelier sind das sogenannte „Breviarium Grimani“ und der „Hortulus animae“ (Seelengärtlein), letzterer in deutscher Sprache geschrieben, als Abschrift eines Straßburger Druckes vom Jahre 1510.
Im Zeitalter des Buchdruckes, der von spätestens 1500 an das geschriebene Buch ersetzte, waren solche Andachtsbücher kaum noch zum praktischen Gebrauch bestimmt, sondern galten als Kunst-

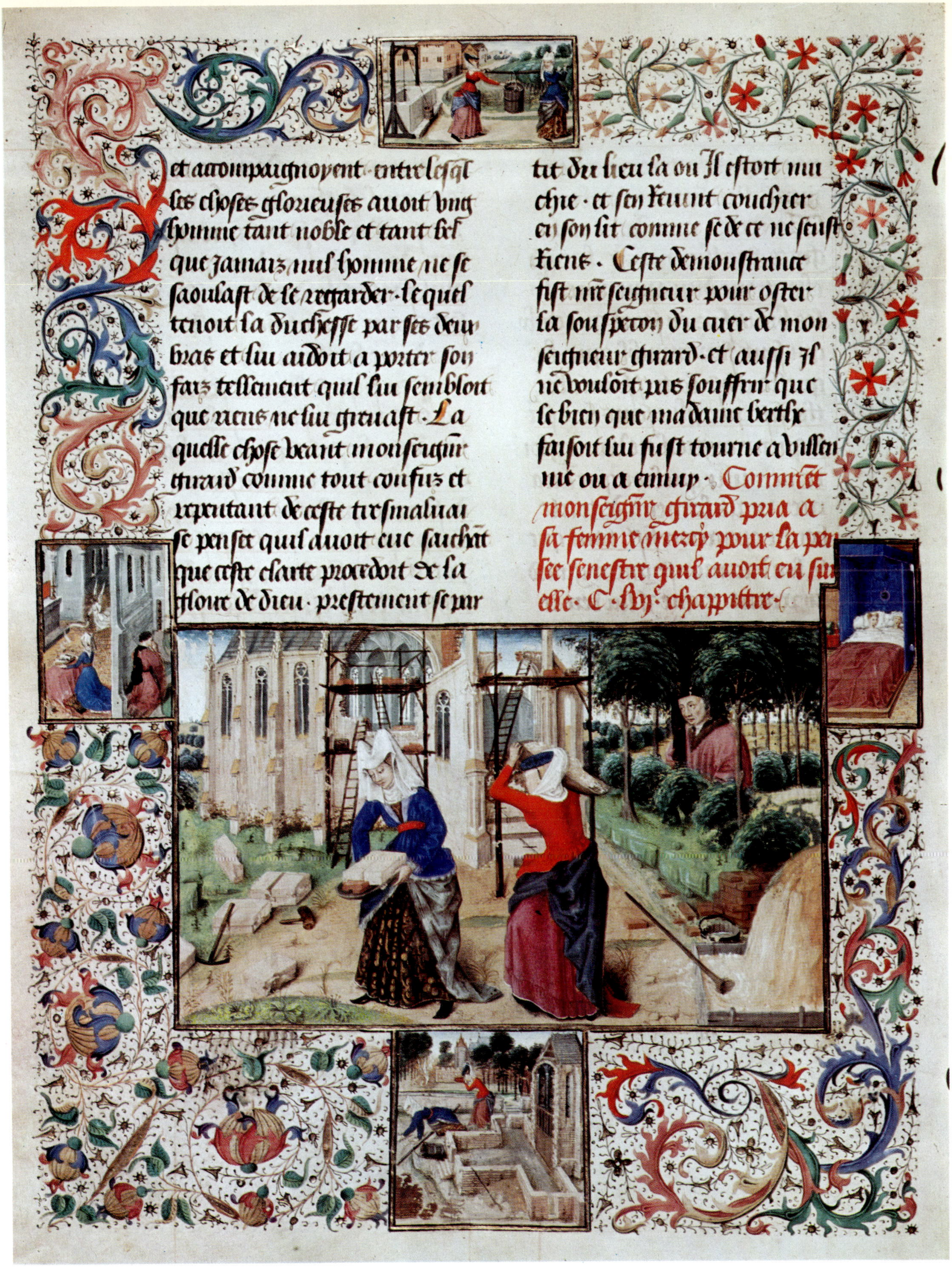

et acompaignoyent entre les al
les choses glorieuses avoit ung
homme tant noble et tant bel
que jamaiz nul homme ne se
saoulast de le regarder. lequel
tenoit la duchesse par ses deux
bras et lui aidoit a porter son
faiz tellement quil lui sembloit
que riens ne lui grevast. La
quelle chose veant monseigneur
girard comme tout confuz et
reputant de ceste tres malvai
se pensee quil avoit eue sachant
que ceste clarte procedoit de la
gloire de dieu. prestement se par
tit du lieu la ou il estoit mu
chie. et sen revint couchier
en son lit comme se de ce ne seust
riens. Ceste demonstrance
fist nostre seigneur pour oster
la souspecon du cuer de mon
seigneur girard. et aussi il
ne vouloit pas souffrir que
le bien que madame berthe
faisoit lui fust tourne a villen
nie ou a ennuy. Comment
monseigneur girard pria a
sa femme mercy pour la pen
see senestre quil avoit eu sur
elle. C. lvi^e. chappittre.

IX

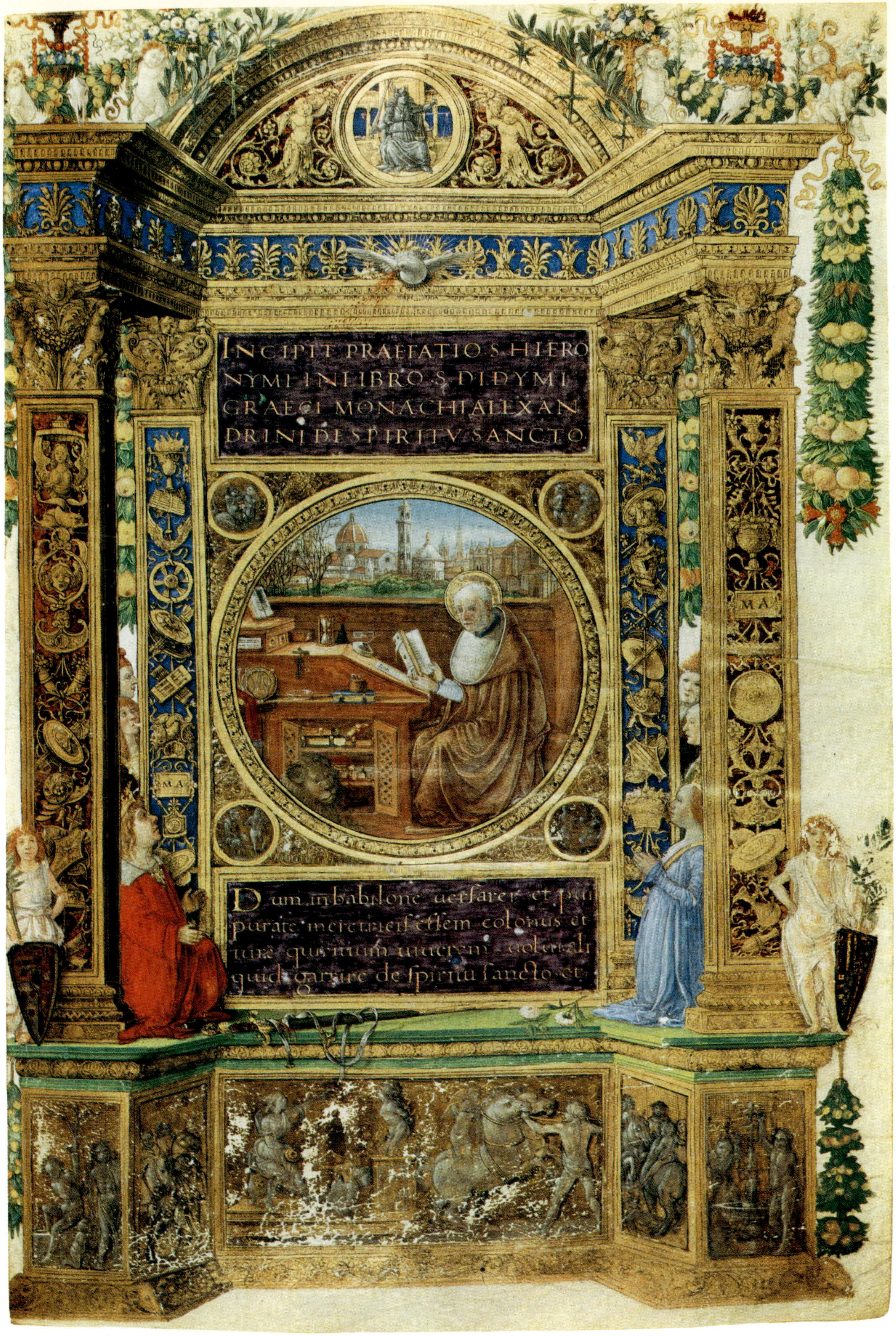
INCIPIT PRAEFATIO S. HIERO
NYMI IN LIBRO S. DIDYMI
GRAECI MONACHI ALEXAN
DRINI DE SPIRITV SANCTO
Dum in babilone uersarer et pur
purate meretricis essem colonus et
iure quiritium uiuerem uolui ali
quid garrire de spiritu sancto et
MA
MA

X

werke, nicht anders als Tafelbilder. Wichtig war nicht mehr ihr religiöser Inhalt, sondern allein ihre kunstvolle Ausführung – das Ende einer Entwicklung, die schon mehr als hundert Jahre früher in Paris begonnen hatte. Es ging nicht mehr um Buchmalerei, sondern nur mehr um Malerei in kleinem Format, die ebensogut ohne den Zusammenhang mit einem bedeutungslos gewordenen Text existieren konnte. Der Ausdruck „Miniaturmalerei" hatte seine zweite Bedeutung erhalten.

Es gab allerdings auch einzelne Werke der Buchkunst, die nicht nur ihrer ästhetischen Werte wegen geschätzt, sondern auch benützt wurden. Dazu gehört das sogenannte „ältere" Gebetbuch Maximilians I., das der junge König um 1486 nach eigenem Konzept in Flandern hatte schreiben und – wahrscheinlich in der Bening-Werkstatt – mit Bildern ausstatten lassen. Es trägt so deutliche Gebrauchsspuren, daß es der Besitzer durch lange Jahre hindurch benützt haben muß. Ähnliche Spuren eifriger Benützung trägt ein Gebetbuch, das um 1517 in Mecheln für den späteren Kaiser Karl V. geschrieben wurde und von einem damals modernen Meister zahlreiche originelle Bilder *76*
erhalten hatte, die stilistisch außerhalb der zeitgenössischen flämischen Buchmalerei stehen. Mecheln war die Residenz der Statthalterin Margareta von Österreich († 1530), der Tochter der Maria von Burgund und Maximilians. Ihr Hof war eine der letzten Pflegestätten der niederländischen Buchmalerei.

Italien

An den überragenden Kunstleistungen Italiens in der Zeit zwischen 1450 und 1550 hatte auch die Buchmalerei ihren Anteil. Am Hof der Gonzaga in Mantua war seit 1460 Mantegna tätig, dessen Stil die Buchmalerei im östlichen Oberitalien stark beeinflußte. Kennzeichen dieses Stils sind die monumentale Wucht und Einfachheit der Personen, die Raumbildung mit ihrem tiefen Horizont, die kühnen perspektivischen Verkürzungen. Im Gebiete von Venedig, das damals auch Padua und Verona beherrschte, begegnete der Stil Mantegnas der weicheren Kunst der Brüder Gentile und Giovanni Bellini. Mit Namen bekannt sind neben anonymen Buchmalern Girolamo da Cremona, Giacomo da Verona, Benedetto Bordone aus Padua. Weit weniger als in Frankreich und den Niederlanden wurden in Italien private Andachtsbücher ausgeschmückt, dafür in größerem Ausmaß Bücher für den liturgischen Gottesdienst. Unter den profanen Werken der Buchmalerei gab es Texte der antiken Klassiker, der italienischen Literatur, von der Petrarca besonders beliebt war. Seine „Trionfi" wurden sowohl von der Wandmalerei als auch von der Buchmalerei und vom Holzschnitt mehrfach illustriert.

Neben dem Hof der Visconti in Mailand war es vor allem der Hof der Este in Ferrara, an dem die Buchmalerei gepflegt wurde. Für den Herzog Borso d'Este (1450–1471) wurde eine zweibändige Bibel mit mehr als 1000 Miniaturen geschmückt, deren Hauptmeister Taddeo Crivelli und Franco Russi waren. Eines der letzten großen Werke der ferraresischen Buchmalerei war ein Gebetbuch für Alfonso d'Este (1481–1535, seit 1501 Gemahl der Lucrezia Borgia).

1434-1464

In Florenz hatte 1444 Cosimo Medici (1537–1574 Herzog von Florenz) die „Bibliotheca Laurenziana“ gegründet. Unter seinem Mäzenat und unter seinem Enkel und Nachfolger Lorenzo il Magnifico († 1492) erlebte die florentinische Buchmalerei ihre beste Blütezeit. Zwischen 1463 und 1485 war Francesco d'Antonio del Chierico nicht nur für die Medici tätig, sondern erhielt auch von anderen Bestellern Aufträge für geistliche und profane Werke. Seine Miniaturen sind mit den Tafelbildern eines Filippo Lippi verwandt. In den Randdekorationen werden die weißen Rankenbänder von reichem Blattwerk, Blumen- und Fruchtgirlanden abgelöst. Gleichzeitig mit Francesco del Chierico arbeitete auch das Atelier der Brüder Gherardo (1445–1497) und Monte (1448–1528) di Giovanni del Fora. In ihrer vollendeten Beherrschung der Perspektive des Raumes und der figuralen Szenen werden ihre Bilder zu selbständigen Kunstwerken, die sich nur in ihren Ausmaßen noch dem Format einer Handschrift fügen. Wenn auch die besten Kalligraphen für die Schrift herangezogen wurden, so waren diese Bücher doch in erster Linie Werke der Malerei, die nebenbei auch noch Texte besaßen. Für den praktischen Gebrauch dieser Texte gab es daneben schon die zahlreichen Drucke.

Von den auswärtigen Auftraggebern der Florentiner Buchmaler war der wichtigste König Matthias Corvinus von Ungarn und Böhmen (1443–1490). Er war einer der größten Bibliophilen der Geschichte. Nicht nur die Buchmaler in Florenz, sondern auch die Ateliers in Ferrara und in Neapel (im Jahre 1476 hatte er Beatrix, die Tochter des Königs von Neapel geheiratet) erhielten von ihm Aufträge. Seine Bibliothek in Budapest, von 1458 bis 1490 gesammelt, enthielt Tausende von kostbaren Handschriften, die meisten in seinem Auftrag hergestellt. Aber schon mit dem Tode des Königs begann auch der Verfall der Bibliothek, die buchstäblich in alle Welt zerstreut und zum großen Teil vernichtet wurde. Heute sind noch 165 Corvinus-Handschriften erhalten, auf zahlreiche Bibliotheken in Europa und Amerika aufgeteilt.

Für Matthias Corvinus arbeitete auch der letzte große Miniator in Florenz, Attavante degli Attavanti (1452–1517), dessen Stil mit dem der Brüder del Fora verwandt ist. Mit besonderer Sorgfalt wurde die Dekoration der reichen Rahmen ausgebildet, deren Motive auch die Initialen wiederholten. Blumenkränze wurden an Kandelabern aufgehängt, Münzen mit historischen oder mythologischen
X Porträtköpfen erscheinen in den Initialen, in die Rahmen sind Bildmedaillons der Verfasser und der Besteller eingefügt; mehrmals zeigen diese Porträts das Bild des Königs Corvinus und seiner Gemahlin Beatrix. Das Wappen des Königs mit dem Raben als Herzschild ziert die Fußleiste.

Aus der ersten Zeit des Attavante stammt eine Prachtbibel in zwei Bänden, die 1478 vollendet wurde. Ihr Besteller war der Herzog von Urbino, Federico da Montefeltro, der in seinem Auftrag ausdrücklich forderte, daß die Bibel alle anderen an Pracht übertreffen sollte.

In anderen Städten Mittelitaliens wurden in der zweiten Hälfte des 15. Jahrhunderts vornehmlich Bücher für den liturgischen Bedarf mit Miniaturen verziert. In Cesena gründete im Jahre 1452 Pandolfo Malatesta eine Bibliothek, deren Bestände und deren Raum bis heute erhalten blieben, für die aber kein Maleratelier tätig war. Dasselbe gilt von der berühmtesten Bibliothek, die 1450 gegründet wurde, der Vaticana. Papst Nikolaus V. (1447–1455) wollte eine Bibliothek besitzen, die alle lateinischen und griechischen Bücher enthielt, und er schickte dazu Einkäufer in alle europäischen Länder und in die Türkei, um Handschriften zu erwerben. Aber für seinen Zweck waren vor allem die Texte wichtig. Es gab daher für die wenigen römischen Buchmaler keine großen Aufträge.

Anders war es in Neapel, wo unter König Ferdinand I. von Aragon (1458–1494) eine Bibliothek entstand, die das Vorbild für die Bibliothek seines Schwiegersohnes Matthias Corvinus wurde. Werke antiker Klassiker wurden in großem Format von hervorragenden Kalligraphen geschrieben. Die ganzseitigen Bilder wirken wie Tafelmalereien, in den Rahmen sind antike Motive verwendet und Wahlsprüche des Herrscherhauses neben dem Wappen angebracht, oft auch „Impresen", das sind sinnbildlich dargestellte Wahlsprüche. Einer der fähigsten Miniatoren in Neapel war Nicolo Rabicano. Nach dem Tode König Ferdinands war er auch für Andrea Matteo III. Acquaviva, den Herzog von Atri, tätig. Für diesen Fürsten hat ein anderer Maler, Reginaldus Piramus aus Monopoli in Apulien, eine griechische Aristoteles-Handschrift mit reichem figuralem Schmuck versehen, der den philosophischen Inhalt des Textes in allegorische Bilder zu übersetzen versucht. *84*
Im Gegensatz zu vielen anderen späten Werken der Buchmalerei, in denen der Text nur mehr als Beigabe zu den Bildern diente, waren hier Bild und Text noch einmal zu einer Einheit geworden, deren Verständnis allerdings nur Menschen mit höchster humanistischer Bildung zugänglich war. Als spätester Vertreter der italienischen Buchmalerei ist noch Giulio Clovio zu nennen (1498–1578), der in Rom und Florenz tätig war. In den Gebetbüchern und Handschriften, die er illuminierte, verwendete er oft Vorlagen von Raffael oder Michelangelo. Seine elegante Kunst war wohl noch Buchmalerei dem Namen nach, in Wirklichkeit aber „Miniatur"-Malerei im späten Sinn, das heißt Tafelmalerei auf kleinstem Raum.

Deutsches Sprachgebiet

Im Gegensatz zu Frankreich-Burgund und zu Italien, wo die Buchmaler fast ausschließlich für fürstliche Auftraggeber arbeiteten, die höchste Anforderungen an künstlerische Qualität stellten, hatte die Buchmalerei auf deutschem Boden schon vor 1450 auch eine mehr volkstümliche Form gefunden, die weiterhin gepflegt wurde. Es gab „Briefmaler", die in anspruchsloser Form einzelne Blätter mit Bildern bemalten oder einfache Papierhandschriften illustrierten. Es gab um die Mitte des 15. Jahrhunderts auch richtige „graphische Betriebe". In Hagenau im Elsaß hatte Diebold Lauber eine Werkstatt eingerichtet, in der Bücher geschrieben und mit kolorierten Zeichnungen *77*
versehen wurden. Ähnlich war die „Hennflin-Werkstatt" in Stuttgart. Zur Literatur, die gerne gekauft wurde, gehörten höfische und volkstümliche Epen, Chroniken und Reisebeschreibungen, *78*
astrologische und medizinische Werke, Bibeln, Legenden, Heilsspiegel. Das große Bedürfnis nach Büchern war es auch, das um dieselbe Zeit der Erfindung Gutenbergs so großen Erfolg und so schnelle Verbreitung ermöglichte.

Unter den zahlreichen Bilderhandschriften, die besonders in Schwaben und in den Gebieten des Oberrheins angefertigt wurden, sind einige Chroniken bemerkenswert. Im Gebiet von Konstanz entstanden nach 1450, jedoch vielleicht nach etwas älteren Vorlagen, mehrere Exemplare einer Chronik des Konstanzer Konzils von Ulrich von Richenthal. Die kolorierten Zeichnungen der Handschrift wurden in Holzschnitte übertragen, als die Chronik 1483 in Augsburg gedruckt wurde. Die „Spiezer Chronik" wurde für den Schloßherrn von Spiez (Schweiz) um 1485 vom Berner Gerichtsschreiber Diepold Schilling mit zahlreichen Bildern illustriert.

In Württemberg ließ die Pfalzgräfin Mechthild um 1480 eine deutsche Übersetzung der altindischen Fabelsammlung „Bidpai" (Buch der Beispiele alter Weisen), die ihr Hofkaplan Antonius von Pforr verfaßt hatte, mit Bildern ausstatten. Derselben Zeit gehört ein „Hausbuch" an, ein Sammelband mit Planetenbildern, medizinischen und technischen Vorschriften und Zeichnungen. Der Künstler des Buches ist in der Kunstgeschichte als „Hausbuchmeister" bekannt.

Für Handschriften auf Papier war am besten die Technik der aquarellierten Federzeichnung geeignet. Pergament wurde nur noch für anspruchsvollere Handschriften verwendet, die entsprechende Technik war die Deckfarbenmalerei. Ein solches Werk ist die „Ottheinrichsbibel", ein deutsches Neues Testament, das um 1450 in Bayern geschrieben und teilweise illuminiert wurde. Erst 1530 ließ der Pfalzgraf Ottheinrich vom Maler Matthias Gerung die restlichen Bilder an den freigelassenen Stellen einfügen. Für den Salzburger Erzbischof Bernhard von Rohr (1466–1482) und seinen Nachfolger Johann Peckenschlager (1482–1487) wurde in Regensburg von Berthold Furtmayr und seinen Gehilfen ein prachtvolles fünfbändiges Missale ausgemalt.

In den letzten Jahrzehnten des 15. Jahrhunderts war die bis dahin weit verbreitete volkstümliche Buchmalerei fast restlos vom Holzschnitt abgelöst worden, der vielfach den Stil der Malereien fortführte, deren Meister manchmal selbst zur Holzschnitt-Technik übergingen. Andere Buchmaler wurden auch von Druckern angestellt, in die gedruckten Bücher Initialen hineinzumalen, für die im Text ein freier Platz gelassen worden war. Während in Oberitalien sehr oft gedruckte Bücher mit prachtvollen Miniaturen ausgestattet wurden, kam das auf deutschem Boden nur selten vor. Ein Beispiel dafür ist ein Exemplar des ersten deutschen Bibeldruckes (Straßburg 1466), das für
79 Erzherzog Sigismund von Tirol mit vielen Randbildern in Deckfarben geschmückt wurde.

Die Tätigkeit der Wiener Hofminiatoren hatte um die Jahrhundertmitte aufgehört. Wenn es auch in den einzelnen österreichischen Ländern, ebenso wie am Hofe selbst, kein größeres Atelier gab, so waren doch da und dort einzelne Meister tätig, die für Kirchen, Klöster (Melk, Klosterneuburg) und private Auftraggeber Bücher illustrierten, meist Gebetbücher und liturgische Handschriften. Einer dieser Meister war Ulrich Schreier aus Salzburg (zwischen 1460 und 1490), der in seiner späteren Zeit in Wien und Preßburg arbeitete und neben Miniaturen auch prächtige Bucheinbände schuf. Stilistisch führte er die Traditionen der ersten Jahrhunderthälfte weiter, übernahm aber auch Motive aus der gleichzeitigen Druckgraphik. Unter dem Namen „Lehrbüchermeister" ist ein Buchmaler bekannt, der um 1465 mehrere Lehrbücher für den jungen Prinzen Maximilian (geb. 1459) ausmalte, die ein hervorragender Schreibkünstler geschrieben hatte, Wolfgang Spitzweg, zuerst Schreiber in der kaiserlichen Hofkanzlei in Wiener Neustadt, dann Stadtschreiber dortselbst. Die farbenfrohen Bilder des Lehrbüchermeisters lassen vermuten, daß er französische Miniaturen aus der Zeit um 1400 kannte.

Wenn auch der Stil dieser Lehrbücher im Vergleich zur westeuropäischen Kunst noch altertümlich war, so wurden doch die Bücher selbst zu einem wichtigen Verbindungsglied zwischen der Kunst des geschriebenen und des gedruckten Buches. Denn als Maximilian im Jahre 1508 nach der Annahme des Kaisertitels daran dachte, sich ein neues Gebetbuch zusammenzustellen, erinnerte er sich an seine Lehrbücher. Er ließ sich diese Bücher aus Wien kommen, und die Schrift darin diente als Vorbild für die „Frakturschrift“, in der Schönsperger in Augsburg im Jahre 1514 das Gebetbuch für den Kaiser druckte.

Für die Spätzeit der deutschen Buchmalerei ist die Persönlichkeit Kaiser Maximilians von größter Bedeutung. Schon als Kind war in ihm die Freude am schönen Buch erweckt worden. Am burgundischen Hof in den Niederlanden, wo er in den kurzen Jahren seiner Ehe mit der Herzogstochter Maria (1477–1482) seine glücklichste Zeit erlebte, war ihm der ganze Reichtum der flämischen Buchmalerei zugänglich gewesen. Er kannte den Zauber dieser Kunst, aber auch die notwendige Beschränkung auf wenige Benützer. Die Bücher, die er selbst plante, von denen allerdings nur wenige zur Ausführung gelangten, sollten aber in die Breite wirken. Daher mußten sie gedruckt werden, und ihre Bilder konnten nur Holzschnitte sein. Für sich selbst aber ließ er sich auch weiterhin Bücher schreiben, und auch die großen Holzschnittfolgen seiner Werke mußten ihm vorher in handgezeichneten Skizzenbüchern vorgelegt und dann noch für seinen eigenen Gebrauch in Deckfarben ausgeführt werden. In Westdeutschland (Freiburg), in Bayern, Tirol und Österreich waren Buchmaler für den Kaiser tätig. Neben dem Tiroler Jörg Kölderer ist der bekannteste dieser Maler Albrecht Altdorfer, der einen großen Teil der Miniaturen für seinen „Triumphzug“ herstellte. Das gedruckte Gebetbuch ließ er in seinem eigenen Exemplar von den ersten Künstlern seiner Zeit mit Randzeichnungen versehen. Dürer, Altdorfer und Cranach haben dieses klassische Werk des Übergangs vom geschriebenen zum gedruckten Buch illustriert.

Sein Tiroler Jagdbuch und das Fischereibuch, von Kölderer mit Landschaftsbildern in einem
durchaus neuen, originellen Stil ausgestattet, wurde nicht mehr gedruckt. Das handgeschriebene
„Ambraser Heldenbuch“ mit einer umfangreichen Sammlung mittelalterlicher Epik, war für den *82*
persönlichen Gebrauch des Kaisers bestimmt. Ein Maler mit den Initialen V. F. (Ulrich Funk?)
hat es 1517 mit Randfiguren im Stil der „Donauschule“ geschmückt.

Spätestens 1520 hatte die Buchmalerei aufgehört, die organische Ergänzung eines zum Gebrauch bestimmten Buches zu sein. Sie bestand zwar noch fort, aber nur als eine Art Virtuosenkunst für Luxuswerke. Albrecht Glockendon, Mitglied einer Nürnberger Künstlerfamilie, illuminierte um 1530 mehrere Gebetbücher für Herzoge und Kirchenfürsten. Die Miniaturen sind verkleinerte Tafelbilder im Stil Cranachs. Die zwei Riesenbände „Ehrenspiegel des Hauses Österreich“, von

Johann Jakob Fugger 1555 Kaiser Karl V. gewidmet, wurden von Johannes Schreyer (und Gehilfen) mit Tausenden von Miniaturen und farbigen Wappen ausgemalt, und das Werk wurde um 1590 in mehreren Exemplaren kopiert. Der große Bibliophile Erzherzog Ferdinand von Tirol († 1596) ließ für seinen Sohn, den Kardinal Andreas von Österreich, vom Antwerpener Maler Georg Hoefnagel zwischen 1582 und 1590 ein Missale mit prachtvollen allegorischen Miniaturen ausmalen. Am ehesten dienten noch Werke wie das Schwazer Bergwerksbuch (1556) mit Abbildungen zur Technik des Bergbaues dem praktischen Gebrauch.
Die Buchmalerei wurde zwar nicht mehr benötigt, weil sie durch den Druck und die Druckgraphik vollen Ersatz gefunden hatte. Aber ihre Werke wurden in den öffentlichen und privaten Bibliotheken sorgfältig aufbewahrt und bewundert, soweit sie nicht durch Brände und Kriege verlorengingen.

Böhmen

Die Erinnerung an die großartigen Leistungen der Wenzelswerkstatt in Prag lebte in Böhmen bis in die zweite Hälfte des 15. Jahrhunderts weiter. Es gab allerdings für die Buchmaler nur wenige Aufträge: Missalien, Breviere, manchmal auch Inkunabeln wurden mit Bildern und Randdekorationen ausgestattet. Eine Autobiographie Kaiser Karls IV. wurde in mehreren Exemplaren, teils in lateinischer, teils in tschechischer Sprache kopiert und illuminiert. Eine solche Kopie vom Jahre 1472 ist von Johannes de Rudnitz signiert.
Würdige Gegenstücke zu den Wenzelshandschriften waren einige liturgische Handschriften in größtem Format, die zwischen 1490 und 1500 entstanden. Michael von Wrchowist, Berghofmeister des Silberbergwerkes in Kuttenberg, ließ ein Graduale (mit Noten) für die Hussitengemeinde in Kuttenberg schreiben und von einem Meister illuminieren, der sich „Michael Illuminator" nennt. Das Buch war 1495 vollendet. Die breiten Ränder sind mit üppigem Rankenwerk ausgefüllt, in den großen Initialen befinden sich Bilder zu den Festen des Kirchenjahres, teilweise Kopien nach Stichen von Schongauer. In den Ranken und in kleineren Initialen sind Figuren und Szenen aus dem Betrieb des Bergwerkes dargestellt. Derselbe Michael hat noch ein zweites ähnliches Werk illuminiert, ein „Kantionale", das als Titelblatt einen Durchschnitt durch das Bergwerk von Kuttenberg zeigt. Der Text des hussitischen Graduale unterscheidet sich nicht von dem eines römisch-katholischen. Nur ist beim Fronleichnamsfest der Rand mit reichem Reben- und Traubenschmuck ausgestattet – ein Hinweis auf die Kelch-Kommunion der Hussiten. In einer Initiale ist auch Johannes Hus als Märtyrer dargestellt. Damit wurde die Buchmalerei auch in den Dienst der Glaubenskämpfe gestellt. Ein katholisches Gegenstück dazu war ein ebenso reich illuminiertes Graduale in zwei Bänden, das die Herren von Sternberg in Bechyn 1499–1500 von Jakob von Olmütz ausmalen ließen.
Zu den Spätwerken der böhmischen Buchmalerei gehört eine Kopie des Stammbaumes Karls IV. nach den Fresken auf Burg Karlstein (14. Jh.), die ein Maler für Maximilian II. anfertigte, der seit

1548 König von Böhmen war. Sein Statthalter in Böhmen war bis 1564 sein jüngerer Bruder Ferdinand, der dann Tirol übernahm. Für Ferdinand fertigte 1585 der Prager Maler Matthias Hutski eine Handschrift mit der Wenzelslegende an, die mit Kopien der Fresken in der Wenzelskapelle im Dom von Prag ausgestattet war. Für den in Prag residierenden Kaiser Rudolf II. (1576–1612) wurden noch am Beginn des 17. Jahrhunderts Handschriften mit okkultistischen Texten und Bildern hergestellt.

Buchmalerei in Handschriften mit cyrillischer Schrift

Im Jahre 862 wurde Cyrillus mit seinem Bruder Methodius vom byzantinischen Kaiser Michael III. zum Fürsten Rostislav nach Mähren geschickt, um dort den christlichen Glauben zu verkünden. Für die Übersetzung der Hl. Schrift und der liturgischen Bücher in die slawische Sprache schuf Cyrillus ein Alphabet, das der Phonetik dieser Sprache angepaßt war. Die Buchstaben waren zum großen Teil der griechischen Schrift entnommen. Die weltgeschichtlichen Ereignisse brachten es mit sich, daß der Gebrauch dieser Schrift in ihrem Ursprungsland schon bald abgeschafft wurde, da die slawischen Völker in Mähren und Böhmen schon im 10. Jahrhundert der lateinischen Kirche angegliedert wurden. Dafür wurde die Schrift von den Slawen im Süden und Osten übernommen, die der griechischen Kirche angehörten.

Wie die cyrillische Schrift eine Tochter der griechischen ist, so ist auch die Buchmalerei eine Fortsetzung der griechischen, modifiziert durch nationale Zierformen. Denkmäler sind erst aus dem späten Mittelalter erhalten. Dafür wurde diese Kunst noch bis weit in die Neuzeit gepflegt. Analog der Buchmalerei im lateinischen Kulturbereich wurde sie auch in der slawisch-orthodoxen Welt fast ausschließlich für den Schmuck der sakralen Bücher verwendet. Auftraggeber waren vor allem Kirchen und Klöster, manchmal auch Fürsten, die für ein Kloster Bücher schreiben und illustrieren ließen. Ein Mittelpunkt der Buchkunst war – vom Mittelalter bis ins 20. Jahrhundert – der Berg Athos mit seinen zahlreichen Klöstern. Die strengen Vorschriften für die Ikonen- und Wandmalerei betraf auch die Buchmalerei, zumal es meist dieselben Meister waren, die in allen Arten der Malerei tätig waren. Diese Vorschriften und die gewissenhafte Wahrung der alten Traditionen bewahrten die Buchmalerei vor jeder Gefahr der Säkularisierung.

Werke der slawisch-orthodoxen Buchmalerei sind heute in zahlreichen Bibliotheken des Westens aufbewahrt. Der größte Teil davon aber befindet sich noch immer in Klöstern von Mazedonien, Bulgarien, Rumänien und Rußland. Vieles ist auch in die staatlichen Bibliotheken gekommen.

Aus der reichen Fülle dieser Miniaturen sollen nur zwei Beispiele ausgewählt werden.

In Novgorod arbeitete in den achtziger Jahren des 14. Jahrhunderts der Grieche Theophanes als Freskomaler und als Buchmaler. Um 1390 wurde er nach Moskau berufen, wo er um 1410 starb.

85 „Apostolos“ (Handschrift mit den Apostelbriefen). 1610 im Fürstentum Moldau geschrieben und illuminiert, im Auftrag des Metropoliten der Moldau, Anastasios Krimkowič. Abraham bewirtet die drei Engel, unten Anastasios Krimkowič vor dem von ihm gestifteten Kloster Dragomirna. Pergam., 355×245 mm. *Wien, Österr. Nat. Bibl., Cod. Slav. 6, fol. 75r*

86 Psalter. Ende des 14. Jhs. von einem Künstler der Schule von Novgorod illuminiert. Der Prophet Asaph in einem Baldachin-Rahmen von reichem Flechtwerk. Pergam., 225×165 mm. *Moskau, Lenin-Bibl., Ms. 8662, fol. 169*

87 Evangeliar für die jakobitische Liturgie. 1220 vom Mönch Mûbârâk für das Kloster Mar Mattai (in der Nähe von Mossul) geschrieben. Taufe Christi. Papier, 435×335 mm. *Bibl. Vatic., Cod. Vat. Syr. 559, fol. 26r*

88 Heiligenlegenden. Ägypten, koptische Handschrift des 12./13. Jhs. Der hl. Johannes befreit eine Königstochter von einer Schlange. Papier, 290×210 mm. *Bibl. Vatic., Cod. Vat. Copt. 60, fol. 61v*

89 Äthiopisches Evangeliar. 18. Jh., für das Kloster Abba Antonios geschrieben. König Salomon. Pergam., 365×310 mm. *Wien, Österr. Nat. Bibl., Cod. aethiop. 25, fol. 2v*

90 Äthiopisches Evangeliar. Um 1800 geschrieben. Christus mit Jüngern, ein Kranker vor ihm auf den Knien, derselbe Kranke nach der Heilung stehend. Rechts ein staunender Mann, neben ihm zwei Bösewichte im Profil, damit den Beschauer nicht der böse Blick trifft. Pergam., 365×317 mm. *München, Bayer. St. B., Cod. aethiop. 25, fol. 29r*

91 Talmud-Kommentar. Von dem in Deutschland geborenen, in Toledo ansässigen Rabbiner Ascher ben Jechiel (1250–1327) geschrieben. – Deutscher Schrift-Typ. Beginn eines Hauptstückes mit Rankenwerk und Drolerien in Farben und Gold. Pergam., 327×245 mm. *Paris, Bibl. Nat., Ms. hebr. 418, fol. 198r*

92 Pentateuch (die Fünf Bücher des Moses). Vor 1348, wahrscheinlich in Frankreich geschrieben. Schriftseite mit „Massora“, d. i. Kommentar, der zu dekorativen Mustern und Figuren gestaltet ist. Pergam., 285×195 mm. *Wien, Österr. Nat. Bibl., Cod. hebr. 28, fol. 244r*

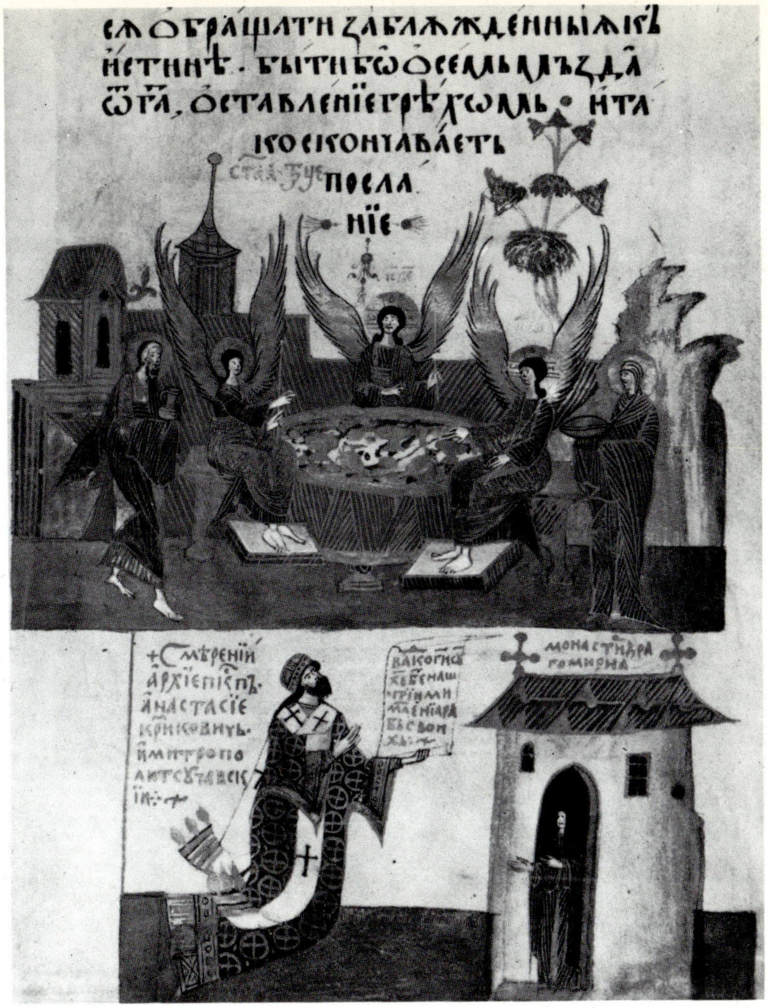

85

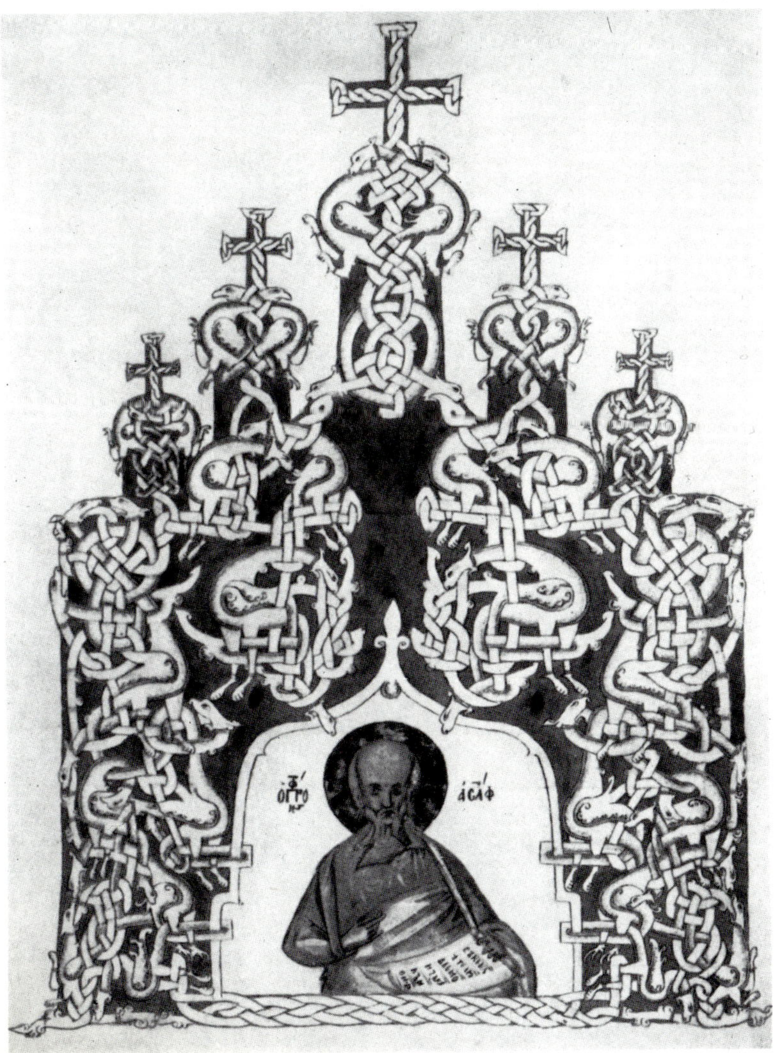

86

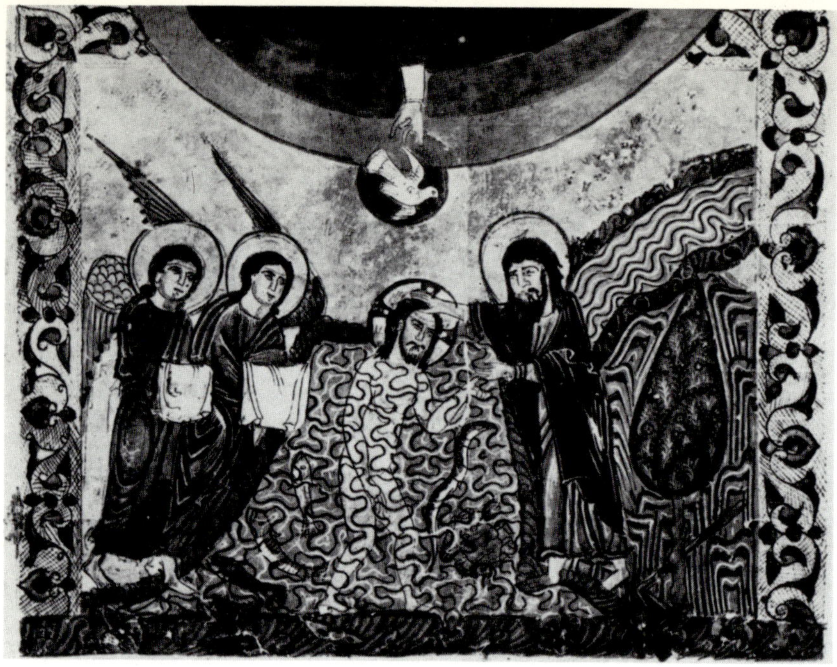

87

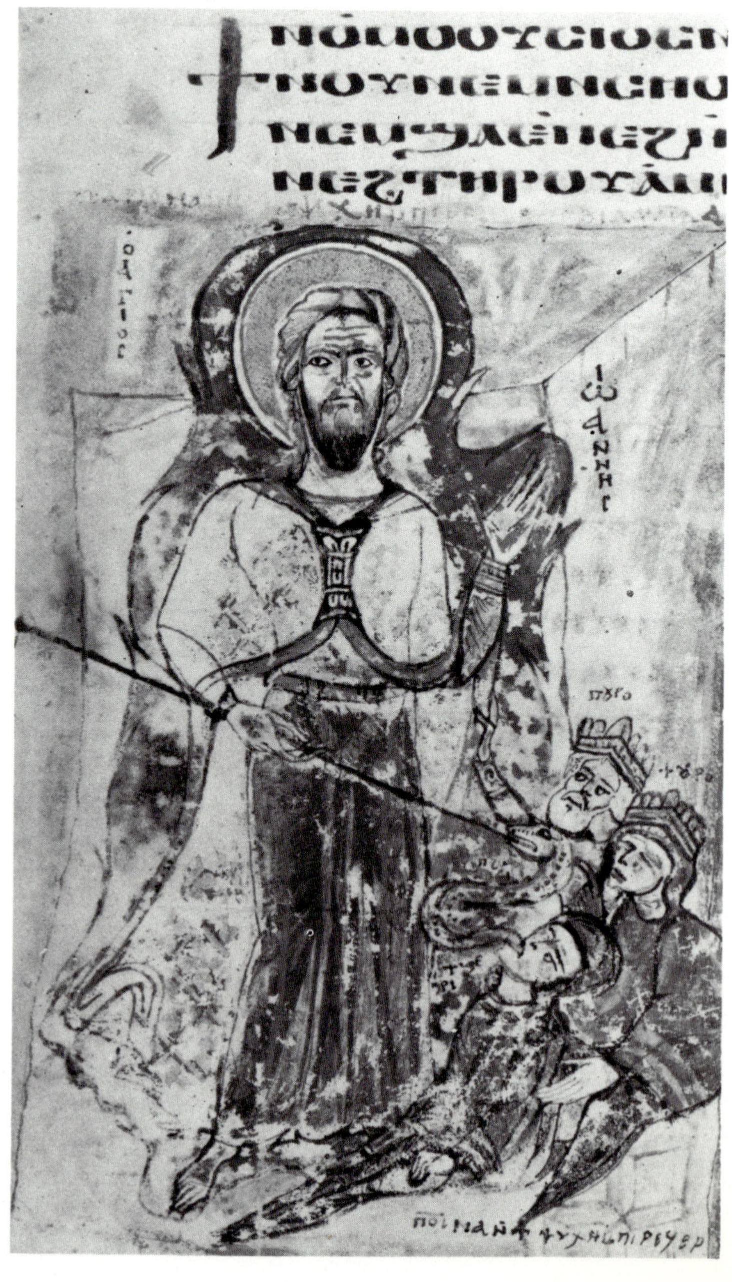

88

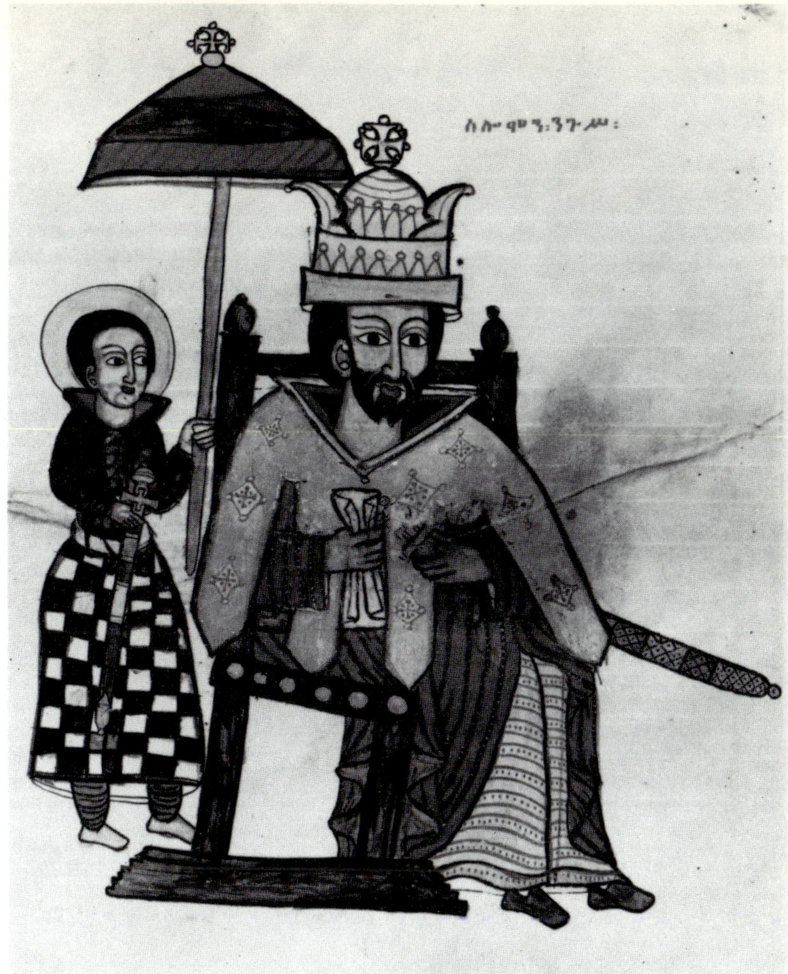

89

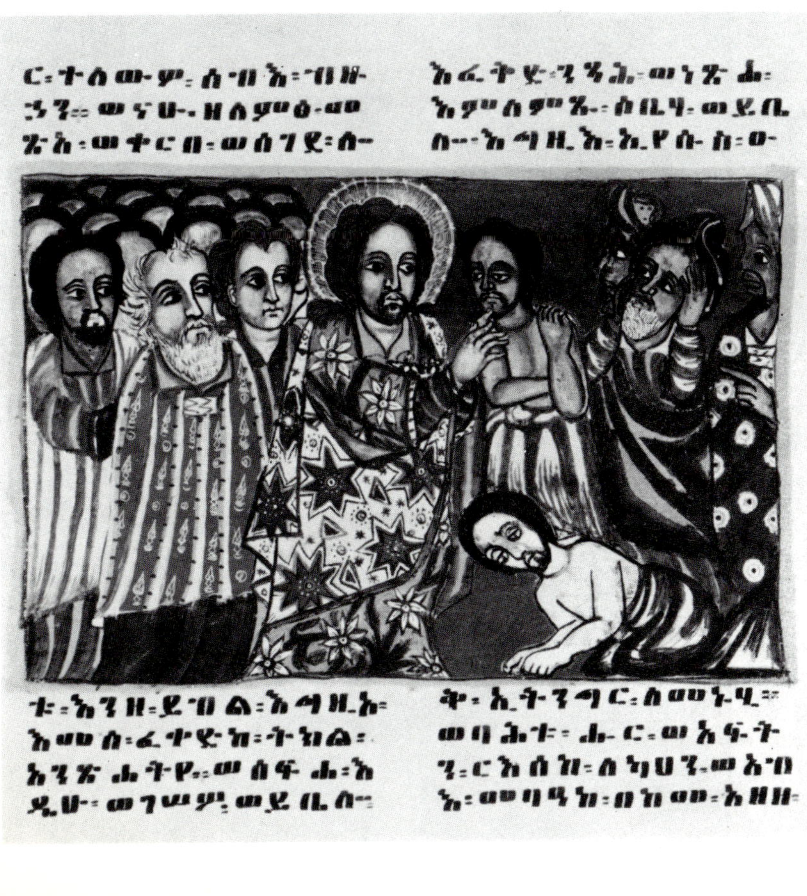

90

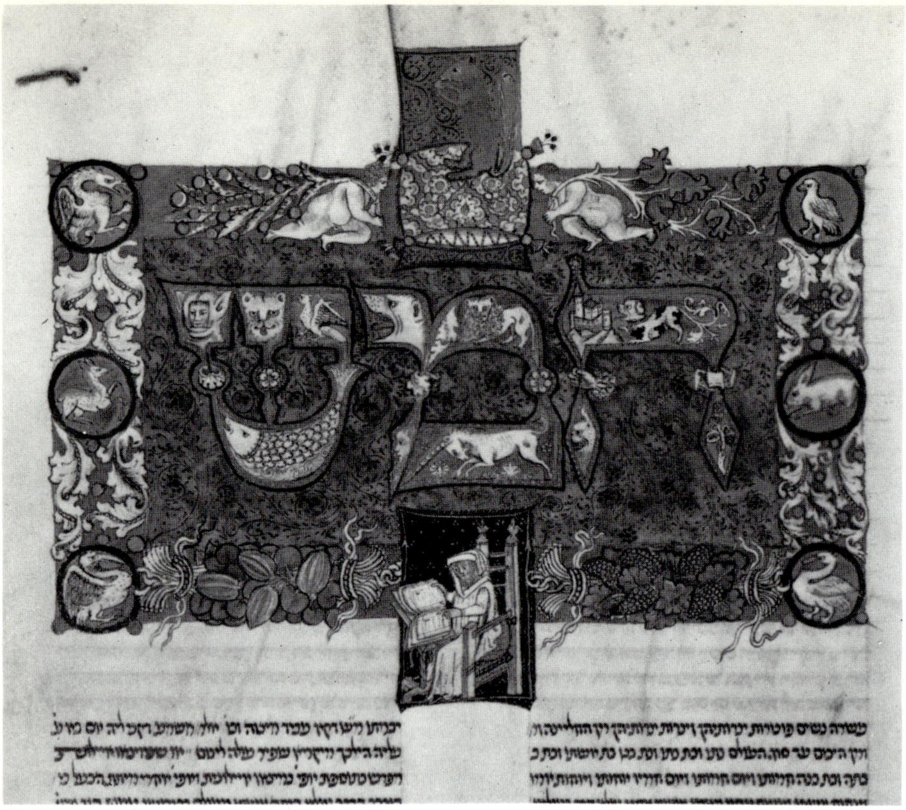

91

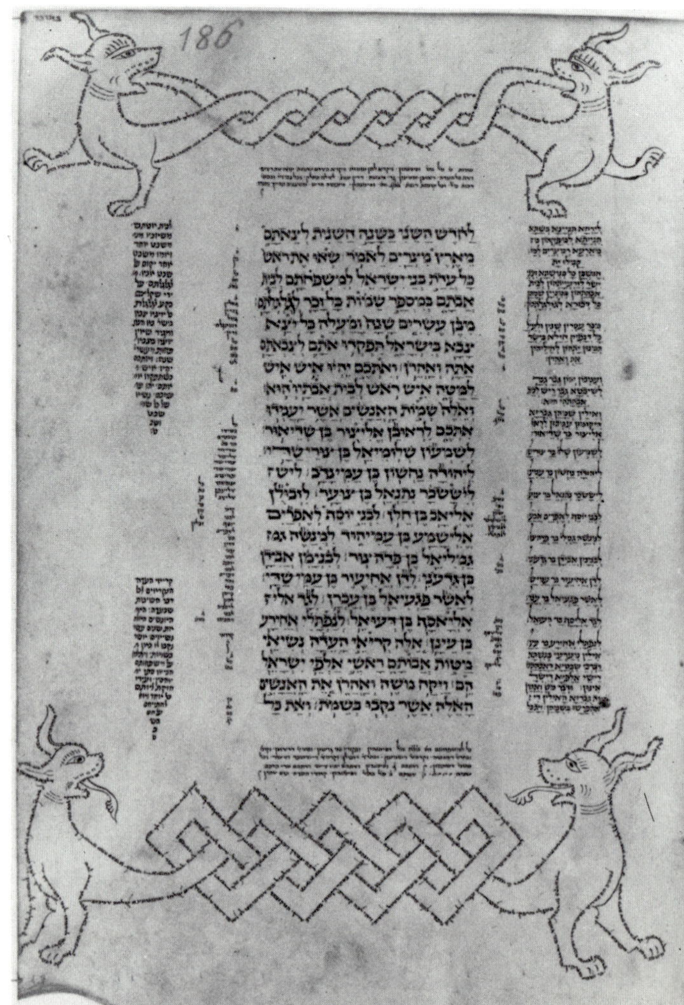

92

Es sind von ihm mehrere Werke erhalten, und sein Stil hielt sich noch längere Zeit hindurch. In
einem von ihm illuminierten Psalter sind mehrere Propheten und alttestamentliche Sänger abge-
bildet. Die Figuren sind von einem Geflecht aus dünnem Riemenwerk umgeben, das an volkstüm- *86*
liche Motive erinnert.

Aus dem Jahre 1610 stammt ein prachtvoller „Apostolos" (die Briefe des Apostels Paulus) mit
zahlreichen Miniaturen. Die langgestreckten Figuren tragen Gewänder mit vielen Goldlichtern. *85*
Die Handschrift wurde vom Metropoliten der Moldau, Anastasius Krimkovič, dem von ihm gegrün-
deten Kloster Dragomirna geschenkt und mit eigenhändiger Widmung versehen.

Einen anderen Charakter als die Buchmalerei in cyrillischen Handschriften zeigen die Bücher in „glagolitischer" Schrift, einer älteren Form der cyrillischen Schrift, die hauptsächlich in Kroatien in Gebrauch war. Die Beziehungen zu Italien, besonders zu Venedig, zeigen sich auch in den Zierformen der Buchmalerei. Obwohl in Kroatien schon im 15. Jahrhundert auch der Buchdruck ausgeübt wurde, erhielt sich auch dort die Buchmalerei noch weit über 1500 hinaus.

BUCHMALEREI BEI AUSSEREUROPÄISCHEN CHRISTLICHEN VÖLKERN

Armenische Buchmalerei

Seit dem Ende des 3. Jahrhunderts waren die Armenier ein christliches Volk. Bedeutende Denkmäler altchristlicher Architektur sind noch erhalten. Im 5. Jahrhundert schuf der heilige Mönch Mesrop in Anlehnung an das griechische und das Awesta-Alphabet die armenische Schrift und damit die Grundlage einer eigenen Literatur.

Die Kunst der armenischen Buchmalerei ist in zahlreichen Handschriften aus der Zeit zwischen dem 10. und 17. Jahrhundert bezeugt, die fast ausschließlich für den kirchlichen Gebrauch bestimmt waren. Die Blütezeit dieser Kunst war das 13. Jahrhundert, als die Armenier im Königreich Kilikien einen national selbständigen Staat besaßen. Besonders reich ist die Buchmalerei an Ornamenten und Zierbuchstaben, die die „Drôlerien" der flämischen Buchmalerei des 15. Jahrhunderts vorwegnehmen. In den figürlichen Kompositionen sind wohl byzantinische Anregungen verwertet, aber die Phantasie der armenischen Buchmaler war nicht durch die strengen ikonographischen Vorschriften der byzantinischen Maler beengt, sondern sie konnten die religiösen Zyklen mit neuen Motiven erweitern, in die sie auch Beobachtungen aus dem täglichen Leben verwerteten.

Einer dieser Maler war der Mönch Toros Roslin, der in der zweiten Hälfte des 13. Jahrhunderts

XII in Kilikien tätig war. Seine Figuren zeigen mehr Leben und Bewegung als die gleichzeitigen abendländischen Miniaturen und Fresken.

Armenische Schreiber- und Malerwerkstätten gab es auch außerhalb des Mutterlandes, das die Armenier zu wiederholtenmalen verlassen mußten: in Persien, auf der Krim, in Syrien, in Konstantinopel. Diese Tradition der Pflege armenischer Buchkultur hat sich bis heute erhalten: Die Mechitaristenklöster in Venedig und in Wien besitzen nicht nur in ihren Bibliotheken die alten Handschriften, sondern sorgen auch in ihren Druckereien für die Erhaltung der armenischen Literatur.

Syrische Buchmalerei

Der Briefwechsel des syrischen Königs Abgar († 50 n. Chr.) mit Christus gehört zwar zu den altchristlichen apokryphen Schriften, hat aber als historischen Grund die Tatsache, daß Syrien schon in apostolischer Zeit das Christentum annahm. Die syrische Kirche blieb nicht auf das ursprüngliche Territorium beschränkt, das politisch nie ganz selbständig war, sondern breitete sich weit nach Osten hin aus, bis nach Mesopotamien und Persien. Obwohl die dogmatischen Kämpfe des 5. Jahrhunderts die Trennung von Rom mit sich brachten, hielten sich die syrischen „nestorianischen" Gemeinden auch unter der Herrschaft des Islam durch das ganze Mittelalter hindurch bis in die Neuzeit.

Die Denkmäler syrischer Buchkunst reichen bis ins 6. Jahrhundert zurück. Im Bereich dieser Kunst
Ia liegen auch die ältesten griechischen Prachthandschriften, vor allem die „Wiener Genesis" (vgl. S. 17). Sie sind wahrscheinlich im Gebiete des syrischen Antiochia entstanden. Antik-hellenistische Tradition verband sich in ihnen mit der unmittelbaren Beobachtung der dort lebenden Menschentypen und der Tierwelt. Demselben Grenzgebiet zwischen griechischer Antike und Orient gehört
II auch die älteste syrische Handschrift an, das „Rabula-Evangeliar" (vgl. S. 18). Nach der umfangreichen Schlußschrift war Rabula der verantwortliche Leiter des Scriptoriums, unter dem fünf namentlich genannte Schreiber die einzelnen Teile geschrieben haben. Von den Malern ist in der Schlußschrift nicht die Rede. Dem vielfältigen und verschiedenartigen Schmuck nach müssen es mehrere gewesen sein. Die Existenz einer Schreibschule mit so ausgezeichneten Kräften beweist, daß die Buchkultur damals in syrischen Klöstern auf hoher Stufe stand, auch wenn aus dieser frühen Zeit sonst nichts erhalten blieb.

Erst vom 11. Jahrhundert an sind wieder mehrere syrische Bilderhandschriften erhalten, die deutlich den Einfluß der islamischen Umgebung zeigen, in der sie entstanden sind.

Am 2. Mai 1220 wurde im Kloster Mar Mattai bei Mossul vom Schreiber Mûbārāk ein Evangeliar
87 vollendet, das mit seinen fünfzig Miniaturen ein würdiges Gegenstück zum Rabula-Evangeliar bildet. Die Bilder stammen von mehreren Händen. Als Vorbilder dienten byzantinische Miniaturen,

die aber „arabisiert“ erscheinen: die Personen tragen Turbane und Kaftane, die Architekturen zeigen islamische Züge, ebenso die dekorativen Elemente. Es handelt sich um christliche Malerei in islamischem Stil.

Koptische Buchmalerei

Nach offiziellen Angaben gibt es gegenwärtig in Ägypten etwa 1,5 Millionen christliche Kopten. In ihnen lebt das ägyptische Christentum fort, das beim Ausgang der Antike das ganze Land umfaßt hatte. In Ägypten lebten die ersten christlichen Mönchsgemeinschaften, die sich um die in den mittelalterlichen Legenden hoch gepriesenen „Wüstenväter“ gebildet hatten. Ihre Sprache war das Ägyptische, im Gegensatz zum Griechischen der Byzantiner, die seit dem 4. Jahrhundert Ägypten beherrschten, und im Gegensatz zu den Arabern, die um 640 das Land eroberten. Der Name „Kopten“ ist aus dem arabisierten griechischen Wort „Aigyptioi“ abgeleitet. Die koptische Sprache hielt sich bis ins 16. Jahrhundert, wurde aber langsam durch das Arabische verdrängt. Auch das christliche Bekenntnis wurde stark zurückgedrängt, hat sich aber bis heute erhalten.
Obwohl die Kopten nie einen selbständigen Staat hatten, war doch ihre nationale und religiöse Eigenart stark genug, um sich künstlerisch auszudrücken. In der Buchmalerei sind es ausschließlich gottesdienstliche Bücher, die in verschiedenem Maße geschmückt wurden; meist sind es dekorative Elemente an den Seitenrändern, manchmal ganze Zierseiten, die mit Flechtwerk und geometrischen Mustern überzogen sind. Aber auch figurale Darstellungen aus Bibel und Legende *88*
sind in die Texte eingefügt. Beispiele für ornamentale koptische Buchmalerei reichen bis ins 3. Jahrhundert zurück. Figurale Malerei ist erstmals aus dem 8. Jahrhundert erhalten und setzt sich bis ins 19. Jahrhundert fort.
Die Anregungen für die Darstellung von Personen und von Szenen gehen von byzantinischen Vorbildern aus. Hingegen stammen die ornamentalen Zierelemente weitgehend aus dem volkstümlichen Formenschatz. So spiegelt die koptische Buchmalerei den Charakter der koptischen Kirche wider, die nie eine Kirche der Herrschenden war, sondern immer eine Kirche des einfachen Volkes.

Äthiopische Buchmalerei

Obwohl Äthiopien die Geschichte des Reiches und des Kaiserhauses auf König Salomon und die Königin von Saba zurückführt, gibt es für die Zeit vor dem 13. Jahrhundert wenige verläßliche Daten. Das gilt auch für die Anfänge des Christentums. Die Apostelgeschichte berichtet, daß der Kämmerer der äthiopischen Königin Kandake vom Diakon Philippus getauft wurde. Nach der

XI Armenisches Evangeliar
Zweite Hälfte des 13. Jahrhunderts in Kilikien geschrieben, von Toros Roslin illuminiert.
Auferweckung des Lazarus.
Pergam., 260 × 190 mm. Erewan, Bibliothek Matenadaran, Nr. 9422

XII Darmstädter Haggada
Anfang des 15. Jahrhunderts von Israel ben Rabbi Meir aus Heidelberg geschrieben. Das Buch enthält rituelle Gebete und Lieder sowie Legenden für die beiden ersten Abende des Pessach-Festes.
Kapitelanfang in reichem architektonischem Rahmen; in den Räumen des mehrstöckigen Gebäudes sind Personen dargestellt, die mit dem Lesen der Haggada beschäftigt sind.
Pergam., 355 × 245 mm. Darmstadt, Hess. Landes- und Hochschulbibl., Cod. or. 8, fol. 48 v

Apostellegende hat der Evangelist Matthäus in Äthiopien das Christentum gepredigt. Sicher ist, daß das Land schon im Altertum christlich war, und daß es sein Christentum auch gegen den Ansturm des Islam beibehielt.

Die frühesten Buchmalereien aus Äthiopien stammen aus dem 14. Jahrhundert; Wandmalereien sind auch schon aus dem 12. Jahrhundert erhalten. Dafür ist die Buchmalerei eine Kunst, die auch nach 1500 noch weiterlebte, weil sie nicht durch den Buchdruck verdrängt wurde. Das Festhalten an den alten Ausdrucksformen macht es sehr schwer, die erhaltenen Handschriften zu datieren, wenn sie nicht mit einem bekannten Herrscher in Zusammenhang stehen, wie etwa mit der „Gondarschule“ unter der Kaiserin Mentewwāb (1720–1755).

Die Kunst der Buchmalerei gehört ausschließlich dem sakralen Bereich an, der aber über die Bibel
89 und Heiligenlegenden hinaus auch das Gebiet magischer Zauberkunst umfaßt. Auch die Heiligenlegenden, darunter besonders die zahlreichen Marienlegenden, haben etwas von Zaubermärchen an sich.

Ihre ersten Anregungen hat die äthiopische Kunst wohl von byzantinischen Ikonen erhalten, hat aber solche Vorbilder nach ihren eigenen Vorstellungen verarbeitet. Auch die Tätigkeit venezianischer Künstler im 15. und 16. Jahrhundert hat den eigenwilligen Landesstil nicht verändert.

Die Malerei ist reine Flächenkunst, die sich nie um die Darstellung des Raumes bemüht. Das einzig wichtige Objekt der Darstellung ist die menschliche Gestalt. Pflanzen, Tiere oder Architektur sind nur dekorative Beigabe, die flüchtig angedeutet wird. Die Gesichter sind maskenhaft, die dargestellten Menschen sind Typen, nicht Individuen. Bewußt wird immer die Beziehung zum Beschauer hergestellt: die Gesichter sind in Vollansicht gegeben, oft sind die großen Augen suggestiv auf den Betrachter gerichtet. Nur die Bösen haben diese Beziehung zum Beschauer nicht. Sie sind im Profil
90 dargestellt, damit ihr böser Blick niemandem schaden kann. Wichtig ist auch die Darstellung der Hände, deren Gesten im Alltag die Rede begleiten, und die ihre eigene Sprache haben. Die Ornamente sind Teppichmustern ähnlich. Ihre Band- und Rankenzeichnungen, ihre geometrischen Motive

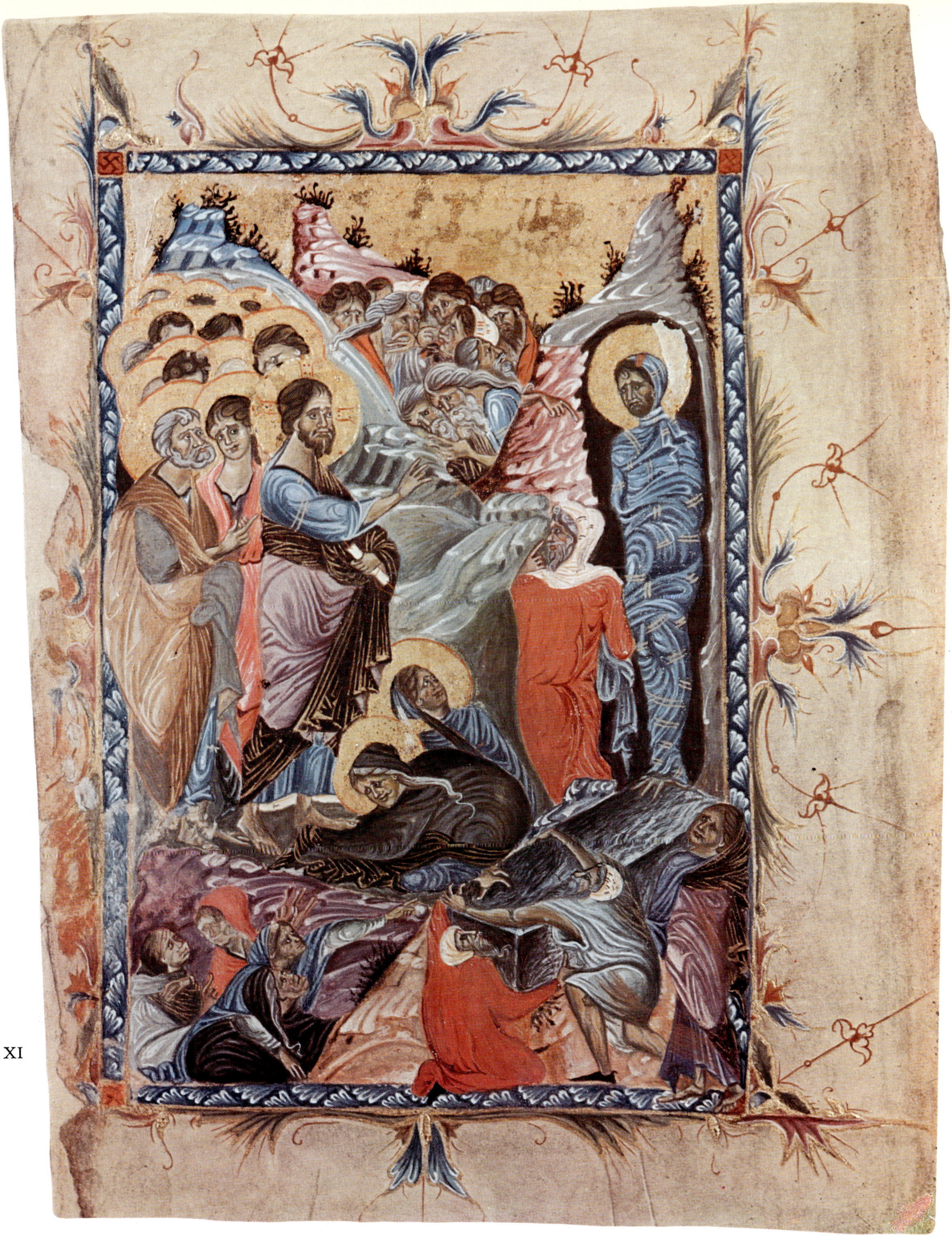

XI

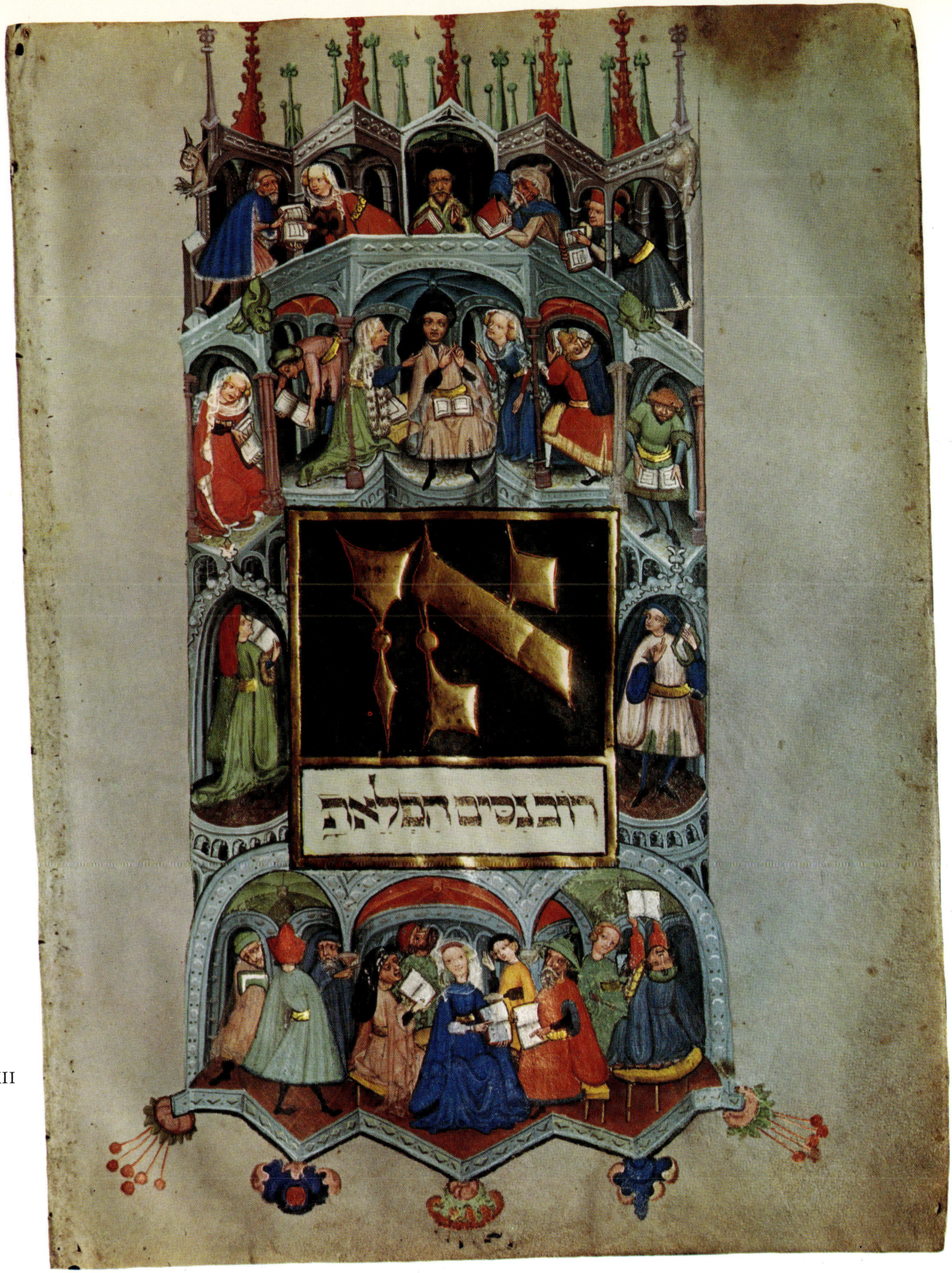

XII

haben neben der Funktion der Verzierung häufig den eines Zaubermittels, besonders wenn darin das bannende Auge erscheint.
Bücher mit magischen Texten und Malereien sind häufig in Rollenform gebracht. Die schmalen Pergamentstreifen sind zu langen Bändern aneinandergenäht. Als Beschreibmaterial ist bis heute das Pergament in Gebrauch, das im Vergleich zu den mittelalterlichen europäischen Pergamenten viel derber ist und auch aus den Häuten von Pferden und Eseln hergestellt wird. Auf den Bildern der Evangelisten sind – ähnlich wie in Byzanz und im Abendland – oft auch die Mal- und Schreibwerkzeuge dargestellt: das krumme Messer zum Spitzen der Rohrfeder, die in den Boden gesteckten Kuhhörner für Tinte und Farbe. Als Farbe werden verschiedene farbige Erden verwendet, Ruß von Kochtöpfen, die Säfte von Galläpfeln und Granatäpfeln.
Die Lagen des starren Pergaments sind gewöhnlich von starken Holzdeckeln geschützt, die Bücher sind in bunte Tücher eingewickelt und werden in Ledertaschen mit Tragriemen aufbewahrt.

HEBRÄISCHE BUCHMALEREI

Die ältesten hebräischen Handschriften, die berühmten Rollen vom Toten Meer, blicken auf ein Alter von 2000 Jahren zurück. Sie sind schmucklos, wie auch in späterer Zeit die für den Gottesdienst in den Synagogen verwendeten Tora-Rollen mit den fünf Büchern Mosis. Ihre Anfertigung ist streng vorgeschrieben und an feste Formen gebunden. Sie müssen mit der Gänsefeder geschrieben werden, jede eigenmächtige Hinzufügung oder Ausschmückung ist untersagt. Dazu kommt noch das vielfach eingeschärfte Gebot vom Berge Sinai: „Du sollst dir kein Bildnis noch irgendein Gleichnis machen, weder des, das oben im Himmel noch des, das unten auf Erden oder des, das im Wasser unter der Erde ist“.
Künstlerische Ausstattung von hebräischen Handschriften ist daher erst spät zu beobachten und beschränkt sich zunächst auf reines Ornament, das aus den Schriftformen entwickelt wird. Vom 12. Jahrhundert an wurde in Handschriften, die nicht für den gottesdienstlichen Gebrauch bestimmt waren, die den heiligen Büchern beigegebene weitläufige „Massora“ (Erklärung) in kleiner Schrift an den Rändern zu kunstvollen Ornamenten entwickelt. Wenn in anderen Handschriften die An- *92*
fänge der einzelnen Bücher mit Initialen in Gold und Farben versehen wurden, so war dabei sicher das Vorbild der christlichen Bücher maßgebend. Von diesem Vorbild übernahm die hebräische Buchkunst schließlich auch figurale Darstellungen. Stilistisch und inhaltlich zeigt diese Kunst deutliche Verwandtschaft mit der gleichzeitigen Kunst in Italien, Spanien und Deutschland.
Die hebräische Buchmalerei, die spät beginnt, hört mit dem 15. Jahrhundert fast ganz auf. Spätere hebräische Handschriften sind nur ganz selten mit Malereien oder Zeichnungen geschmückt.
Unter den biblischen Büchern war es besonders die Esther-Rolle, die am Purim-Fest benutzt wird

(„Megilla“), in der die Ereignisse des Buches Esther bildlich dargestellt wurden. Aber auch so
trockene Texte wie der Kommentar zum „Talmud“ (=Studium, d. i. theologisch-kasuistische
91 Erklärung der biblischen Gesetze) wurden manchmal mit ornamentalen und figuralen Verzierungen
aufgelockert, ähnlich den juristischen Handschriften aus Bologna.

Das Gebetbuch für den privaten Gebrauch, „Machsor“, wurde nach Belieben des Bestellers mit
XI Bildern und Ornamenten geschmückt. Am reichsten ausgestattet wurde die „Haggada“, ein Buch,
das die rituellen Gebete, Lieder und Legenden zum Pessach-Fest enthält, wie es in den jüdischen Familien gefeiert wurde. Heinrich Heine schildert in seinem „Rabbi von Bacharach“ den ersten Festabend der Pessach-Woche, den sogenannten „Seder-Abend“: „Sobald es Nacht ist, zündet die Hausfrau die Lichter an, spreitet das Tafeltuch über den Tisch, legt in die Mitte desselben drei von den platten ungesäuerten Bröten, verdeckt sie mit einer Serviette und stellt auf diesen erhöhten Platz sechs kleine Schüsseln, die symbolische Speisen enthalten, nämlich ein Ei, Lattich, Meerrettichwurzeln, einen Lammknochen und eine braune Mischung von Rosinen, Zimmet und Nüssen. An den Tisch setzt sich der Hausvater mit allen Verwandten und Genossen und liest diesen vor aus einem abenteuerlichen Buch, das die Haggada heißt, und dessen Inhalt eine seltsame Mischung ist von Sagen der Vorfahren, Wundergeschichten aus Ägypten, kuriosen Erzählungen, Streitfragen, Gebeten und Festliedern... Wehmütig, heiter ernsthaft spielend, und märchenhaft geheimnisvoll ist der Charakter dieser Abendfeier, und der herkömmlich singende Ton, wenn die Haggada von dem Hausvater vorgelesen und zuweilen chorartig von den Zuhörern nachgesprochen wird, klingt so schauervoll innig, so mütterlich einlullend und zugleich so hastig aufweckend, daß die Teilnehmer... in tiefstem Herzen erschüttert werden“. Wenn derselbe Heine in seinem „Romanzero“ die Haggada „einen Garten, hochphantastisch“ nennt, „wo die schönen alten Sagen, Engelmärchen und Legenden, stille Märtyrerhistorien, Festgesänge, Weisheitssprüche... glaubenskräftig, glaubensglühend“ gesammelt sind, so ist damit in eindrucksvoller Weise dargestellt, wie eine solche Handschrift von innen her erlebt wird. Wenn wir ihren künstlerischen Schmuck bewundern, so erfassen wir damit nur einen kleinen Bruchteil des Reichtums, den das Buch als ganzes enthält.

BUCHMALEREI DER AUSSEREUROPÄISCHEN KULTUREN

Buchmalerei in der islamischen Welt

In der christlichen Kultur der lateinischen und der griechischen Kirche stand das Buch und die Buchmalerei von Anfang an im Dienste der Liturgie. Der Islam hingegen hat bildliche Darstellungen in seinen heiligen Büchern grundsätzlich abgelehnt. Der reine Monotheismus sollte nicht durch

Bilder gefährdet werden, die nur zu leicht als Idole verehrt werden konnten. Außerdem wurde die realistische Wiedergabe von Menschen und Tieren als herausfordernder Wettstreit mit der Schöpfermacht Allahs angesehen, der einer Gotteslästerung gleichkam. Daher blieb figurale Buchmalerei aus allen gottesdienstlichen Büchern verbannt, vor allem aus dem Koran. Nur ornamentaler Schmuck war erlaubt.

Anders verhielt es sich im privaten Bereich. In Palästen und Wohnhäusern, außerhalb der sakralen Sphäre, war keine Vergötzung des Menschenbildes zu befürchten. Daher gehören die Denkmäler islamischer Bildkunst ausschließlich dem profanen Bereich an. Wie im Abendland, so sind uns auch von der Malerei im Orient die meisten Werke in der Buchmalerei erhalten, während von den Fresken und Mosaiken nur Bruchstücke die kriegerischen Stürme überdauert haben.

Während Korane mit ornamentalem Schmuck auch aus älteren Zeiten erhalten sind, stammen die Zeugnisse figuraler Buchmalerei – bis auf wenige Ausnahmen – erst aus der Zeit nach 1200. Dafür wurde diese Kunst im islamischen Orient noch wesentlich länger ausgeübt als im Abendland.

Obwohl eine genaue Lokalisierung der frühen Buchmalereien fast unmöglich ist, so ist ihre Entstehung doch am wahrscheinlichsten an den Höfen der Kalifen, besonders im Irak (Mossul), später (nach 1300) in Ägypten am Hofe der Mameluckenherrscher. Aber auch reiche Kaufleute kommen als Auftraggeber in Frage, da in den Handschriften die Bedeutung des Kaufmannsstandes und das Lob der Städte hervorgehoben werden.

Der Inhalt der Handschriften ist oft praktischer Natur: Heilpflanzen, Gifte und Gegengifte, Pferdeheilkunde, Astronomie bieten Gelegenheit zur Darstellung von Tieren und Pflanzen und von Menschen, die sich damit beschäftigen. Zahlreicher aber sind Bücher schöngeistigen Inhaltes: das Tierfabelbuch „Kalila und Dimna", das „Buch der Lieder", „Die Wunder der Schöpfung". Am öftesten und mannigfaltigsten wurde das Buch der „Versammlungen" (Makamen) vom Dichter al-Hariri illustriert (Rückert hat das Werk ins Deutsche übersetzt). Das Buch erzählt, wie der weise Schelm Abu Zayd von Ort zu Ort zieht und in verschiedenen Masken die Hörer durch seine Gleichnisse, Rätsel und Wortspiele erheitert. Die ältesten Bilder zu diesem Werk entstanden in Bagdad *XIII* bald nach 1200. Da die fünfzig Kapitel an verschiedenen Orten spielen, geben uns die Bilder einen erschöpfenden Einblick in das Leben der arabischen Welt und in alle Kreise der Bevölkerung.

Nicht nur die meisten, sondern auch die künstlerisch wertvollsten Handschriften der islamischen Kultur, deren einigendes Band die arabische Schrift und der in dieser Schrift geschriebene Koran bilden, stammen aus Persien, das erst von den Arabern für den Islam gewonnen wurde. Aber die ältesten Denkmäler persischer Buchkunst entstanden erst in der Zeit um 1300. Denn was vor 1220 dort geschaffen worden war, haben die Mongolen unter Dschingis Khan restlos vernichtet. Erst unter seinen Nachfolgern, die langsam seßhaft wurden und sich in den Städten prachtvolle Residenzen erbauten, konnten sich Wissenschaft, Literatur und Schöne Künste wieder entfalten. Mit den Mongolen kamen auch künstlerische Anregungen aus den östlichen Provinzen des Mongolen-

XIII Al-Hariri: Makamen (Versammlungen)
Erzählungen von den Streichen des Abu-Zayd. 1237 von Yahya ibn Mahmud al-Wasiti geschrieben und mit zahlreichen Bildern geschmückt. Der Schreiber ist im südlichen Irak daheim.
Abu-Zayd mit seinem Begleiter al-Harith, beide auf Kamelen, treffen vor einer Ortschaft mit einem Mann zusammen, im Hintergrund realistische Darstellung der Ortschaft mit den Häusern, der Moschee, den Menschen und Tieren.
Papier, 348 × 260 mm. Paris, Bibl. Nat., Ms. arabe 5847, fol. 138 r

XIV Weltchronik
Anfang des 14. Jahrhunderts, Iran. Beispiel für den „Mongolenstil", der auch fernöstliche Motive verwendet.
Darstellung der Eroberung Bagdads.
Papier, 372 × 290 mm. Berlin, Stiftung Preuß. Kulturbesitz, Diez A Fol. 70, Seite 7

reiches, besonders aus China. Den Mittelpunkt der Buchkunst im 14. Jahrhundert bildete die Residenzstadt Täbris. Im 15. Jahrhundert waren die Städte Schiras und Herat führend.

Die Texte der Werke, die mit Bildern geschmückt wurden, waren teilweise schon lange vor dem
96 Mongolensturm entstanden. Das persische Nationalepos „Schah-Name" (=Königsbuch), nach Art der homerischen Gesänge zuerst mündlich vorgetragen und weitergegeben, wurde vom Dichter Firdusi (940–1021) in 50.000 Doppelverse gefaßt. Vom gleichen Dichter stammt auch die End-
95 fassung von „Jussuf und Suleika". Der Dichter Nizami (1141–1202) ist der klassische Vollender des Liebesromans in Versen. Von diesen Werken gibt es zahlreiche Handschriften, die reich mit Miniaturen versehen sind. Aber auch die lyrischen Dichtungen regten zur Illustration an. Die berühmtesten Vertreter der Lyrik sind Sa'di (1213–1292) und Hafis (1326–1390).

Als im Abendland die letzten Buchmaler von den Druckern und Graphikern abgelöst wurden, erlebte die Buchmalerei in Persien eine neue Blütezeit unter der Dynastie der Sefewiden, deren bedeutendster Herrscher Schah Tahmasp war (1524–1576). Die persischen Buchmaler erhielten nicht nur im eigenen Lande große Aufträge, sondern waren auch im osmanischen Reich und am Hof von Konstantinopel hoch geschätzt, wo sie für die Bibliothek der Sultane arbeiteten. Obwohl ihre Werke seither in großer Zahl in die Bibliotheken des Westens gekommen sind, ist doch auch heute noch in den alten Bibliotheken Istanbuls vieles verborgen, was erst in jüngster Zeit der Öffentlichkeit zugänglich gemacht wird.

Das richtige Verstehen der persischen Buchmalerei setzt die Kenntnis der Literatur voraus, deren Texte von den Bildern illustriert werden. Aber auch ohne solche Kenntnis verraten uns die Miniaturen, daß sie einer aufs höchste verfeinerten Kultur angehören. Die kleinen Figuren bewegen sich vor dem Hintergrund zierlicher Architekturen oder in den kostbar ausgestatteten Räumen dieser Paläste. Wenn die Szenen im Freien spielen, so ist die Landschaft mit blühenden Bäumen und Blumen dargestellt, am Himmel sind oft Wolken, die an chinesische Vorbilder denken lassen. Selbst

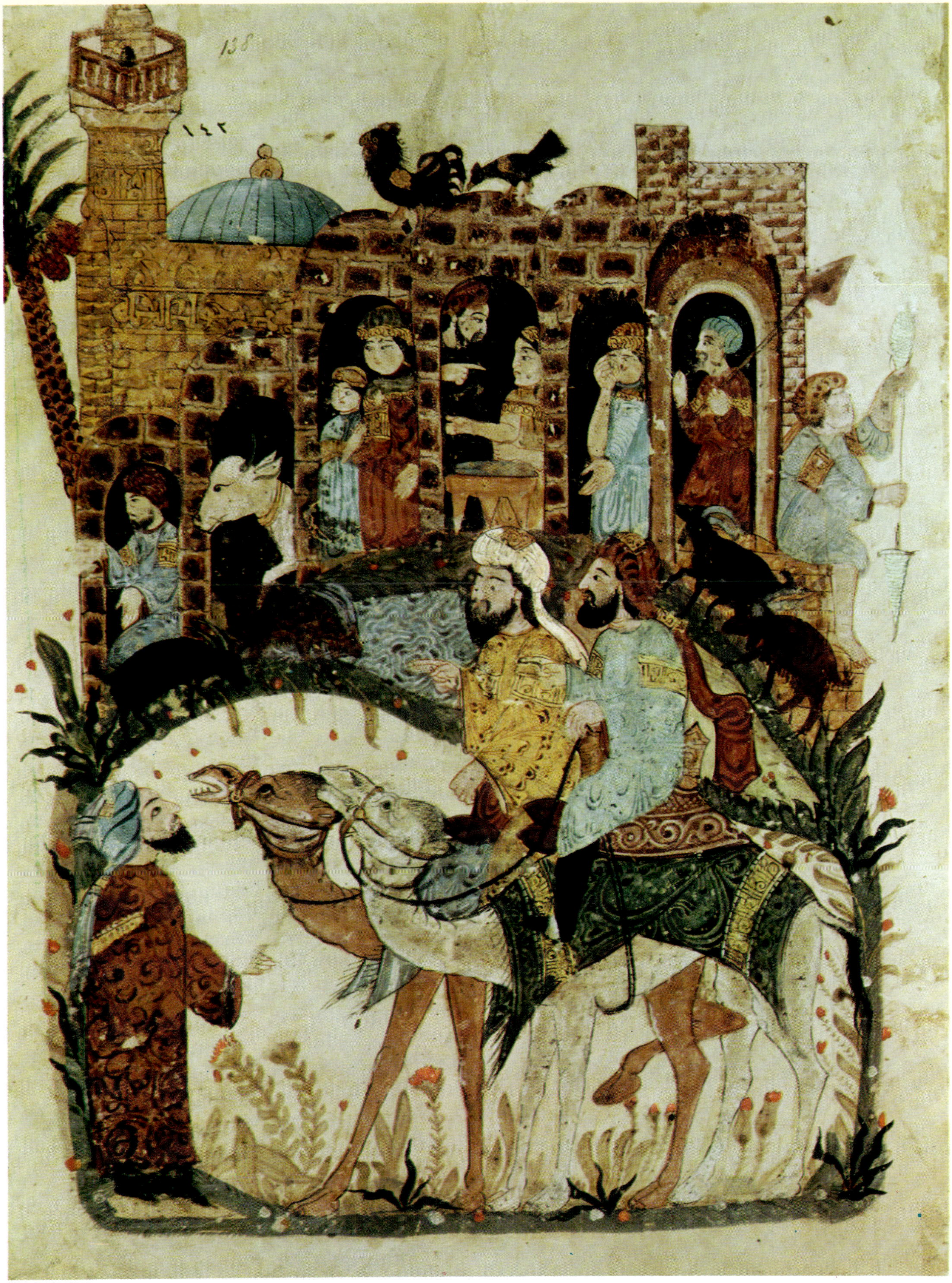

XIII

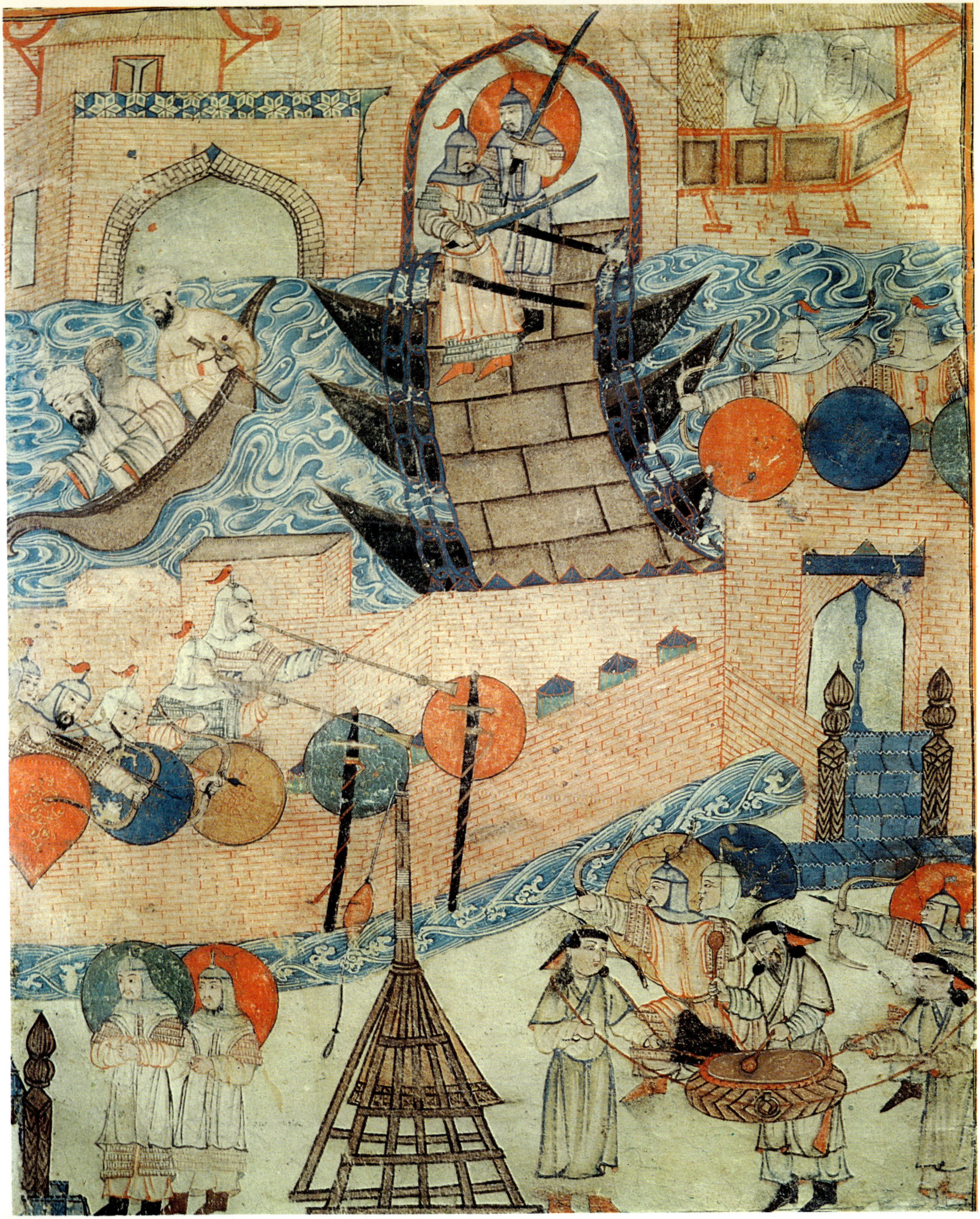

XIV

Schlachten- und Jagdbilder zeigen in der Kleiderpracht der Teilnehmer, daß es sich um fürstliche Personen handelt, eben jene Fürsten, in deren Dienst die Maler standen.

Das gilt auch für die türkische Buchmalerei. Wenn die „Türken“ für das christliche Byzanz und für das ganze Abendland durch Jahrhunderts als die barbarischen Feinde galten, so gab es doch hinter dieser kriegerischen Fassade eine Kultur, die zu höchsten Leistungen fähig war. Wie in Persien, so war auch im osmanischen Weltreich die Buchmalerei eine Kunst, die fast ausschließlich auf den Hof und auf höfische Kreise beschränkt war. Das hohe Ansehen der persischen Maler brachte es mit sich, daß persische Künstler auch von den Sultanen in Dienst genommen wurden. Nach einem siegreichen Feldzug der Türken gegen die Perser wurden unter Sultan Selim I. (1512 bis 1520) von Täbris 16 Maler nach Istanbul deportiert. Unter Suleiman dem Prächtigen (1520–1566) gab es im Jahre 1557 35 Maler, davon 26 Türken, von den restlichen 9 waren die meisten Perser, aber auch einige Ungarn und andere Europäer.

In der Türkei wurden neben den in der ganzen islamischen Welt bekannten Werken auch solche *94*
aus der eigenen Geschichte mit Bildern ausgestattet. Die Schilderungen eines siegreichen Kriegszuges boten Gelegenheit zu anschaulichen Darstellungen von Städten und von verschiedenen
Trachten der Bevölkerung und der Krieger. Ein Stammbaum der Sultane wird zu einer Porträt- *93*
Galerie, die über den Propheten Mohammed zurückführt ins Alte Testament bis zu Adam und Eva. Mit dem Ende des 16. Jahrhunderts hört der persische Einfluß auf die türkische Buchmalerei langsam auf. Im Gegensatz zur zarten Verträumtheit der persischen Miniaturen und ihrer Märchenwelt werden Szenen aus der realen Welt dargestellt. Es werden Feste am Hofe des Sultans geschildert, an denen auch das Volk seinen Anteil nimmt. Händler und Handwerker, Akrobaten und Straßenkehrer haben die Gestalten aus den alten Sagen abgelöst. Sie bilden den Gegensatz zu den würdigen Gestalten des Hofes, von dem das Fest veranstaltet wurde. Diese Art der türkischen Buchmalerei war noch bis ins 18. Jahrhundert lebendig.

Während die kriegerische Macht des Islam im 16. und 17. Jahrhundert in Europa langsam zurückgedrängt wurde, bildete sich in der gleichen Zeit weiter im Osten ein neues islamisches Großreich. Die Nachkommen Timurs, die Großmoghulen, unterwarfen sich ganz Indien. Schon der erste Großmoghul, Babur (1526–1530), war auch ein Schöngeist und Liebhaber von Poesie und Malerei. Unter seinen Nachfolgern sind als Förderer der Schönen Künste besonders zu nennen Jāhangīr (1605–1628), Shāhjahān (1628–1659) und Aurangzēb (1659–1707). Hatten die ersten Moghulen persische Maler an ihren Hof gezogen, so wurde die Kunst dieser Lehrmeister bald durch indische
Einflüsse abgewandelt. Die „Moghul-Malerei“ war eine ausgesprochene Hofkunst. Ihre Objekte *XIV*
waren die Feste der Herrscher, ihre Jagden, ihre Vergnügungen. So entstanden neben den Miniaturen in den Büchern der Epik und Lyrik zahllose Einzelblätter, darunter auch sehr viele Porträts. Über mehr als 200 Jahre erstreckt sich die Tätigkeit dieser Moghulkunst, deren Werke auch im
christlichen Abendland hoch geschätzt wurden: das „Millionenzimmer“ im Schloß Schönbrunn *98*
in Wien wurde im 18. Jahrhundert mit Miniaturen der Moghulmaler austapeziert.

93 GENEALOGISCHES WERK (Stammbaum des Propheten und der Sultane). Zweite Hälfte des 17. Jhs. in Konstantinopel vom Maler Hasan mit Medaillons geschmückt. Adam und Eva mit ihren Söhnen. Papier, 300 × 181 mm. *Wien, Österr. Nat. Bibl., Cod. A. F. 50, fol. 4v*

94 HELDENEPOS ÜBER DIE USBEKISCHEN FÜRSTEN. 1510 von einem Schreiber namens Kasim vollendet, dem Imam Muhammad Schaibanichan gewidmet, die Miniaturen etwas später, wahrscheinlich auf der Krim hinzugefügt. Darstellung eines Gastmahles. Papier, 241 × 165 mm. *Wien, Österr. Nat. Bibl., Cod. Mixt. 188, fol. 188v*

95 NIZAMI (mystisches Gedicht). In Buchara für den usbekischen Sultan geschrieben und von einem Maler namens Mahmoud illuminiert, 1545 datiert; eines der Hauptwerke der nachtimuridischen Malerei in Transoxanien. Eine alte Frau erbittet vom Seldschuken-Sultan Sindjar Gerechtigkeit. Papier, 250 × 170 mm. *Paris, Bibl. Nat., Ms. Suppl. pers. 985, fol. 40v*

96 FIRDUSI, SCHAHNAME (Königsbuch, persisches Epos über die Heldentaten der Herrscher Irans). Um 1420 in Schiraz für Ibrahim Sultan geschrieben. Szene aus dem Heldenepos: Alexander vor sprechendem Baum. Papier, 300 × 225 mm. *Oxford, Bodl. Libr., Ms. Ouseley Add. 176, fol. 311b*

97 MAHABHARATA (indisches Heldenepos). 19. Jh., Kopie einer älteren Vorlage. Vishnu auf einem vielköpfigen Fisch, der ihn aus den Fluten des Weltuntergangsmeeres trägt; rechts seine Gattin Lakshmi mit Begleiterinnen, oben auf einer Lotosblume vierköpfiger Brahma. Papier, Querformat 85 × 140 mm. *Wien, Österr. Nat. Bibl., Cod. Ind. 36, fol. 3v*

98 JOSEFSLEGENDE (Einzelblatt). Ende des 16. Jhs., Moghulmalerei mit persischem Einfluß. Suleika im Kreis ihrer Hofleute auf goldenem Thron in der Vorhalle eines Pavillons, Jussuf (mit Krone und Nimbus) kommt von links. Papier, 197 × 129 mm. *Wien, Österr. Nat. Bibl., Cod. Min. 64, fol. 46*

99 CHINESISCHES ALBUM mit Beschreibung und Abbildungen von Trachten. Vor 1644, da die Gestalten noch keine Zöpfe tragen, also vor der Eroberung Chinas durch die Mandschu. Die dargestellten Figuren gehören den arbeitenden Volksklassen an. Wasserträgerin. Papier, 310 × 235 mm. *Wien, Österr. Nat. Bibl., Cod. Min. 23, fol. 67*

100 WERK ÜBER TOD UND WIEDERGEBURT in Na-khi-Schrift. 19. Jh. – Die Na-khi sind ein Volksstamm in der Provinz Yünnan in Südwestchina, ihre Kultur ist mit der tibetanischen verwandt. Darstellung einer Gottheit, daneben „piktographische" Schrift, deren Zeichen meist Darstellung von Gegenständen sind. Papier aus Baumrinde, Querformat 90 × 280 mm. *Marburg, Staats-Bibl., Hs. Or. 1598, fol. 16r*

101 THAILÄNDISCHE MYTHOLOGISCHE HANDSCHRIFT. 1776 im Auftrage Taksins, des Königs von Thailand, hergestellt. Darstellung des Mondgottes in einem königlichen Prunkwagen. Der weiße Hase erinnert an Buddha, der sich in Gestalt eines weißen Hasen einem hungernden Brahmanen opferte; zum Dank dafür zeichnete Indra das Bild eines Hasen auf die Mondscheibe. Papier, 232 × 198 mm. *Berlin, Staatl. Museen, Indische Kunstabteilung, Hs. IC 27507*

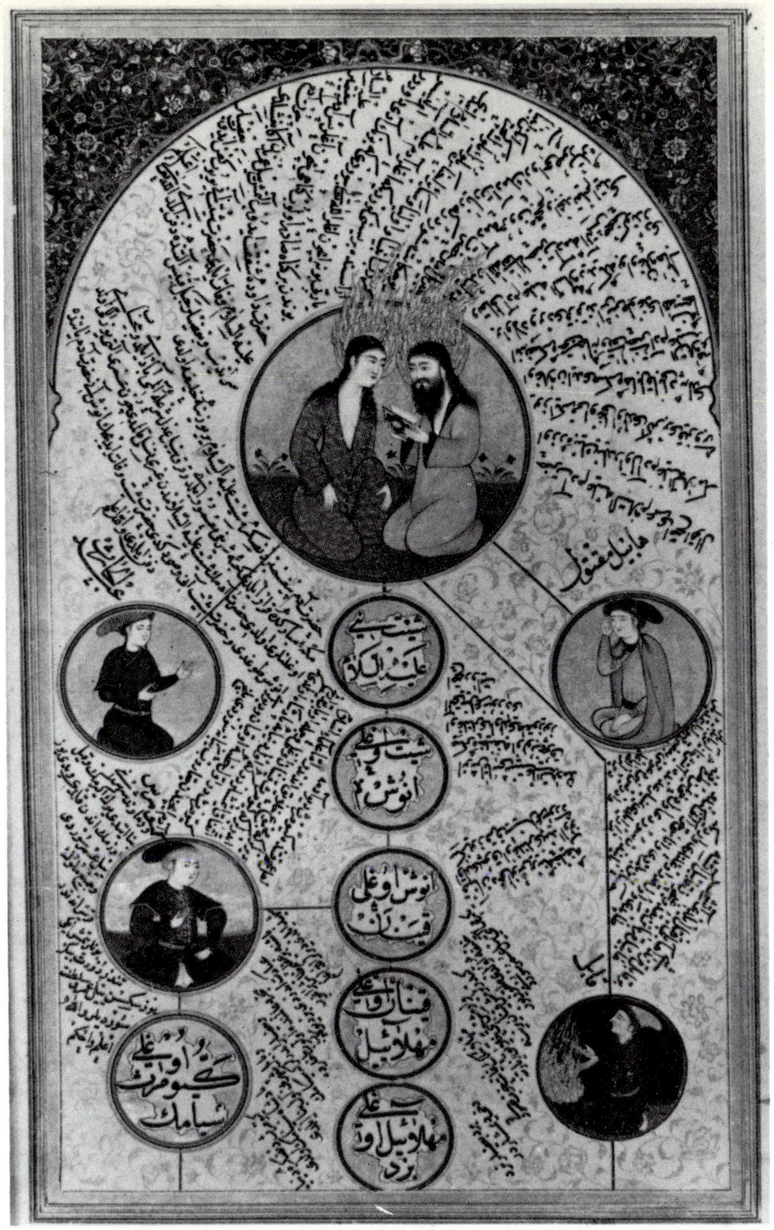

93

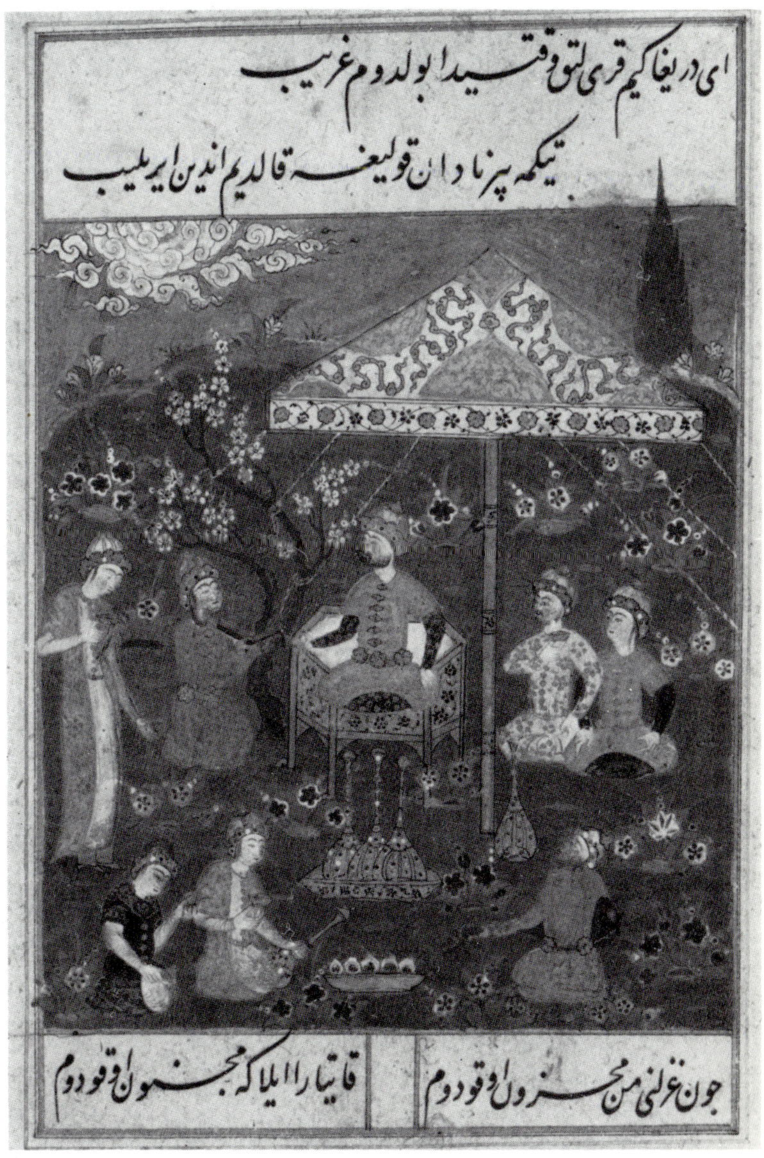
ای دریغا کیم قری لتو قیدا بولدوم غریب
تیکمه پرنادان قولیغه قالدیم اندین ایریلیب
جون غزلنی من محزون اوقودوم
قاتیارا ایلاکه مجنون اوقودوم

94

95

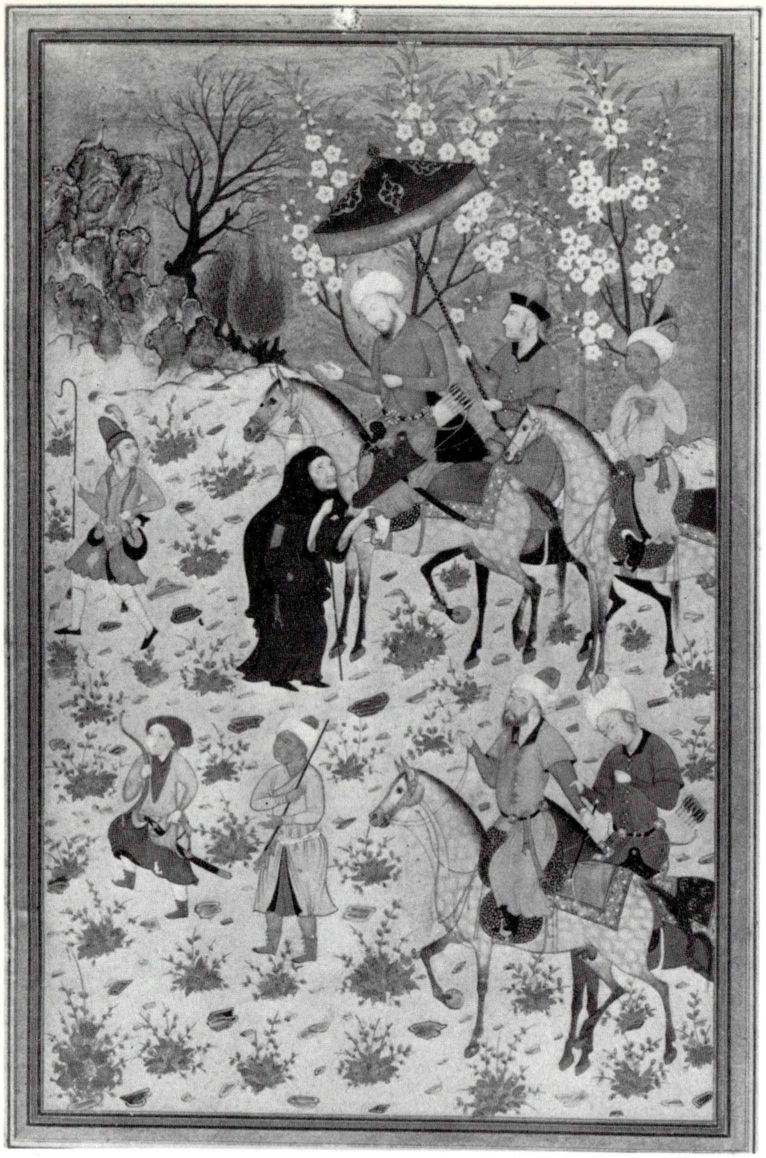

96

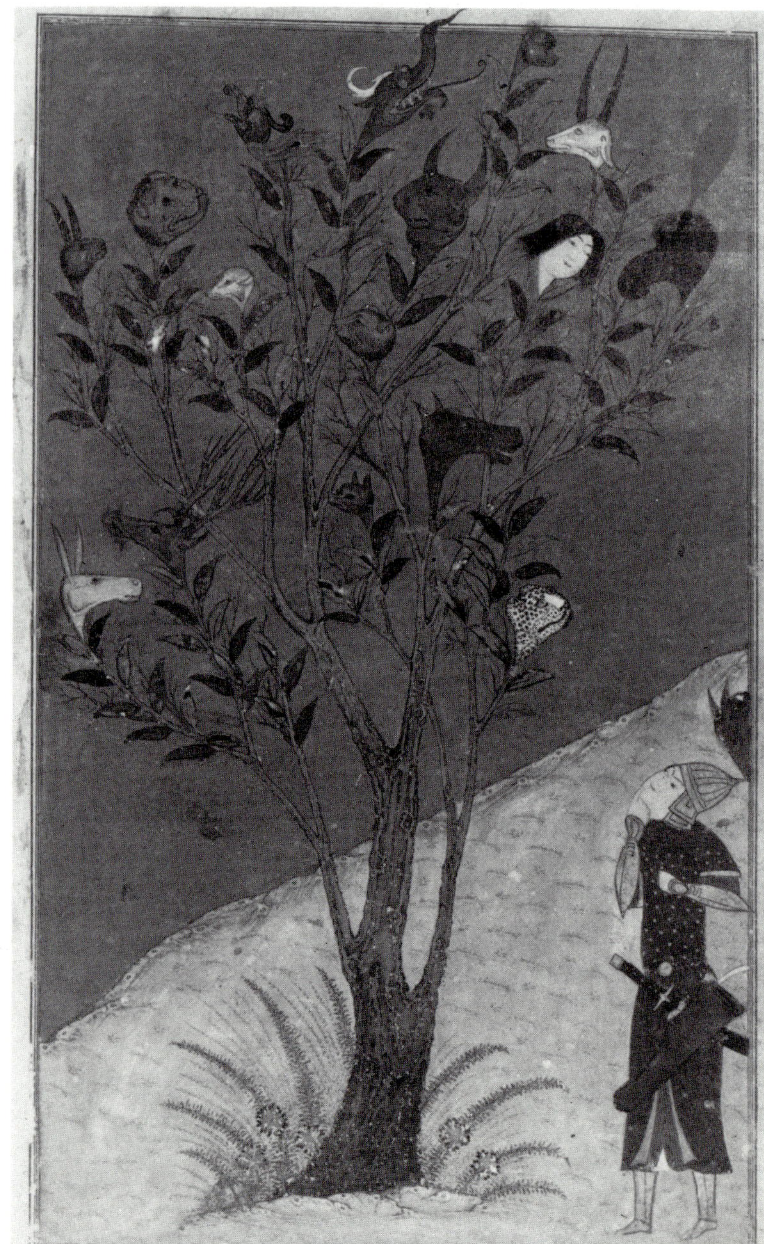

98

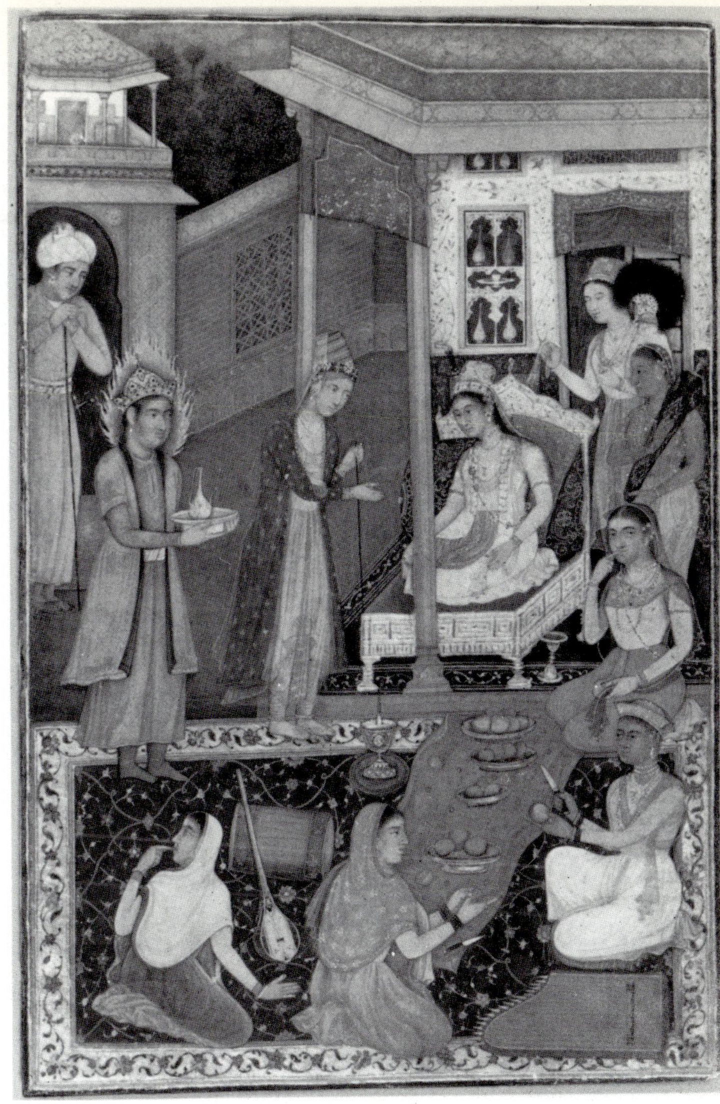

97

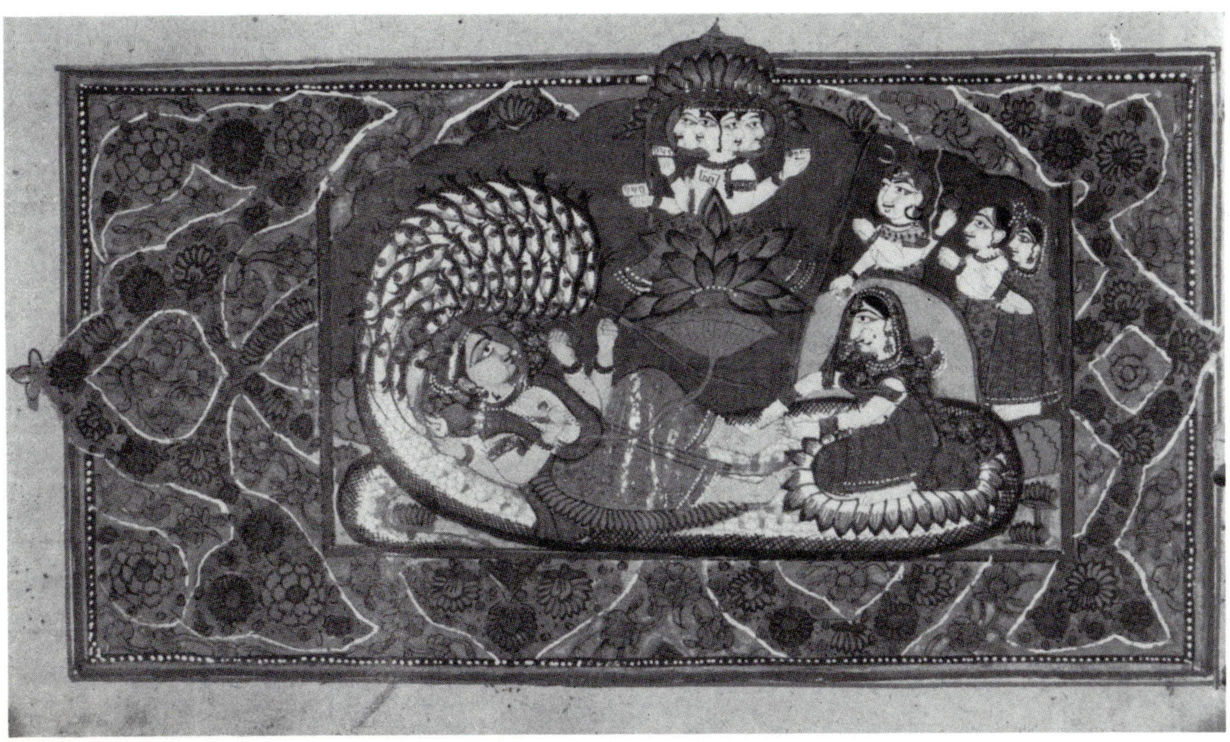

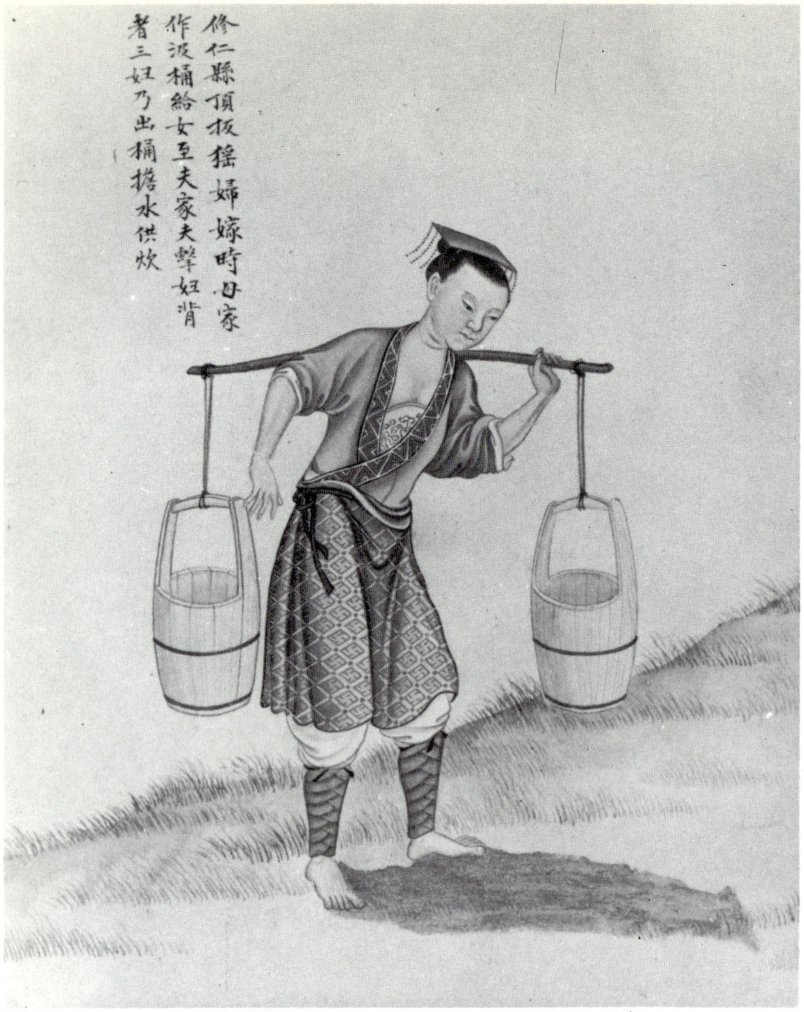
修仁縣頂板猺婦嫁時母家
作汲桶給女至夫家夫擊妇背
者三妇乃出桶擔水供炊

99

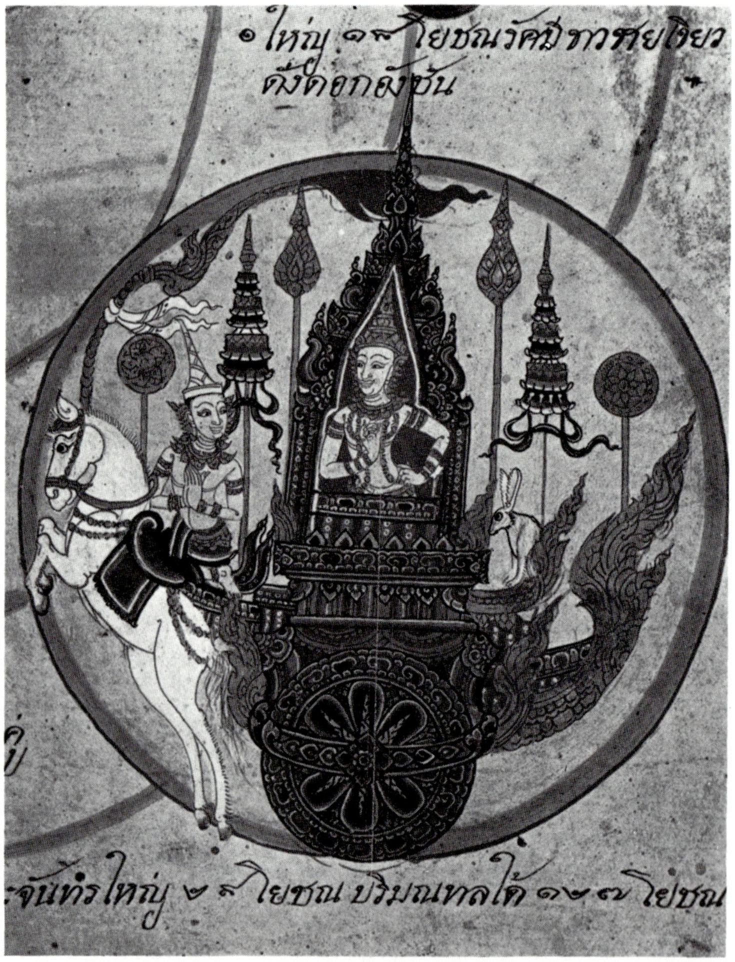
ะจันทรใหญ่ ๒๙ โยชน ปริมณฑลได้ ๑๒๗ โยชน

101

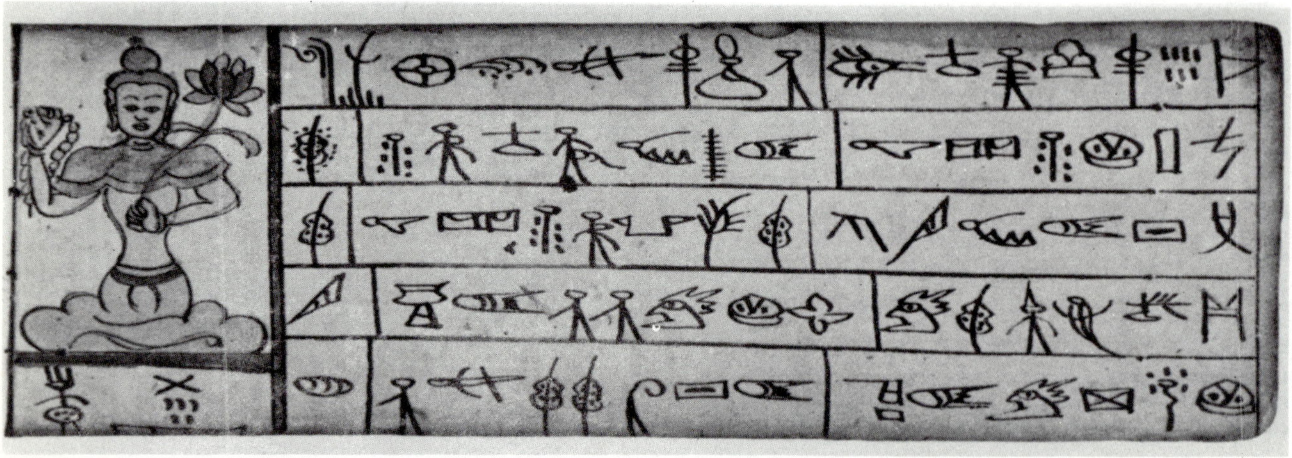

100

Buchmalerei in Indien

Wenn die Moghul-Herrscher Personen und Feste ihrer Höfe in Miniaturen darstellen ließen, so ahmten sie damit nur das Vorbild der einheimischen indischen Fürsten nach. Schon vor der Moghul-Herrschaft war diese Kunst in Indien heimisch gewesen. Die indische Malerei beschränkte sich nicht nur auf profane Darstellungen wie im Islam, da es für die Hindu-Religion kein Bildverbot gab. Daher begegnen uns sowohl auf Wandmalereien als auch in Büchern umfangreiche Darstellungen aus den Göttermythen. Die Abenteuer des Gottes Krishna, das „Devi-Mahatmya", das die Siege der großen Göttin Durga über die Dämonen schildert, wurden in vielfigurigen Bildern dargestellt, ebenso die Einzelgestalten der Götter und Göttinnen. In der indischen Farbensymbolik nimmt das göttliche Blau eine bevorzugte Stellung ein. Neben den mythologischen Bildern malten die indischen Künstler auch Szenen aus den Heldenepen, wie dem „Mahabharata". Auch Sammlungen von lyri- *97*
schen Gedichten, besonders Liebeslyrik, wurden mit Illustrationen versehen.

Diese Kunst stand im Dienste der Prunkliebe der Fürsten, ob sie nun einheimisch waren oder Eroberer, wie die Moghul-Kaiser. Die Maler gehörten zu den Hofbediensteten wie die Kammerdiener, Musiker und Tanzmädchen. Der Wunsch und der Geschmack des Fürsten war es, der ihnen Richtschnur sein mußte. Daher berichten uns diese Bilder auch nur von der Pracht und vom Luxus des Hoflebens, aber nichts vom Alltag des Volkes.

Neben den Büchern und Bildersammlungen auf Papier gab es in Indien, besonders im Süden, auch eine Art von Büchern aus Palmblättern in länglichen Streifen. Diese wurden aufeinandergelegt, an den beiden Enden durchbohrt und mit Schnüren zusammengehalten. Die Schrift wurde in Lackmalerei aufgetragen, von Ornamenten und Figuren eingerahmt.

Buchmalerei im Fernen Osten

Es ist Vermessenheit, in wenigen Zeilen etwas über eine Kultur aussagen zu wollen, die schon zu einer Zeit in Blüte stand, als Mittel- und Westeuropa noch eine Wald- und Sumpfwildnis waren. Diese fernöstliche Kunst ist seitdem durch mehr als zwei Jahrtausende weitergewachsen, durch späte Berührung mit der abendländischen Kultur eher gestört als gefördert. In bewußter Ehrfurcht vor der uralten Weisheit Chinas sollen trotzdem ein paar kurze Aussagen gewagt werden.

Das chinesische Reich als Mittelpunkt des „Fernen Ostens" hat mit seiner Kunst und Wissenschaft auch auf die benachbarten Länder und Völker eingewirkt: Japan, Korea, Indochina, Tibet. Die wichtigsten Erfindungen auf dem Gebiete des Buchwesens, das Papier und der Buchdruck, waren in China lange vor Europa gemacht worden. Aber neben dem Holztafeldruck und dem Druck mit beweglichen Lettern wurde die Kunst der Handschrift und der Buchmalerei auch weiterhin bis in die Gegenwart ausgeübt.

XV „Diamant-Kanon“
Chinesische Übersetzung eines klassischen indisch-buddhistischen Textes. China, 18. Jahrhundert. Der Text steht in Goldschrift auf blauem Papier links, rechts ist auf das blaue Papier ein Blatt des Maulbeerfeigenbaumes aufgeklebt, darauf Szene aus einer buddhistischen Legende.
Blaues Papier auf Seide aufgezogen, 307 × 206 mm. Wien, Österr. Nat. Bibl., Cod. Sin. 52*

XVI Mexikanisches Faltbuch
In vorkolumbianischer Zeit im Gebiet der Mixteken in Mexiko entstanden. Abstieg des Gottes Quetzalcoatl auf die Erde: oben himmlischer Raum, links und rechts zwei alte Götter, in der Mitte der nackte Quetzalcoatl. Von einem Riß im Himmelsbalken hängt eine Leiter, auf der Quetzalcoatl herabsteigt, in vollem Gewand und Maskenschmuck; unten angekommen hat er seine Waffen wieder gewechselt. Rechts verschiedene Götterfiguren, darunter ein „Tlacuilo“, d. i. ein Bildschriftenmaler mit Farbtopf und Pinsel.
Hirschleder, Querformat, 218 × 270 mm. Wien, Österr. Nat. Bibl., Cod. Mex. 1, pag. 48

Schon der Charakter der chinesischen Schrift mit ihren Tausenden von Zeichen ist der Bildzeichnung verwandt. In ihrer äußeren Erscheinung sind Buch und Bild in China einander durch die Rollenform ähnlich. Eine Abart der Rollenform ist das Faltbuch, in dem Bildseite und Textseite einander ablösen. Andere Faltbücher enthalten nur Bilder.

Als Beschreibmaterial dient Papier, das aber weniger geleimt und daher stark aufsaugend ist. Das verlangt vom Maler und Schreiber einen sicheren Strich, da auf einem solchen Malgrund keine Korrekturen möglich sind. Neben dem Papier war und ist Seide als Malgrund gebräuchlich. Die chinesische Malseide ist ein gazeartiges, sehr feines Gewebe, das mit einer Alaun-Leimwasserlösung bestrichen wird. Wenn Schrift und Bild nicht auf eine Rolle aufgetragen sind, kommt oft auch eine
XV Kombination von Papier und Seide vor: das Schrift- oder Bildfeld auf Seide wird von einem farbigen oder gemusterten Papierrahmen eingefaßt. Auch große Pflanzenblätter eigneten sich als Malgrund, wie die Blätter des Maulbeerfeigenbaums; die bemalten Blätter wurden auf die Seide des Bildfeldes aufgeklebt.

Was dem abendländischen Beschauer chinesischer Malerei und Buchmalerei unmittelbar verständlich ist, sind Landschaften, Blumen und Tiere, Trachtenbilder. Wer die Bilder von Göttern und
99 Dämonen, die Szenen und Gruppenbilder verstehen wollte, der müßte die ganze chinesische Literatur kennen, die Göttermythen des Konfuzianismus und Buddhismus und ihre philosophischen Lehren.

Dem Reichtum der eigenen Kultur und der Stärke ihrer stilistischen Formen ist es zuzuschreiben, daß auch die Berührung mit dem Westen keine Anregungen auszuüben vermochte. Hingegen wurden Motive aus der chinesischen Malerei von der persischen Buchmalerei übernommen, noch bevor sie in stärkerem Male am Hofe der Moghulkaiser wirksam waren. Die europäischen „Chinoiserien“ des 18. Jahrhunderts liegen außerhalb der Kunst der Buchmalerei, die es damals in Europa nicht mehr gab.

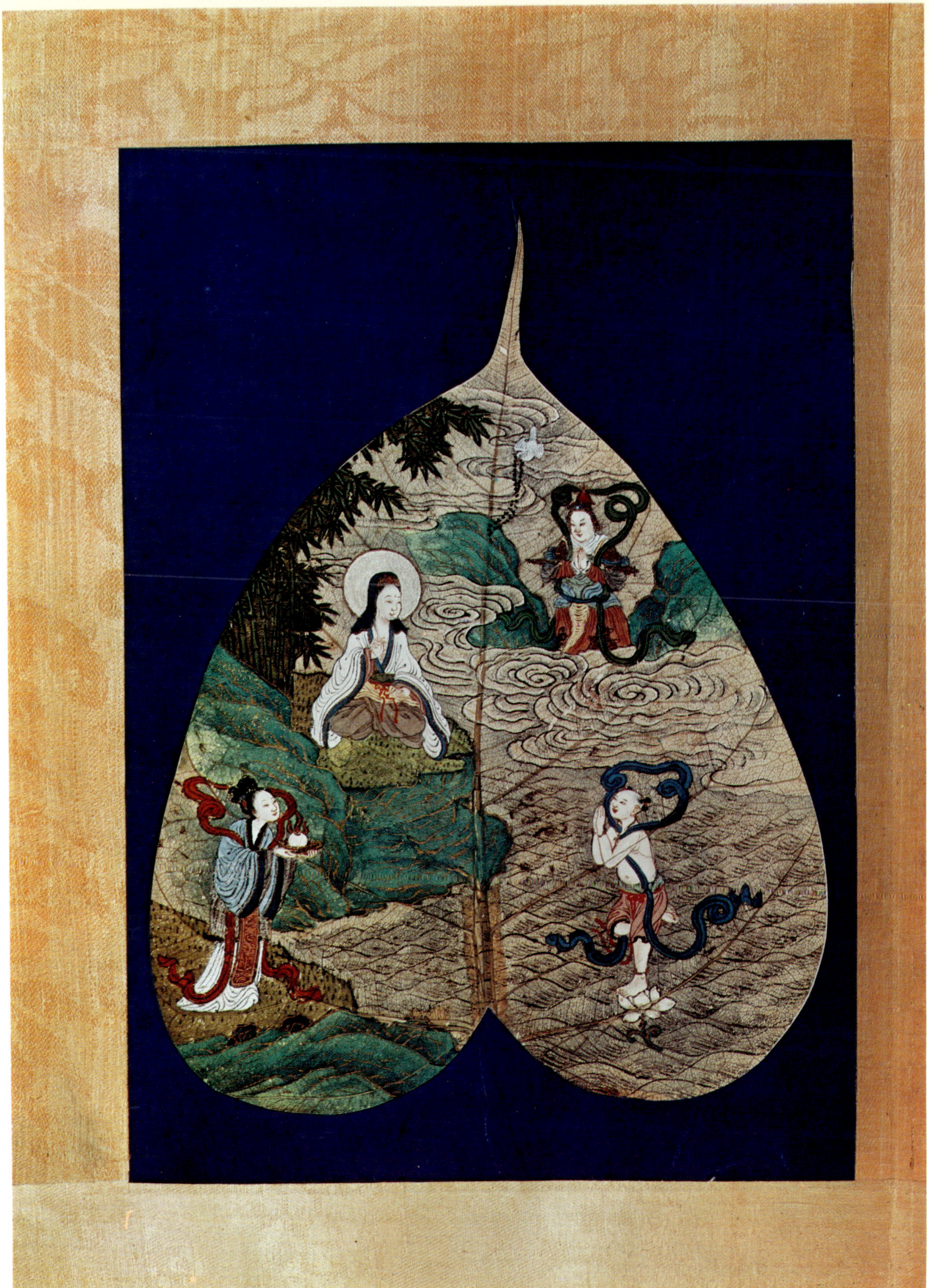

XV

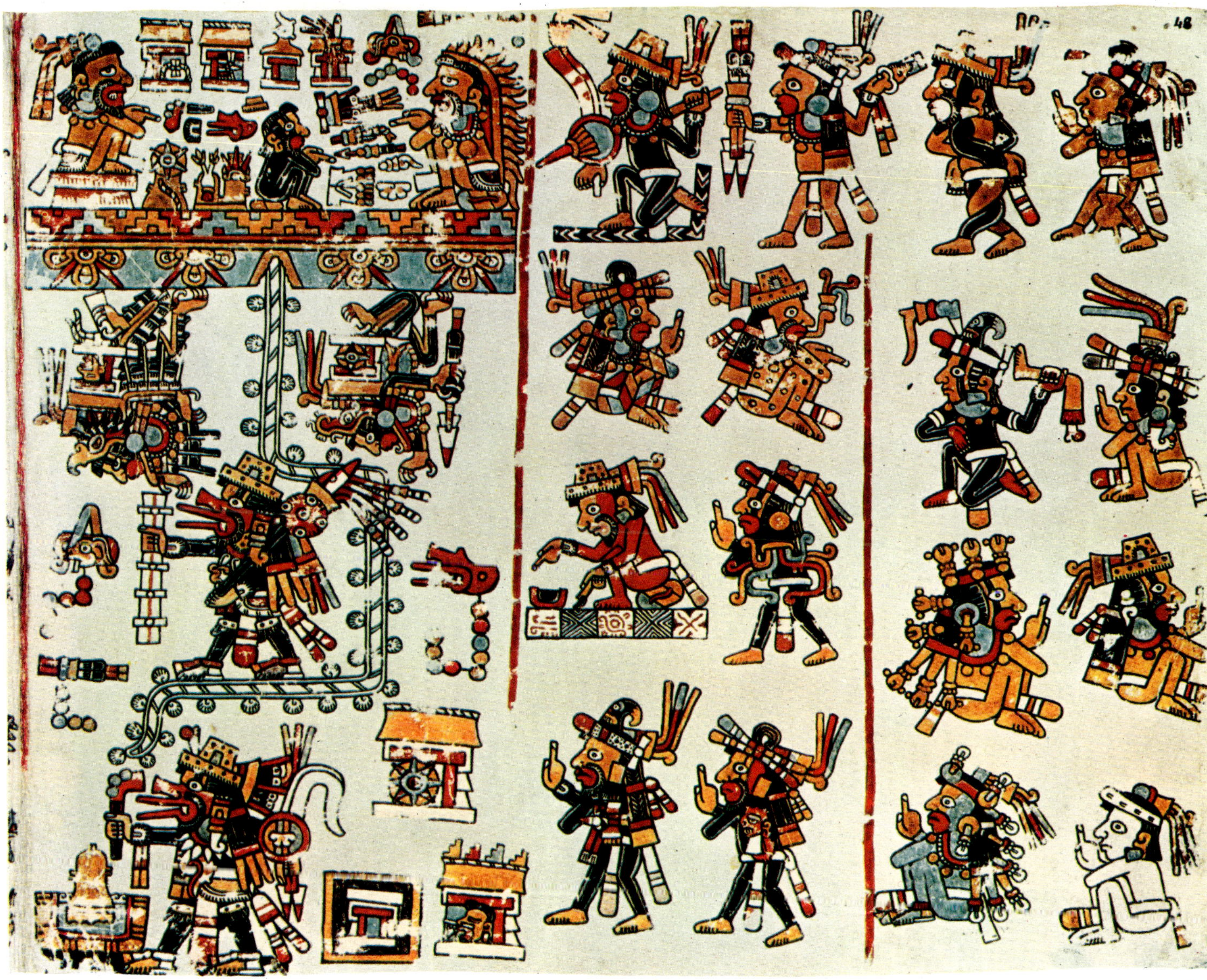

XVI

Eine eigene Schrift- und Buchkultur innerhalb Chinas hat sich beim südwestchinesischen Volks-
stamm der Na-Khi erhalten. Schon um 1200 wurde dort eine „piktographische“ Schrift erfunden, *100*
die durch Jahrhunderte hindurch ihre bildhaften Schriftzeichen beibehalten hat, die in ihrer Anschaulichkeit den ägyptischen Hieroglyphen ähnlich sind.

Stilistische Verwandtschaft mit der chinesischen Buchmalerei zeigen auch Werke aus Thailand.
Ein im 14. Jahrhundert dort entstandenes Werk, das „Traiphūm-Buch“, ist in zahlreichen Ab- *101*
schriften aus den folgenden Jahrhunderten erhalten. Es ist eine Kosmographie im buddhistischen Legendenkreis. Eine Handschrift dieses Werkes aus dem Jahre 1776 gehört zu den schönsten Schöpfungen der thailändischen Buchmalerei.

Mexikanische Buchmalerei

So groß die stilistischen Unterschiede zwischen antiker und spätmittelalterlicher Buchmalerei, zwischen christlichen, islamischen und buddhistischen Werken auch sind, so erweisen sie sich doch in ihrem vielfältigen Formenschatz als eine Einheit gegenüber einer völlig anderen Welt, die uns in der Buchmalerei Mittelamerikas begegnet, die man zusammenfassend als „mexikanisch“ bezeichnet. Es handelt sich dabei um sakrale Bücher, die den Gottesdienst, die Mythologie und die damit zusammenhängende nationale Geschichte darstellen. Das Verständnis der Malereien wird noch durch den Umstand besonders erschwert, daß es außer diesen Büchern keinerlei erklärende Literatur gibt. Die Kultur, in der sie entstanden sind, wurde durch die spanischen Eroberer so gründlich ausgelöscht, daß es auch kaum mehr Zeugen einer mündlichen Überlieferung gab, die das Rätsel der Schrift hätten erklären können. Nur ganz wenige spanische Gelehrte konnten im 16. Jahrhundert noch Überlebende der aztekischen und mixtekischen Priesterschaft befragen, und die Auskünfte, die sie erhielten, waren so zurückhaltend als möglich.

Die Bilderschrift der Handschriften wurde von den Mixteken „Tlacuilolli“ genannt. Sie gehörte zum Besitz der Weisen, die sie herstellten, verwahrten und bei feierlichen Anlässen vor dem Volke verlasen. Die Tempel, in denen die Weisen wohnten, waren in ähnlicher Weise Pflegestätten der Kultur wie die Klöster im mittelalterlichen Europa. Aber von den zahlreichen Handschriften, die in den Tempeln durch Jahrhunderte hindurch hergestellt wurden, hat nur ein knappes Dutzend den Untergang der mexikanischen Kultur im 16. Jahrhundert überlebt. Ebenso wie die Tempel galten auch die Schriften als Instrumente eines blutigen Götzendienstes, dessen Ausrottung die Eroberer für ihre Pflicht hielten.

Die wenigen erhaltenen mexikanischen Handschriften aus der Zeit vor Kolumbus sind heute auf verschiedene europäische Bibliotheken verteilt. Bis auf eine Ausnahme sind sie alle auf Leder gemalt, meist in der Form von Faltbüchern. Außer den Farben Gelb, Blau, Rot und Grün kommen gelegentlich auch Braun und Violett vor. Eine chemische Analyse der Farben wurde noch nicht vorgenommen.

Es wird aber leichter sein, solche farbtechnische Fragen zu beantworten als die Fragen nach dem Inhalt der Handschriften. Den Bildern ist keinerlei erklärender Text beigefügt, sondern sie bilden selbst eine Art Bildtext, der seine Parallelen in den erhaltenen Tempelplastiken und -fresken findet. Durch das Wegfallen eines Buchstabentextes ist die dekorative Wirkung der Buchseiten viel stärker. Wenn es auch zwischen den einzelnen mexikanischen Bilderhandschriften stilistische Unterschiede gibt, so ist doch allen die Reduzierung der Gestalten und Dinge auf schematisch-dekorative Formen gemeinsam. Das Bestreben nach naturalistischer Darstellung war dem Kunstwollen dieser Maler völlig fremd. Zum Inhalt der Handschriften gehören kalendarische Anordnungen, denen verschiedene Wocheneinteilungen zugrunde liegen. Am wichtigsten ist die zwanzigtägige Woche, deren Tage mit zwanzig Namen, zumeist Tiernamen, bezeichnet werden. Solche Tagesnamen, die bildlich dargestellt werden, sind zum Beispiel: Schlange, Hirsch, Kaninchen, Hund, Affe, Adler, Geier, Haus, Wind, Tod, Wasser, Regen, Blume.

Tempelfeste und Götter bieten Gelegenheit zur Darstellung der Menschen bei kultischen Festen und der Götter in ihren verschiedensten Erscheinungsformen. Die Art, in der die Götter dar-
XVI gestellt werden, läßt vermuten, daß es sich dabei um Tanzkostüme handelt, die von den Priestern beim kultischen Drama getragen wurden. Auch Personen, die für das Opfer bestimmt waren, trugen reiche Trachten und herrlichen Schmuck, da ihnen oft vor der Opferung göttliche Ehren erwiesen wurden. Der wichtigste Kleiderschmuck sind Halskragen und Halskette, oft mit großen Schmuckscheiben. Der Kopfschmuck ahmt häufig Vögel und Schmetterlinge nach, oder es werden Tierköpfe als Helme getragen. Auch Körper- und Gesichtsbemalung kommt vor. Als weiterer Schmuck des Kopfes wird der Ohrpflock verwendet oder farbige Baumwollstreifen im durchbohrten Ohrläppchen. In der Nasenscheidewand werden halbmondförmige Schmuckstücke getragen, im Nasenflügel Jade. Zahlreiche Gegenstände des alltäglichen Gebrauches sind auch für die sakralen Feiern in Verwendung, aber immer ist ihre Form stilisiert, und ihre Bedeutung kann nur dem klar sein, der die Geheimnisse der Mythologie und ihrer Riten kennt.

Die Darstellungen von Göttermythen wurden bei bestimmten Gelegenheiten von Priestern dem Volke vorgelesen. Die kalendarischen Abschnitte dienten als Orakel für verschiedene Lebensfragen. Die Namen der Kinder wurden den Tagesnamen des Kalenders entnommen, und nach diesen Tagesnamen und -nummern wurde später bei der Heirat das künftige Schicksal der Ehe vorausgesagt. Auch der Traumdeutung und Krankenbehandlung wurde der Kalender zugrunde gelegt.

Vor dem unerschlossenen Reichtum der mexikanischen Handschriften muß sich der moderne Mensch wie ein Analphabet vorkommen. Er bewundert die dekorative Vielfalt der Gestalten und den exotischen Reiz ihres bunten Schmuckes. Aber ihre Sprache ist ihm fremd, und er kann nur eine unbestimmte Ahnung davon haben, was der Maler darin ausgesagt hat und was die Menschen seiner Zeit daraus lesen konnten.

LITERATURVERZEICHNIS

Allgemeine Werke, Bildbände, Monographien über abendländische, byzantinische und slawische Buchmalerei

Ancona P., La Miniature italienne du Xe au XVIe siècle. Paris – Bruxelles 1925
— La Miniatura fiorentina, 2 Bde. Firenze 1914
— und *Aeschlimann E.*, Die Kunst der Buchmalerei. Köln 1972
Avery M., The Exultet Rolls of South Italy, 2 Bde. Princeton 1936
Berkovits I., Corvinen. Bilderhandschriften aus der Bibliothek des Königs Matthias Corvinus. Berlin 1963
Bland D., A History of book illustration. London 1958
Bloch P. und *Schnitzler H.*, Die Ottonische Kölner Malerschule, 2 Bde. Düsseldorf 1967–1970
Böckler A., Abendländische Miniaturen bis zum Ausgang der romanischen Zeit. Berlin – Leipzig 1930
— Deutsche Buchmalerei vorgotischer Zeit. Königstein 1952
— Deutsche Buchmalerei der Gotik. Königstein 1959
— Die Regensburg-Prüfeninger Buchmalerei des XII. und XIII. Jahrhunderts. München 1924
Bucher F., The Pamplona Bibles, 2 Bde. New Haven – London 1970
Delaissé L. M. J., La Miniatura fiamminga al tempo di Filippo il Buono. Milano 1956
— Miniatures médiévales de la Librarie de Bourgogne. Bruxelles 1959
De Marinis T., La Biblioteca Napoletana dei Rè d'Aragona, 4 Bde. Milano 1952–1957; 2 Suppl. Bde., Verona 1969
Deuchler Fl., Der Ingeborg-Psalter. Berlin 1967
De Wald E. T., The Illustration of the Utrecht Psalter. Princeton 1932
Diringer D., The illuminated book (2. Aufl.). London 1967
Dodwell C. R., The Canterbury School of illumination 1066–1200. Cambridge 1954
— und *Turner D. H.*, Reichenau reconsidered. London 1965
Dominguez B. J., Die spanische Buchmalerei vom siebten bis siebzehnten Jahrhundert. 2 Bde. Firenze – München 1930
Duft J. und *Meyer P.*, Die irischen Miniaturen der Stiftsbibliothek St. Gallen. Olten 1953
Dujčev I., Die Miniaturen der Manasses-Chronik. Sofia 1965
Durrieu P., La Miniature flamande au temps de la cour de Bourgogne. Bruxelles – Paris 1921
Ebersolt J., La Miniature Byzantine. Paris – Bruxelles 1926
Egbert D. D., The Tickhill Psalter and related manuscripts. New York 1940
Fichtenau H., Die Lehrbücher Maximilians I. und die Anfänge der Frakturschrift. Hamburg 1961
Formaggio D. und *Basso C.*, Miniaturen. Stuttgart 1960
Friedl A., Codex Gigas. Prag 1929
Garrison E. B., Studies in the history of medieval Italian painting, 4 Bde. Firenze 1953–1960
Gengaro M. L. und *Cogliati Arano L.*, Miniature Lombarde. Milano 1970
Georgievskij G., Les anciennes Miniatures russes, 2 Bde. Moskau 1934
Gerstinger H., Die griechische Buchmalerei, Text- und Tafelband. Wien 1926
Goldschmidt A., Die deutsche Buchmalerei, 2 Bde. München 1928
Grabar A., Les grands siècles de la peinture: La peinture byzantine. Genève 1953
— und *Nordenfalk C.*, Les grands siècles de la peinture: Le haut moyen-âge du quatrième au onzième siècle. Genève 1957
Guerrero Lovillo J., Las Cantigas. Estudio arqueologico de sus miniaturas. Madrid 1949
— Miniatura Gotica Castellana. Madrid 1956
James M. R. und *Millar E. G.*, The Bohun Manuscripts. Oxford 1936
Jorga N., Les arts mineurs en Roumanie. Bukarest 1934
Koehler W., Die karolingischen Miniaturen. 4 Text- und 3 Tafelbände. Berlin 1930–1960
Krasa J., Die Handschriften König Wenzels IV. Wien 1971
Kvét J., Mittelalterliche Buchmalerei in der Tschechoslowakei. München 1964
Lazarev V. N., Feofan Grek i ego skola. Moskau 1961
Levi d'Ancona M., Miniatura e miniatori a Firenze dal 14 al 16 secolo. Firenze 1962

Libor R. M., Ars cisterciensis. Würzburg 1967
Lieftinck G. I., Boekverluchters uit de omgeving van Maria van Bourgondie c. 1475–c. 1485. Brüssel 1969
Lipfert K., Symbolfibel. Kassel 1961
Masai F., Essai sur les origines de la minature dite Irlandaise. Bruxelles 1947
Mazal O., Himmels- und Weltenbilder. Wien 1973
Millar E. G., La minature anglaise du Xe au XVe siècle, 2 Bde. Paris – Bruxelles 1926–1928
Nordenfalk C., Die spätantiken Kanontafeln, 2 Bde. Göteborg 1938
Oursel C., La miniature du XIIe siècle a l'Abbaye de Cîteaux. Dijon 1926
Pächt O., The Master of Mary of Burgundy. London 1948
— René d'Anjou-Studien. I. Teil: in: Jahrbuch der Kunsthistorischen Sammlungen in Wien, Bd. 69 (N. F. Bd. XXXIII), 1973
— und *Alexander J. G.*, Illuminated Manuscripts in the Bodleian Library, Oxford, 3 Bde. Oxford 1966–1972
—, *Dodwell C. R.*, *Wormald F.*, The St. Albans Psalter. London 1960
Pfister K., Irische Buchmalerei. Potsdam 1927
Ploss E., Ein Buch von alten Farben. Heidelberg – Berlin 1962
Porcher J., Französische Buchmalerei. Recklinghausen 1959
Rickert M., La miniatura inglese, 2 Bde. Milano 1959 bis 1961
Roosen-Runge H., Farbgebung und Technik frühmittelalterlicher Buchmalerei, 2 Bde. München – Berlin 1967
Rothe E., Buchmalerei aus 12 Jahrhunderten. Berlin 1966
Rotili M., La miniatura gotica in Italia, 2 Bde. Napoli 1968
Salmi M., La miniatura italiana. Milano 1956
Saunders E., Englische Buchmalerei, 2 Bde. Firenze – München 1927–1928
Schäfer G., Das Handbuch der Malerei vom Berge Athos, aus dem handschriftlichen neugriechischen Urtext übersetzt. Trier 1855
Schmid A. A., Die Buchmalerei des 16. Jahrhunderts in der Schweiz. Olten 1954
Schmidt G., Die Armenbibeln des XIV. Jahrhunderts. Graz – Köln 1959
— Die Malerschule von St. Florian. Graz – Köln 1962
Schreyer L., Die Botschaft der Buchmalerei. Hamburg 1956
Svirin A. N., Iskusstvo knigi drevney rusi 11–17 vv. Moskau 1964
Swarzenski G., Die Regensburger Buchmalerei des X. und XI. Jahrhunderts. Leipzig 1901
— Die Salzburger Malerei von den ersten Anfängen bis zur Blütezeit des romanischen Stils, 2 Bde. Leipzig 1908–1913
Swarzenski H., Die lateinischen illuminierten Handschriften des XIII. Jahrhunderts in den Ländern an Rhein, Main und Donau, Text- und Tafelband. Berlin 1936
— Miniaturen des frühen Mittelalters. Laupen/Bern 1952
Tikkanen J. J., Studien über die Farbengebung in der mittelalterlichen Buchmalerei. Helsingfors 1933
Toesca P., La pittura e la miniatura nella Lombardia. Torino 1966
Uhl I., Buchmalerei. Ettal 1971
Unterkircher F., Abendländische Buchmalerei. Graz – Wien 1967
— La miniatura austriaca. Milano 1953
Vagaggini S., La miniatura fiorentina nei secoli 14 e 15. Milano 1952
Beschreibendes *Verzeichnis* der illuminierten Handschriften in Österreich Bd. 1–7, Leipzig 1907–1914; Neue Folge, 15 Bde., Leipzig 1923–1938
Villalba Davalos A., La miniatura Valenciana en los siglos 14 y 15. Valencia 1963
Weitzmann K., Die byzantinische Buchmalerei des 9. und 10. Jahrhunderts. Berlin 1935
— Illustration in Roll and Codex. Princeton 1970
— The Josuah Roll. Princeton 1948
— Studies in classical and byzantine manuscript illumination. Chicago 1971
Werckmeister O. K., Irisch-northumbrische Buchmalerei des 8. Jahrhunderts und monastische Spiritualität. Berlin 1967
Winkler F., Die flämische Buchmalerei des XV. und XVI. Jahrhunderts. Leipzig 1925
Zimmermann H., Vorkarolingische Miniaturen, 1 Text-, 4 Tafelbände. Berlin 1916

Hebräische Buchmalerei, Buchmalerei in außereuropäischen Ländern und Kulturen

Amiranašvili Š., Gruzinskaja miniatjura. Moskau 1966
Archer W. G., Indian Miniatures. New York 1960
Arnold T. W., Painting in Islam. New York 1965
Azarjan L. R., Kilikijskaja miniatjura 12.–13. vv. Erevan 1964
Biedermann H., Altmexikos heilige Bücher. Graz 1970
Binyon L., Persian Miniature Painting. London 1933

Blumenkranz B., Juden und Judentum in der mittelalterlichen Kunst. Stuttgart 1965
Brodrick A. H., An outline of chinese painting. London 1949
Cramer M., Koptische Buchmalerei. Recklinghausen 1964
Durnovo L., Armenische Miniaturen. Köln 1961
— und *Arakeljana B. N.*, Drevnearmjanskaja miniatjura. Erevan 1952
Esin E., Turkish Miniature Painting. Rutland 1960
Ettinghausen R., Die Kunstschätze Asiens: Arabische Malerei. Genf 1962
— Türkische Miniaturen vom 13. bis zum 18. Jahrhundert. München 1965
— und *Ipşiroğlu M. S.*, Türkei, Frühe Miniaturen. München 1956 (Unesco-Sammlung der Weltkunst)
Forman W., Persian Miniatures. London 1960
Frauberger H., Verzierte hebräische Schrift und jüdischer Buchschmuck, in: Mitteilungen der Gesellschaft zur Erforschung jüdischer Kunstdenkmäler zu Frankfurt a. M., V–VI, 1909
Godard A. und *Gray B.*, Iran, Persische Miniaturen, kaiserliche Bibliothek. München 1956 (Unesco-Sammlung der Weltkunst)
Gray B., Die Kunstschätze Asiens: Persische Malerei. Genf 1961
Grohmann A. und *Arnold T. W.*, Denkmäler islamischer Buchkunst. Firenze - München 1929
Grube E. J., Islamic Paintings in the collection of H. P. Kraus. New York 1971
Gutfeld L., Von der Bibel bis Chagall. Judentum und Kunst. Frankfurt 1963
Hájek L., Indian Miniatures of the Moghul school. London 1960
— Indische Miniaturen der lokalen Schulen. Praha 1961
Holter K., Persische Miniaturen. Wien 1951
Ipşiroğlu M. S., Das Bild im Islam. Wien 1971
Janert K. L. und *Rock J. F.*, Na-khi manuscripts, 2 Bde. Wiesbaden 1965
Lalit Kala Series of Indian Art (Serie von Bildheften). New Delhi - Bombay 1956
Leroy J., Les manuscrits syriaques à peintures conservés dans les bibliothèques d'Europe et d'Orient, 2 Bde. Paris 1964
— La pittura etiopica durante il medioevo. Milano 1964
Leveen J., The hebrew Bible in Art. London 1941
Macler F., L'Enluminure armeniénne profane. Paris 1928
Marek J., The Jengiz Khan Miniatures of the court of Akbar the Great. London 1963
Mueller D. H., Die Haggadah von Sarajewo. Wien 1898
Naményi E., La Miniature juive au XVIIe et au XVIIIe siècle, in: Revue des Etudes Juives, N. S. XII, 1957, S. 27ff.
Nowotny K. A., Tlacuilolli. Die mexikanischen Bilderhandschriften, Stil und Inhalt. Berlin 1961
Papadopoulo A., Esthetique de l'art musulman: La peinture, 4 Text-, 2 Bildbände. Paris 1972 (These de l'Université de Paris)
Rock J. F., The life and culture of the Na-khi tribe of the China-Tibet borderland. Wiesbaden 1963
Roth C., Jewish Art. An illustrated history. Tel Aviv 1961
— The Sarahjevo Haggada. London 1953
Schimmel A., Islamic Calligraphy. Leiden 1970
Schwarz A. Z., Die hebräischen Handschriften der Nationalbibliothek in Wien. Wien 1925
Stchoukine I., Les peintures des manuscrits Safavis de 1502–1587. Paris 1959
— Les peintures des manuscrits de Shāh Abbas I[ier] à la fin des Safavis. Paris 1964
Strzygowski J., Asiatische Miniaturmalerei im Anschluß an Wesen und Werden der Mogulmalerei. Klagenfurt 1933
Weitzmann K., Die armenische Buchmalerei des 11. und 12. Jahrhunderts. Bamberg 1933
Wenk K., Thai-Handschriften, 2 Teile. Wiesbaden 1963–1968
— Thailändische Miniaturmalereien. Wiesbaden 1965

Die wichtigsten Handschriftenausstellungen (mit Katalog) der letzten zwanzig Jahre

1954	Les Manuscrits à peintures en France du 7e au 12e siècle. *Paris*
	Mostra Nazionale della Miniatura. *Rom*
1955	Les Manuscrits à peintures en France du 13e au 16e siècle. *Paris*
1956	Werdendes Abendland an Rhein und Ruhr. *Essen*
1958	400 Jahre Bayerische Staatsbibliothek. *München*
	Arte Lombarda dai Visconti agli Sforza. *Milano*
1959	La Miniature flamande. *Brüssel*
1960	Bayerns Kirche im Mittelalter. *München*
1961	El Arte Romanico. *Barcelona*
	Synagoga. *Frankfurt a. M.*
1962	Europäische Kunst um 1400. *Wien*
	Bibliothèque Nationale d'Autriche: Manuscrits et livres imprimès concernant l'histoire des Pays-Bas 1475–1600. *Brüssel*

1963 Monumenta Judaica. *Köln*
1964 Byzantine Art and European Art. *Athen*
Romanische Kunst in Österreich. *Krems*
1965 Karl der Große. *Aachen*
1967 Gotik in Österreich. *Krems*
1968 L'Europe gothique. *Paris*
Cento Codici Bessarionei. *Venedig*
1970 Cimelia Monacensia. *München*
The Year 1200. *New York*
1972 Il Libro della Bibbia. *Città del Vaticano*
1973 Survie des classiques latins. *Città del Vaticano*
Illuminated Greek Manuscripts from American collections. An Exhibition in honor of Kurt Weitzmann. *Princeton*

Faksimile Ausgaben
(*Auswahl – in Klammern der Standort der Originale*)

Das *Antiphonar von St. Peter* in Salzburg (Wien). Graz 1969–1974
Die Bamberger *Apokalypse* (Bamberg). Wiesbaden 1958
Die Salzburger *Armenbibel* (Salzburg). Salzburg 1969
Bellifortis von Konrad Kyeser (Göttingen). Düsseldorf 1967
La *Bibbia* di Borso d'Este (Modena). Milano 1937
Die *Bibel* von Moutier-Grandval (London). Bern 1971
Bible moralisée (Wien). Graz 1973
Die Wiener *Biblia Pauperum* (Wien). Graz 1962
Der Krumauer *Bildercodex* (Wien). Graz 1967
Die Heidelberger *Bilderhandschrift* des Sachsenspiegels (Heidelberg). Frankfurt a. M. 1970
Der Stuttgarter *Bilderpsalter* (Stuttgart). Stuttgart 1965 bis 1968
The *Birds-head-Haggada* of Bezalel (Jerusalem). Jerusalem 1965–1967
Carmina Burana (München). München 1967
Chronica Hungarorum (Budapest). Hanau 1968
Chronik von Jerusalem (Wien). München 1924
Codex Altonensis, Divina Commedia (Altona). Berlin 1965
Codex Cennanensis – Book of Kells (Dublin). Bern 1951
Codex Durmachensis – Book of Durrow (Dublin). Olten 1960
Codex Egberti (Trier). Basel 1960
Codex Gerundensis sancti Beati a Liebana in Apocalypsin (Gerona). Olten 1962
Codex Lindisfarnensis – Book of Lindisfarne (London). Olten 1960
Codex Vindobonensis Mexicanus (Wien). Graz 1963
Corpus Agrimensorum Romanorum (Wolfenbüttel). Leiden 1970
Il Dante Urbinate (Vatikan). Città del Vaticano 1965
Dioscurides, Codex Vindobonensis (Wien). Graz 1965 bis 1970
Das Lorscher *Evangeliar* (Vatikan – Alba Julia). München 1967
Reichenauer *Evangelistar* (Berlin). Graz 1972
Das Tiroler *Fischereibuch* Maximilians I. (Wien). Graz 1967
Friedrich II., De arte venandi cum avibus (Vatikan). Graz 1969
Gebetbuch der Maria von Burgund (Wien). Graz 1969
Das ältere *Gebetbuch* Maximilians I. (Wien). Graz 1973
Die Wiener *Genesis* (Wien). Wien 1931
Der *Hedwigs-Codex* von 1353 (Aachen). Berlin 1972
Das Ambraser *Heldenbuch* (Wien). Graz 1973
Der Darmstädter *Hitda-Codex* (Darmstadt). Berlin 1968
Ilias Ambrosiana (Mailand). Olten 1953
The *Kaufmann-Haggadah* (Budapest). Budapest 1957
Liber Floridus (Gent). Gent 1968
Il *Libro d'ore* di Ferrante d'Aragona (Privatbesitz Conte Paolo Gerli di Villagaeta). Torino 1960
Die Manessische *Liederhandschrift* (Heidelberg). Leipzig 1929
Die Weingartner *Liederhandschrift* (Stuttgart). Stuttgart 1969
Losbuch in deutschen Reimpaaren (Wien). Graz 1972
Machsor Lipsiae (Leipzig). Leipzig 1964
Medicina antiqua (Wien). Graz 1971
Die Darmstädter *Pessach-Haggadah* (Darmstadt). Leipzig 1927
Petrus de Ebulo, Nomina et virtutes balneorum (Rom). Roma 1962
Physiologus Bernensis (Bern). Basel 1964
Psautier de Saint-Louis (Paris). Graz 1972
Karolingisches *Sakramentar* (Wien). Graz 1971
Sakramentar von Metz (Paris). Graz 1972
Speculum humanae salvationis (Kremsmünster). Graz 1972
Statuta Collegii Sapientiae (Freiburg). Lindau – Konstanz 1957
Statutenbuch des Ordens vom Goldenen Vlies (Wien). Wien 1934
Taccola Mariano, De Machinis (München). Wiesbaden 1971
Tacuinum Sanitatis in Medicina (Wien). Graz 1967
Virgilius, Opera (Florenz). Firenze 1969
Das *Wessobrunner Gebet* (München). München 1922
Wolfram von Eschenbach, Willehalm (Wien). Graz 1974

NAMEN- UND SACHREGISTER

(Die kursiven Zahlen sind die Nummern der Abbildungen)

Abgar (König v. Syrien) 126
Abu Zaid 135, *XIII*
Acquaviva, Andrea Matteo 115, *84*
Admont 63
Admonter Riesenbibel 63
Aethelwold (Benediktionale) 59, *VI*
Äthiopische Buchmalerei 127–128, *89*, *90*
Albrecht II. (Kaiser) 93
Alfons X. (König von Kastilien) 81, *46*
Altdorfer, Albrecht 117
Althaymer, Michael 93
Ambraser Heldenbuch 117, *82*
Andreas von Österreich (Kardinal) 118
Anicia Juliana 17–18, *5*
Antiphonar von St. Peter in Salzburg 63, *41*
Apokalypse 9, 54
Apokalypse von Gerona 54, *V*
Apostolos 125, *85*
Aratus-Handschriften 16, 42, *25*
Aristoteles 115, *84*
Armenische Buchmalerei 125–126, *XI*
Ascher ben Jechiel *91*
Astronomische Handschriften 9, 42, 53, *25*
Athos 119
Athos, Handbuch der Malerei 33
Attavante degli Attavanti 114, *X*
Autorenbilder, antike 16, *21*, *53*

Bamberger Evangelistar 43, *29*
Basilius II. (Kaiser von Byzanz) 23, *10*
Beatus von Liébana 54
Beauneveu, André 76, *65*
Bellifortis 94
Bellini, Giovanni und Gentile 113
Benevent 53, 62
Bening, Sander und Simon 108
Bergwerksbuch, Schwazer 118
Bernhard von Clairvaux 60
Berry, Jean Duc de 76, *48*
Bertold (Custos) 62
Bestiarien 9, 59, *33*
Bibel von St. Paul 61
Bible moralisée 9, 75, *47*
Biblia pauperum 9, 82, *60*
Bibliotheca Laurenziana 114
Bidpai (Fabeln) 116
Bilderstreit 18–19
Blattgold 15
Blockbücher 54
Bobbio 34
Boccaccio, Giovanni 74, 106, *69*
Böhmen-Mähren 63, 82–84, 118–119, *39*, *40*
Bohun (Familie) 82, *64*
Bologna 94, *54*
Book of Durrow 35
Book of Kells 35, *III*
Book of Lindisfarne 35, *18*
Bordone, Benedetto 113
Bosch, Hieronymus 108
Bourdichon, Jean 106
Brailes, William de 82
Breviarium Grimani 108
Buddhismus 9–10, 148
Burgund (Hof von) 107–113

Canterbury 59, 81
Cantigas, Las 81, *46*
Carmina burana 82
Cassiopeia *25*
Cesena (Bibliothek) 114
Chaucer 9
Chierico, Francesco d'Antonio 114
Chinesische Buchmalerei 147–148, *99*, *XV*
Chorbücher 61
Chronik von Jerusalem 107, *71*
Cîteaux (Kloster) 60
Clairvaux (Kloster) 60
Clovio, Giulio 115
Cluny (Kloster) 55, 60
„Codex" 14
Codex Amiatinus 35, 61
Codex argenteus 17
Codex aureus (Echternach) 53, *30*
Codex Rossanensis 17
Codex Sinopensis 17, *Ib*
Colombe, Jean 106
„Computus" 53
Corbie (Kloster) 34
Cranach, Lucas 115
Crivelli, Taddeo 113
Croy-Gebetbuch 108, *75*
Cyrillische Schrift 119
Cyrillus und Methodius 119

Dagulf (Schreiber) 41
Dante-Handschriften 94
Desiderius (Abt von Montecassino) 61
Deutsches Sprachgebiet 62–63, 82–94, 115–118
„Diamant-Kanon" *XV*
Dioskurides, Wiener 16, 17–18, *5*, *6*
Divina Commedia 9
Donauschule 117
Dragomirna (Kloster) 125, *85*
Dreux, Jean 107
Dürer, Albrecht 54, 117

Echternach (Codex aureus) 53, *30*
Edelstein, der 93
Emeterius (Maler) *V*
En (Malerin) *V*
England 34–36, 59, 81–82
Este, Borso und Alfonso 113
Esther-Rollen 133
Eumenes von Pergamon 12
Evangeliar von Soissons 41, *22*
Evangeliar von Višehrad 63, *39*
Everwinus (Maler) 63, *40*
Exultet-Rollen 14, 62, *36*, *37*

Farbrezepte 14–15
Farbsymbolik 11–12
Ferdinand von Aragon (König v. Neapel) 13, 115

Ferdinand von Tirol, Erzherzog 118, 119
Ferrando Petri de Funes 59, *31*
Ferrara 113
Firdusi 136, *96*
Fischereibuch, Tiroler 117
Fora, Gherardo und Monte di Giovanni del 114
Fouquet, Jean 106, *69*
Frakturschrift 117
François, Maître 106
Frankreich 34, 36, 60, 74–81, 105–106
Friedrich II. (Kaiser) 94–95, *51*
Friedrich III. (Kaiser) 93
Fugger, Johann Jakob 118
Funk, Ulrich 117, *82*
Furtmayr, Berthold 116

Genesis, Wiener 17, 126, *Ia*
Gerona, Apokalypse 54, *V*
Gerung, Matthias 116
Girard de Roussillon 107, *IX*
Giacomo da Verona 113
Girolamo da Cremona 113
Glagolitische Schrift 125
Glockendon, Albrecht 117
Godescalc (Schreiber) 41
Goldene Bulle 93
Gondar-Schule (Äthiopien) 128
Gonzaga 113
Gottesurteile 63, *43*
Grandes Heures 76, *65*
Gregor V. (Papst) 73
Gregorovius, Ferdinand 73
Grottaferrata (Kloster) 23, *14*

Hafis 136
Haggada 134, *XII*
Handbücher für Buchmaler 12
Hariri, al- 135, *XIII*
Hasan *93*
Hausbuchmeister 116
Hebräische Buchmalerei 133–134, *91*, *92*, *XII*
Hedwigslegende 83, *61*
Heine, Heinrich 134
Heinrich II. (Kaiser) 43, *29*
Heinrich III. (König von Frankreich) 106
Henfflin-Werkstatt 115
Heraklius (Farbenbuch) 14
Herat 136
Herbarien 8–9, 17, *6*
Hermann von Thüringen 82
Herrad von Landsberg (Äbtissin) 62
Hieronymus 17
Hildebert (Maler) 63, *40*
Hoefnagel, Georg 118
Hohes Lied, Kommentare 53, 62, *42*
Homer 9, 17, *4*
Honoré, Maître 75, *48*
Hortulus animae 108
Hussiten 118
Hutski, Matthias 119

Jacquemart de Hesdin 76, *65*
Jagdbuch, Tiroler, 117
Jakob von Olmütz 118
Jarrow (Northumbrien) 35
Ilias Ambrosiana 17, *4*
Illuminieren (Illuminator) 8
Indische Buchmalerei 147, *97*
Initialen 8
Insulare Buchmalerei 34–36, *18*, *19*, *20*, *III*
Job, Buch 9, 62, *12*, *78*
Johannes von Neumarkt 83
Johannes von Troppau 83
Jona (Kloster) *III*
Josuah-Rolle 23, *7*
Irische Buchmalerei 34, 35
Islamische Buchmalerei 9, 134–141, *93*, *94*, *95*, *96*, *XIII*, *XIV*
Israel ben Rabbi Meir *XII*
Italien 61–62, 94–95, 113–115
Jungfernpergament 13
Jussuf und Suleika 136, *98*
Karl d. Große 41
Karl d. Kahle 42, *IV*
Karl d. Dicke 61
Karl IV. 10, 83, 118
Karl V. 113, 118, *76*
Karl VI. (König von Frankreich) 76
Karl d. Kühne (Herzog von Burgund) 107
Karolingische Buchmalerei 41–43, *21*, *22*, *23*, *24*, *25*, *26*, *27*, *28*, *IV*
Kasim (Schreiber) *94*
Kölderer, Jörg 117
Kolumban 34
Konstanz, Konzilschronik 116
Koptische Buchmalerei 127, *88*
Koran 9, 135
Krimkovič, Anastasius 125, *85*
Künstlernamen 10
Kuttenberg (Böhmen) 118

Lambach (Kloster) 63, *43*
Lathem, Liévin van 108
Lauber, Diebold 115, *77*
Leder 14, 153
Lehrbüchermeister 116
Liédet, Loyset 107
Limburg, Brüder von 76, 107
Limoges (Sakramentar) 60, *34*
Lisle, Robert de 82
Livres d'heures 9, 76, 105, 108, *64*, *65*, *66*, *73*, *74*, *75*, *76*
Livre des merveilles 76, *67*
Lucca-Manuskript 14
Ludwig IX. (König von Frankreich) 75
Luxeuil 34

Machsor 134
Magdeburg 83, *58*
Mahabharata 147, *97*
Mahmud (Maler) *95*
Makamen 135, *XIII*
Malatesta, Pandolfo 114
Malbücher 10, 14

Malwerkzeuge 15
Mamelucken 135
Manessische Liederhandschrift 82
Manfred (König von Sizilien) 94–95
Mantegna 113
Mappae Clavicula 14
Margareta von Österreich 113
Maria von Burgund 108, *74*
Marmion, Simon 107
Martinus Opifex 93, *80*
Massora 133, *92*
Mathilde von Tuszien 61, *38*
Matthias Corvinus 114, *X*
Maximilian I. 113, 116, 117
Maximilian II. 118
Mechthild von Württemberg 116
Medici, Cosimo und Lorenzo de' 114
Medizin 9, 95, *52*, *53*, *56*
Megilla 134
Meister des Herzogs von Bedford 11
Meister der Chronik von Jerusalem 107, *71*
Meister des Girard de Roussillon 11, 107, *IX*
Meister der Maria von Burgund 11, 108, *74*
Menologien 23, *10*
Mentelin-Bibel 116, *79*
Merowingische Handschriften 34
Mesrop (Mönch) 125
Mexikanische Buchmalerei 10, 153–154, *XVI*
Michael (Illuminator) 118
Miélot, Jean *72*
Miniaturmalerei 8, 113, 115
Minium 8
Minuskel (karolingische) 41
Moghulmalerei 141, *98*, *XIV*
Mongolen 135
Montecassino 53, 61
Montefeltro, Federico da 114
Mossul 135
Mozarabische Buchmalerei 59
Mûbārāk 126, *87*

Na-khi 153, *100*
Neapel 94
Niederlande 107–113
Nikolaus V. (Papst) 115
Nizami 136, *95*
Notnamen 11
Novgorod 119

Oderisi da Gubbio 8
Österreich 82–94
Olmütz (Brevier) 63, *40*
Ottheinrichs-Bibel 116
Otto I. 43
Otto II. 23, 43
Otto III. 43, 73
Ottonische Buchmalerei 43

Palastschule (Aachen) 42
Palmblätter 14, 147
Pamplona-Bibel 59, *31*
Papier 13, 148
Papyrus 12, 13
Paris, Matthew (Maler) 82
Parzival *77*
Peckenschlager, Johann (Erzbischof von Salzburg) 116
Pergament 12–13, 133
Perikopenbücher 83, *58*
Persische Buchmalerei 136, *95*, *96*
Personifikationen 23, *7*, *11*
Petites Heures 76
Petrarca 83, 113
Philipp d. Schöne (König von Frankreich) 75, *48*
Philipp d. Gute (Herzog von Burgund) 107, *71*, *72*, *IX*
Physiologus 43, *24*
Piktographische Schrift 153, *100*
Piramus, Reginaldus 115, *84*
Planudes (Mönch) 13
Plinius (d. Ä.) 16, *45*
Pozzuoli (Bäder) *52*
Prag 63, *39*
Prudentius 43, *28*

Psalter:
  Albanpsalter 59
  Stuttgarter Psalter 42, *26*
  Utrechter Psalter 42, *27*
Psychomachia 43, *28*
Pudsey, Hugh (Bischof) 59, *32*
Purpurpergament 13, 17, 41

Rabicano, Nicolo 115
Rabula-Codex 18, 126, *II*
Rechtshandschriften 9, 94, *54*
Reichenau 43, 61
Reims 43, *24*, *25*
René von Anjou 106, *68*
René-Meister 106, *68*, *70*
Richard II. (König von England) 10
Richenthal, Ulrich 116
Riesenbibeln 61, 94
Ripoll (Kloster) 54
Roger von Helmarshausen 62
Rogier van der Weyden 107
Rohan, Heures de 81, *66*
Rohr, Bernh. (Erzbischof von Salzburg) 116
Roman de la Rose 76, 106, *49*
Roslin, Toros 125, *XI*
Rotulus 14, 62, 133
Rotunda (Schrift) 94
Rubrikator 8
Rudnitz, Johannes de 118
Rudolf II. 119
Russi, Franco 113

Sacramentarium Gelasianum 34, *17*
Sa'di 136
Säkularisierung 73, 93, 95
Salerno 95
Salzburg 62–63, *41*
Sankt Florian 63, 83
Sankt Gallen 36, 43, *20*, *28*
Schah-Name 136, *96*
Scheere, Hermannus 82
Schiras 136, *96*
Schilling, Diepold 116

Schongauer, Martin 118
Schreier, Ulrich 116
Schreyer, Johannes 118
Seder-Abend 134
Sefewiden 136, *96*
Seide 14, 148
Siena 94
Siferwas, John 82
Sigismund von Tirol 116, *79*
Sizilien 94–95, *53*
Slegelse (Dänemark) 62, *45*
Soissons, Evangeliar 41, *22*
Spanien 54, 81, *31*, *46*, *V*
Speculum humanae salvationis 82
Spierinc, Nicolas 108
Spiezer Chronik 116
Spitzweg, Wolfgang 117
Starnina, Gerardo 81
Sternberg (Grafen) 118
Sternbilder 9, 16, 42, *25*
Streublumenmuster 108
Stuttgarter Psalter 42, *26*
Sultane, Stammbaum 141, *93*
Symbolik 11–12
Syrische Buchmalerei 126, *87*, *Ia*, *II*

Tabula Peutingeriana 16, *8*
Tacuinum sanitatis 95, *56*
Täbris 136
Tahmasp, Schah 136
Talmud 134, *91*
Távara (Kloster) *V*
Tavernier, Jean 107
Technik der Buchmalerei 12–15
Terenz-Handschrift 43, 74, *23*
Thailändische Buchmalerei 153, *101*
Theodor von Canterbury 36
Theophanes der Grieche 119, *86*
Theophilus presbyter 14
Tickhill, John 81, *50*
Timur 141
Tinten 15
Tituli (Bildbeschriftungen) 53, *IV*
Tlacuilolli 153, *XVI*
Tora-Rollen 133
Totenbücher, ägyptische 16, *1*, *2*
Tours 34
Traiphum-Buch 153, *101*
Très belles Heures 76
Très riches Heures 76
Türkische Buchmalerei 141, *93*, *94*
Typologische Handschriften 82, *60*

Unteritalien 62, *36*, *37*, *52*
Unzialbuchstaben 41
Utrecht-Psalter 42, 59, *27*
Usbeken *94*

Van Eyck, Brüder 107
Varro (Lebensbeschreibungen) 16
Vaticana (Bibliothek) 115
Vergil-Handschriften 9, 16, 17, *3*
Verona 34
Vie de Saint-Denis 75, *VII*
Visconti 113
Višehrad, Evangeliar 63, *39*
Vrelant, Willem 107, *73*

Weltchroniken 93, *78*
Wenzel (Kaiser, König von Böhmen) 10, 83, *62*, *63*
Wenzelsbibel 93, *62*, *63*
Wenzelswerkstatt 83–93, *62*, *63*, *VIII*
Willehalm 83, *59*, *VIII*
Winchester 59, *VI*
Wolkenstein, Oswald von 94, *80*
Wrchowist, Michael von 118

Yahya ibn Mahmud al-Wasiti *XIII*

Zackenstil 83, *58*
Zisterzienserstil 60
Zoomorphe Ornamente 34

STANDORTE DER ABGEBILDETEN HANDSCHRIFTEN

Aachen, Sammlung Dr. Peter *61*
Amiens, Bibl. Munic., Ms. lat. 108, *31*
Aschaffenburg, Schloßbibliothek, Ms. 13 *57*
Bari, Kathedral-Archiv *36*
Berlin, Kupferstichkabinett, Ms. 78 B 12 *74*
Berlin, Staatl. Museen, Indische Kunstabt., Hs. IC 27507 *101*
Berlin, Stiftung Preuß. Kulturbes., Diez A Fol. 70 *XIV*
Bern, Burgerbibl., Cod. 264 *28*; Cod. Bongars 318 *24*
Cambridge, Univ. Libr., II 4 26 *33*
Darmstadt, Hessische Landes- und Hochschulbibl., Cod. or. 8 *XI*
Dublin, Trinity College, Ms. 58 *III*
Durham, Cathedr. Bibl., Ms. A II 19 *32*
Erewan, Bibl. Matenadaran, Nr. 9422 *XI*
Escorial, Ms. T-I-1 *46*
Firenze, Bibl. Laurenziana, Ms. Plut. I/56 *II*; Plut. 82/1 *45*
Gerona, Archiv der Kathedrale *V*
Innsbruck, Univ. Bibl. *81*
Lambach, Stiftsbibl., Cod. perg. 73 *43*
Leiden, Univ. Bibl., Cod. Voss. Lat.Q 79 *25*
London, Brit. Mus., Ms. Cotton Nero D IV *18*; Addit. Ms. 49598 *VI*
Mailand, Bibl. Ambrosiana, Cod. 1019 *4*
Marburg, Staatsbibl., Hs. Or. 1598 *100*
Moskau, Leninbibl., Ms. 8662 *86*
München, Bayer. Staatsbibl., Ms. fr. 369 *69*; Cod. lat. 4452 *29*; Cod. lat. 13031 *44*; Cod. aethiop. 25 *90*
New York, Pierpont Morgan Library, Ms. 492 *38*; Ms. *496 X*
New York, Public Library, Spencer Collection, Ms. 26 *50*
Nürnberg, Germ. Nat. Museum *30*
Oxford, Bodl. Libr., Ms. Ouseley Add. 176 *96*
Paris, Bibl. Nat., Ms. fr. 1291 *70*; Ms. fr. 2092 *VII*; Ms. fr. 2810 *67*; Ms. fr. 9199 *72*; Ms. lat. 1 *IV*; Ms. lat. 238 *35*; Ms. lat. 919 *65*; Ms. lat. 1023 *48*; Ms. lat. 8850 *22*; Ms. lat. 9438 *34*; Ms. lat. 9471 *66*; Ms. lat. 12048 *16*; Ms. gr. 139 *11*; Ms. Suppl. gr. 1286 *Ib*; Ms. hebr. 418 *91*; Ms. arab. 5847 *XIII*; Ms. Suppl. pers. 985 *95*
Prag, Univ. Bibl., Ms. XIV A 13/1 *39*
Rom, Bibl. Angel., Ms. 1474 *52*
Rom, Bibl. Casanat., Ms. 724 B 13 *37*
Sankt Gallen, Stiftsbibl., Cod. 51 *20*
Stockholm, Kun. Bibl., Ms. a 144 *40*
Stuttgart, Württemb. Landesbibl., Bibl. Fol. 23 *26*
Trier, Domschatz, Cod. 61 *19*
Utrecht, Univ. Bibl., Ms. 484 *27*
Vatikanische Bibliothek, Cod. Vat. lat. 3225 *3*; Cod. Vat. lat. 3868 *23*; Cod. Vat. Palat. lat. 50 *21*; Cod. Vat. Palat. lat. 1071 *51*; Cod. Vat. Reg. lat. 316 *17*; Cod. Vat. gr. 749 *12*; Cod. Vat. gr. 1613 *10*; Cod. Vat. Palat. gr. 431 *7*; Cod. Vat. Reg. gr. 1 *9*; Cod. Vat. Urbin. gr. 2 *13*; Cod. Vat. Copt. 60 *88*; Cod. Vat. Syr. 559 *87*
Wien, Österreichische Nationalbibliothek, Cod. 93 *53*; Cod. 324 *8*; Cod. 942 *42*; Cod. 1179 *47*; Cod. 1198 *60*; Cod. 1591 *83*; Cod. 1826* *64*; Cod. 1858 *75*; Cod. 1859 *76*; Cod. 2060* *54*; Cod. 2533 *71*; Cod. 2549 *IX*; Cod. 2592 *49*; Cod. 2597 *68*; Cod. 2649 *82*; Cod. 2670 *59*; Cod. 2759 *62*, *63*; Cod. 2773 *80*; Cod. 2823 *78*; Cod. 2914 *77*; Cod. Ser. n. 2639 *55*; Cod. Ser. n. 2643 *VIII*; Cod. Ser. n. 2644 *56*; Cod. Ser. n. 2663 *82*; Cod. Ser. n. 2700 *41*; Cod. Ser. n. 12760 *58*; Cod. Ser. n. 12878 *73*; Cod. Med. gr. 1 *5*, *6*; Cod. Phil. gr. 4 *84*; Cod. Theol. gr. 31 *Ia*; Cod. Suppl. gr. 52 *14*; Cod. Suppl. gr. 128 *15*; Cod. aethiop. 25 *89*; Cod. hebr. 28 *92*; Cod. A. F. 50 *93*; Cod. mixt. 188 *94*; Cod. Slav. 6 *85*; Cod. Ind. 36 *97*; Cod. Mexic. 1 *XVI*; Cod. Min. 23 *99*; Cod. Min. 64 *98*; Cod. Sin. 52* *XV*; Pap. Aeg. 65 *2*; Pap. Aeg. 10994 *1*; Inkun. 3 C 6/1 *79*

Inhaltsverzeichnis

5 Einleitung

8 Eigenart und Technik

8 Grundbegriffe
10 Die Künstler
11 Die Symbolsprache
12 Technik der Buchmalerei
12 Pergament
13 Andere Beschreibstoffe
14 Äußere Form der Bücher
14 Die Farben

16 Aus der Geschichte

16 Altertum, spätantike und byzantinische Buchmalerei

33 Buchmalerei im Abendland
33 Frühes Mittelalter
34 Insulare Buchmalerei
41 Karolingische Buchmalerei – ottonische Zeit
53 Europäische Buchmalerei der vorgotischen Zeit
54 *Spanien*
59 *England*
60 *Frankreich*
61 *Italien*
62 *Deutsches Sprachgebiet*
63 *Böhmen-Mähren*
73 Die Zeit von 1200–1450
74 *Frankreich*
81 *Spanien*
81 *England*
82 *Deutschland – Böhmen – Österreich*
94 *Italien*
95 Das letzte Jahrhundert der Buchmalerei
105 *Frankreich*
107 *Niederlande – Flandern – Burgund*
113 *Italien*
115 *Deutsches Sprachgebiet*
118 *Böhmen*
119 Buchmalerei in Handschriften mit cyrillischer Schrift

125 Buchmalerei bei außereuropäischen christlichen Völkern
125 Armenische Buchmalerei
126 Syrische Buchmalerei
127 Koptische Buchmalerei
127 Äthiopische Buchmalerei

133 Hebräische Buchmalerei

134 Buchmalerei der außereuropäischen Kulturen
134 Buchmalerei in der islamischen Welt
147 Buchmalerei in Indien
147 Buchmalerei im Fernen Osten
153 Mexikanische Buchmalerei

155 Literaturverzeichnis
159 Namen- und Sachregister
163 Standorte der abgebildeten Handschriften